아이의 문해력
부모의 어휘력

아이의 문해력 부모의 어휘력

조혜주 지음

오렌지연필

Prologue

2024년 가을, 대한민국에서 첫 노벨 문학상 수상자가 탄생하면서 전국적으로 독서 열풍이 불었다. 한동안 한산했던 서점에는 책을 찾는 사람들의 발길이 끊이지 않았다. 영광의 수상자 한강 작가의 책은 엿새 만에 100만 부 넘게 팔려 나갔고, 급기야 몇 주를 기다려야 겨우 책을 받아 볼 상황까지 갔다. 직장과 사회, SNS 커뮤니티 곳곳에서는 독서 모임과 북토크가 활발하게 열렸고, 뉴스에서도 대한민국의 광풍 같은 독서 흐름을 연일 보도했다.

하지만 아이러니하게도 통계에 따르면, 1년 동안 책을 한 권도 읽지 않는 성인이 약 50%에 이른다. 독서 습관이 몸에 배지 않은 사회는 일시적인 독서 열풍에 휩쓸렸다가 다시 식어버릴지도 모른다. 그 사이 학교 앞에는 독서·논술 학원에 이어 국어 문해력 학원이 우후죽순 생겨났다. 정작 어른들은 책을 읽지 않으면서 아이들에게만 독서를 강요하는 현실이다.

나는 세 아이를 키운다. 내 아이들은 저절로 책을 좋아할 거라 생각했다. 책을 좋아하는 엄마니까 아이들도 자연스럽게 책을 가까이 할 거라고 착각했다. 하지만 아이들은 책보다 스마트폰과 TV에 더 열광했다. 그럴 때마다 '어떻게 하면 아이들의 시선을 책으로 돌릴 수 있을까?' 하는 고민이 머릿속을 떠나지 않았다. 스마트폰 데이터를 차단하고 TV를 없앴다. 매일이 고군분투의 연속이었고, 때때로 엄마로서의 부족함도 느꼈다.

내가 어릴 때 영상 콘텐츠는 기껏해야 TV가 전부였다. 그것도 어린이 프로그램이 방송되는 시간에만 볼 수 있었다. 아빠가 퇴근하고 돌아오시면 TV 채널의 '리모권(權)'은 내 차지가 아니었기에, 책은 심심함을 달래줄 가장 좋은 놀잇감이었다. 그런 만큼 내게 읽기는 자연스러운 일이었다.

교과 공부도 마찬가지다. 개념을 이해하려면 당연히 읽어야 했다. 그런데 요즘 아이들은 공부할 때 개념 영상을 본다. 시대가 변했다. 문해력이 문제라고들 하지만, 당연하다. 읽는 것도 훈련이 필요한데, 읽기에 충분한 시간을 들이지 않았기 때문이다.

세상은 언어로 이루어져 있다. 지혜의 기록들이 쌓이고 전해져 지금의 시대를 맞았다. 문해력은 오랜 세월 전해 내려온 인류의 지혜를 온전히 내 것으로 만들 핵심 능력이다. 어렵게 말할 것 없이, 당장 우리 아이가 학교에서 교과 내용을 잘 이해하도록 돕는 힘이다.

문해력을 높이려면 글을 읽어야 한다. 책도 있고, 지문도 있고, 기사도 있다. 아이들에게는 단연 책이 으뜸이다. 이건 그냥 정답이다. 물에 들어가지 않고 수영을 잘할 수 없듯, 읽지 않고 문해력을 키울 수 없다. 물론 책을 읽는 모든 아이가 학교 성적이 우수한 것은 아니다. 문해력과 학습은 상관관계는 있지만, 인과관계는 아니기 때문이다. 공부는 공부를 해야 잘한다. 분명한 것은 문해력 높은 아이가 공부하는 데 더 수월하다는 사실이다. 욕심은 버리되, 바탕은 깔아주는 것이 부모의 도리다.

아이의 바탕은 부모와의 대화에서 시작된다. 아이는 엄마 뱃속에서부터 듣는다. 그래서 부모의 어휘가 중요하다. 아이가 만나는 첫 번째 언어 환경이기 때문이다. 부모는 아이에게 세상 온갖 것의 이름을 알려준다.

"아가, 이 풀들 중에서 얘는 '민들레'야. 이건 '토끼풀'이야."

호기심은 이름을 아는 것에서 시작된다.

처음에는 부모가 아는 지식과 상식, 그리고 검색 엔진을 돌려 대화할 수 있다. 하지만 이런 대화는 한두 번으로 끝나는 것이 아니다. 적어도 10여 년, 유아기와 초등기까지는 지속해야 한다. 아이들이 궁금해하는 것, 배워야 할 것은 점점 늘어난다. 배경지식이 쌓여야 문해력도 향상된다. 잘 가르쳐야 하고, 잘 배우도록 도와줘야 한다. 그래서 어떻게 아이와 질문하고 대화하면 좋은지 노하우를 나눠보려 한다. 아이의 정체성 형성에 부모가 사용하는 말과 어휘, 표현 방식이 얼마나 영향을 끼치는지 그 무게도 함께 생각해보자. 그리고 그 중심엔 늘 책이 있다.

당신이 책 읽는 부모로 아이에게 비치길 바란다. 모든 것은 우리 아이가 소통할 줄 아는 문해력 있는 아이로 성장하도록 돕는 노력이

자, 부모 자신의 성장과도 직결된다. 부모도 읽지 않는 책을 아이에게만 강요할 순 없다. 가정의 미디어는 대화를 단절시키지만, 책이 매개가 되면 대화할 거리가 풍부해진다. 책이 일상이 되어야 한다. 우리 아이들은 배우는 중이기 때문이다. 그래서 이 책에선 배움의 기본이 되는 교과서 읽기도 빼놓지 않았다. 국어, 영어, 수학, 사회, 과학, 예체능 등 아이들의 교과 중 아무 이유 없이 배우는 과목은 단 하나도 없다. 교과의 핵심 개념들이 모여 상식이 되고 교양이 된다.

우리나라는 이 모든 과목을 아주 유기적으로 유치원 누리과정부터 고등학교까지 배우도록 되어 있다. 기초공사가 튼튼해야 무리 없이 올라갈 수 있다. 기초공사가 부실하면, 구멍 난 곳을 다시 메꾸러 되돌아와야 한다. 연령별로 읽어야 할 교과별, 영역별 도서들과 노하우를 정리했다. 왜 중요한지 알아야 읽을 때 힘이 된다. 또 부모로서 고민되는 부분들도 담아보려 노력했다. 소개한 책을 모두 읽는 것보다 그중 하나라도 여러 번 읽으면 도움이 된다. 내 아이가 이미 중고생이라면, 독해법이라도 숙지하자.

아이들을 잘 가르치려는 목적이 무엇이냐고 묻는다면, 정서적·경제적으로 독립한 하나의 주체로 키우는 것이라 답하겠다. 부모의 울타리 밖에서도 잘 살아갈 수 있는 성인이 되면 된다. 우리 아이들이 긴 인생을 살아가며 마주할 좌절과 실패의 순간마다 자신을 스스로 일으킬 힘을 갖길 바란다. 어른이 되고 나서야 알았다, 우리의 고민은 이미 누군가의 고민이었다는 걸. 감사하게도 그들은 고민의 솔루션을 책으로 남겨두었다. 우리는 책에서 길을 찾을 수 있다. 나 역시 책에서 고민의 실마리를 찾을 때가 많다. 자신의 삶이 그 누구도 대신 살아줄 수 없는 인생임을 깨닫게 되었을 때, 인류의 지혜와 경험이 담긴 책이 우리 아이에게 길잡이가 되길 희망한다.

이 책은 이러한 고민과 경험을 바탕으로, 아이의 문해력을 키우기 위해 부모가 조성하는 언어환경이 얼마나 중요한지를 다룬다. 그것이 부모의 어휘력이라는 이름을 대신했다.

책만 번듯하게 꽂아둔다고 아이의 문해력이 자랄 리 없다. 아이와 나눈 우스운 말놀이 한마디, 너무 많이 읽어 외울 정도가 된 동화책 한 페이지가 얼마나 가치 있는지 깨닫는 순간이 필요하다. 그리고 그런 순간들이 부모로서 애쓰는 우리 자신을 다독이는 시간이 되었으면 한다.

조혜주

Contents

Reading

literacy

Chapter 1

문해력, 왜 중요한가?

문해력의 정의

벌써 몇 년째 교육계에서는 문해력이 가장 뜨거운 이슈다. 문해력이 중요하다고 야단이다. 아이를 키우는 부모라면 문해력이 모든 교과의 기본인 것도 안다. 하지만 정작 내 아이의 문해력 수준이 어느 정도인지 정확히 알 수 없어 불안하다. 그래서 수학, 영어 학원을 보내듯 국어, 논술, 문해력 학원의 문을 두드린다.

마치 문해력이 특별한 재능인 듯 착각한다. 문해력의 연관 키워드가 문제, 결핍, 부족인 걸 보면 사회가 '문해력 포비아'에 빠진 것 같다. 그 결과, 우린 아이의 문해력이 위태롭다는 막연한 불안에 사로잡힌다.

'문해력(文解力)'은 말 그대로 글을 읽고 이해하는 능력이다. 그리고 이해가 자기 수용 중심인가 혹은 재창조되는가에 따라 1, 2단계로 나눠볼 수 있다.

1단계 문해력: 읽고, 이해하고, 표현하기

1단계 문해력은 텍스트를 읽고 기본적인 의미를 이해하는 것이다. 읽기, 이해하기, 표현하기의 세 과정이 유기적으로 연결된다.

첫째, 읽기는 글자를 해독하고 의미를 파악하는 과정이다. 아이가 그림책을 읽으며 "나비가 꽃 위에서 날고 있네"라고 말하면, 그림과 문장을 연결하며 이미지를 떠올린다. 이 과정이 읽기의 기초다.

둘째, 이해하기다. 글 속에 담긴 메시지를 맥락 속에서 파악하고, 주어진 상황을 상상하며 자기 경험과 연결 짓는 능력이다. 동화 속 주인공이 어려운 결정을 내리는 장면을 읽으며 '왜 주인공은 이 선택을 했을까?' 하는 질문을 떠올릴 때, 바로 이해력이 발휘된다. 이해력이 높은 아이는 표면적인 내용만 받아들이는 것이 아니라, 이를 자기 나름대로 해석하고 더 깊은 질문을 만들어낸다.

셋째, 표현하기다. 읽고 이해한 내용을 자신만의 언어로 정리하고, 타인과 공유하는 과정이다. 아이가 그림책을 읽고 "엄마, 이 나무는 외로운 것 같아. 친구가 없으니까" 한다면, 읽고 이해한 바를 표현했다고 볼 수 있다. 표현력은 아이가 세상을 자기 언어로 해석하고, 타인과 소통하는 힘을 길러준다.

하지만 여기서 멈추지 않고, 더 깊은 사고 과정으로 나아가는 것이 중요하다.

2단계 문해력: 정보의 연결, 판단, 창조적 사고

1단계 문해력이 기초 체력이라면, 2단계 문해력은 고도의 사고력을 요구한다. 이 단계에서는 읽은 정보를 다른 정보와 연결하고, 중요한 것과 덜 중요한 것을 구별하며, 이를 바탕으로 자신만의 새로운 아이디어를 창조하는 능력이 포함된다.

아이가 공룡책을 읽고는 "공룡은 왜 멸종했을까?"라고 질문했다해보자. 이후 또 다른 책에서 소행성 충돌과 기후 변화에 대해 배우고 "공룡 멸종과 소행성 충돌은 어떤 관련이 있을까?"라고 질문을 확장한다면, 이는 1차원적인 정보 습득을 넘어 정보 간의 채널을 연결했다고 본다. 이 능력은 아이가 삶의 다양한 문제를 분석하고, 창의적인 해결책을 만들어내는 데 필수적이다.

또 다른 예로 아이가 여러 동화책을 읽은 후 '왜 동화 속에서는 항상 착한 사람이 이길까?' 하는 의문을 제기하고 스스로 해석을 덧붙인다면, 이는 2단계 문해력을 발휘하는 과정이다. 아이가 책에서 배운 내용을 그대로 받아들이는 데서 멈추지 않고, 자신의 생각과 결합해 새로운 아이디어를 만들어내는 능력이다. 2단계 문해력은 학업에서 뛰어난 성취를 이루는 데 도움을 준다. 미래 사회에서 요구하는 창의적 문제해결 능력을 갖춘 인재의 핵심 역량이다. 우리 아이 문해력이 지향하는 방향이다.

한 연구에 따르면, 2단계 문해력을 가진 아이들은 그렇지 않은 아이들보다 복잡한 문제를 해결하는 능력이 40% 이상 높고, 창의적인 사고를 요구하는 과제에서도 훨씬 더 뛰어난 성과를 보인다. 문해력은 학업 성취뿐 아니라, 삶의 모든 영역에서 자신감을 심어주는 기반이 된다.

부모의 가장 중요한 역할은 아이의 문해력이 자연스럽게 확장될 수 있는 환경을 조성하는 것이다. 책을 함께 읽고 가볍게 이야기를 나누자.

"책에 어떤 부분이 좋았어? 엄마는 ○○ 부분에서 감동받았지, 뭐야."

얼마나 제대로 읽었나 체크하려는 목적이 아니다. 엄마의 감상도 편하게 전달하면 아이도 편하게 표현할 수 있다.

디지털 시대,
문해력이 더 중요한 이유

우리는 디지털 시대를 살고 있다. 스마트폰과 태블릿 없이 하루를 보내는 것이 쉽지 않은 시대다. 아이들 역시 디지털 기기에 익숙하다. 식당에서 스마트폰을 보며 밥 먹는 어린아이들, 학교 앞을 지나며 커다란 스마트폰을 들고 있는 초등학생들의 모습은 이제 흔한 풍경이 되었다.

학습지 시장에서는 이미 태블릿 기반 학습이 주류가 되었고, 특히 올해부터 초등학교에서 디지털 교과서가 정식 도입되면서 학습 도구로써 디지털 기기의 비중이 더욱 커지고 있다. 이러한 변화는 학습과 정보 접근을 더 편리하게 만들지만, 동시에 아이들의 문해력과 사고력에 어떤 영향을 미칠지 고민하게 만든다.

AI 기술의 발달로, AI가 생성하는 콘텐츠의 질이 몰라보게 높아졌다. 'AI가 대신 읽고 써주니, 아이들에게 문해력이 필요 없지 않을까?' 하는 착각이 생기기도 한다. 하지만 바로 이 점이 문해력의 중요성을 다시 한번 강조해야 하는 이유다. 디지털 기기가 아무리 발달해도, 아이가 세상을 이해하고 자신의 목소리로 생각을 표현하는 힘은 오로지 문해력에서 비롯된다.

왜냐하면 문해력은 텍스트, 영상, 미디어, 디지털 콘텐츠까지 포함해 다양한 매체를 해석하는 능력을 의미하기 때문이다. 하지만 그 시작은 언제나 책이다. 책을 읽고 깊이 사고하는 능력이 없으면, 영상이나 미디어를 비판적으로 이해하기란 더 어렵다.

독서는 정보를 취하고 지식을 축적하게 함으로써 아이 스스로 사고하고 판단할 힘을 길러준다. 등장인물의 감정을 공감하고, 사건의 흐름을 따라가며 스스로 질문을 던지는 과정은 문해력을 키우는 가장 효과적인 방법이다. 그래서 '책밖에 답이 없다'는 말이 나온 것이다. 디지털 시대일수록 아이들에게 책 읽는 시간은 그들의 미래를 위한 가장 소중한 투자다.

디지털 콘텐츠, 편리하지만 위험한 함정

디지털 콘텐츠는 시각적 자극이 강하다. 미국의 한 연구에 따르면, 하루 2시간 이상 디지털 기기에 노출된 초등학생의 68%가 책 읽기에 흥미를 잃었다고 한다. 강렬한 영상 자극에 익숙해진 아이들은 글로 된 정보에 집중하지 못하고, 긴 이야기를 따라가는 데 어려움을 겪는다. 실제로 한국출판문화산업진흥원의 보고서에 따르면, 2010년에 비해 2023년 초등학생의 주당 독서 시간이 평균 40% 감소했다.

이는 책 읽기에 대한 흥미를 잃는 것 이상의 문제를 초래한다. 디지털 기기에 과도하게 노출된 뇌는 점점 자극적인 콘텐츠에만 익숙해지고, 현실 세계의 덜 자극적인 환경에서는 집중력과 인내심이 떨어지는 현상을 보인다. 이를 '팝콘 브레인(Popcorn Brain)'이라고 한다. 이로 말미암은 문제는 다음과 같다.

- 디지털 콘텐츠의 즉각적인 보상에 익숙해지면서 깊이 있는 사고나 긴 시간 집중이 필요한 활동을 어려워한다.
- 빠르게 소비할 수 있는 영상에 익숙해져 독서나 학업과 같은 꾸준한 노력이 필요한 활동에서 쉽게 흥미를 잃는다.
- 사고력과 문제해결 능력뿐만 아니라, 감정 조절 능력과 대인관계 기술에도 부정적인 영향을 미친다.

디지털 콘텐츠의 또 다른 문제는 방대한 정보량이다. 검색창에 단어 하나만 입력해도 수천 개의 정보가 쏟아진다. 그런데 아이들이 그 정보를 잘 이해하고, 출처가 믿을 만한지 판단할 수 있을까?

성인조차 가짜 뉴스의 진위를 파악하기 어렵다. 실제로 미국 스탠퍼드대학교의 연구에서는 디지털 세대의 80% 이상이 광고와 뉴스 기사의 차이를 구별하지 못한다는 결과가 나왔다. 예를 들어, 아이가 '탄산음료를 마시면 키가 더 잘 자란다'는 기사를 마주했다면, 아이에게는 '이 내용이 모든 탄산음료에 해당하는 것인지?', '과학적으로 입증된 사실인지?', '기사 출처가 신뢰할 만한지?' 등등의 질문을 던지고 정보를 분석하는 능력이 필요하다. 디지털 콘텐츠의 많은 정보가 과장되거나 편향되어 있기 때문에 비판적으로 읽고 판단하는 힘이 필수적이다.

아이의 문해력은 AI를 활용할지, AI에 휘둘릴지를 결정짓는 핵심 능력이다. 한국교육학술정보원(KERIS)에 따르면, 문해력이 높은 학생은 디지털 학습에서 문제해결력이 35% 뛰어나다.

문해력이 뛰어난 아이는 책을 깊이 이해하고 복잡한 개념을 다룰 수 있다. 정보의 진위를 가려 가짜 뉴스에 흔들리지 않으며, 논리를 정리하고 표현하는 힘을 길러 AI 시대에 필요한 역량을 갖춘다.

하지만 문제는 또 있다. 성인들도 디지털 콘텐츠에 익숙해져 글을 읽고 깊이 사고하는 능력이 점점 약해지고 있다. 아이의 문해력을 키우기 위해선 부모부터 자신의 문해력을 돌아보고 개선하려는 노력이 필요하다. 아이들 보는 데서 스마트폰은 제발 치우자. 디지털 시대일수록 문해력이 곧 삶을 지탱하는 힘이다.

아이 문해력,
혹시 부모의 문제일까?

몇 해 전 SNS에서 '심심한 사과'라는 표현을 두고 논란이 일었다. '심심'의 의미를 '매우 깊고 간절한'이 아니라, '지루하고 재미없다'로 해석한 네티즌의 글이 퍼지면서 뉴스까지 등장했다. 어른들의 문해력 문제를 수면 위로 떠올린 사건이었다.

이와 비슷한 일은 일상에서도 쉽게 볼 수 있다. 가정통신문의 '우천 시 행사 취소'를 보고 '우천시'가 어디냐고 묻거나, '중식 안내'를 보고 '오늘 메뉴는 중국음식인가' 하는 오해는 흔하다. '금일 휴업'을 '금요일에 쉰다'고 생각한다. 농담처럼 들리지만, 실제로 많은 사람이 이런 실수를 한다. 어른들 또한 문해력 문제에서 자유롭지 않다는 신호다.

실제로 2024년 교육부와 국가평생교육진흥원이 실시한 제4차 성인문해능력조사에 따르면, 성인의 약 5.2%가 초등학교 3~6학년 수준의 문해력을 지닌 것으로 나타났다. 어휘 발달이 성인이 된 후 멈추는 경우가 있다는 의미다.

문해력이 부족하면, 일상생활뿐 아니라 직장에서도 어려움을 겪는다. 이메일의 요청을 제대로 이해하지 못하거나 '품의서는 상사의 결재 후 관리부에 제출합니다'라는 지침을 놓쳐 일을 반복하는 경우가 생긴다. 긴 공지 사항이나 약관을 읽지 않는 탓에 '모두 확인했습니다'라는 문구를 직접 쓰게 하는 절차가 필요해졌다. 온라인 쇼핑몰에서 교환·반품 규정을 오해하거나 배달 앱의 주문 내역을 확인하지 않고 항의 전화를 거는 사례도 흔하다.

어른들의 문해력 부족은 개인의 불편으로 끝나지 않는다. 부모의 문해력이 약하면 그 영향은 고스란히 아이에게도 이어진다. 부모가 아이와 나누는 대화는 아이의 언어 발달과 사고력 형성의 열쇠다. 마음을 나타내는 표현만 해도 그렇다. 우리는 일상에서 다양한 감정을 느끼지만, 그것을 정확한 어휘로 표현하지 못하면 제대로 전달되지 않는다.

얼마 전 아이와 함께《강아지똥》을 읽으면서 나눴던 대화다.

"엄마, 강아지똥이 슬퍼 보여."

"그래, 강아지똥은 자신이 쓸모없다고 느껴서 속상한 것 같아."

"엄마, 그럼 속상한 게 뭐야?"

"속상하다는 건 마음이 답답하고 서운한 기분이 드는 거야."

이렇게 질문과 답을 오가면서 자연스럽게 어휘를 확장해줄 수 있다. 이왕 마음에 대해 이야기를 시작했다면, 여기서 한 걸음 더 나아갈 수도 있다. "마음을 나타내는 다양한 말이 있단다" 하고 말이다.

"혼란한 '심경'을 이루 말할 수 없다. 이 노래가 '심금'을 울린다. '심중'의 말을 함부로 꺼내지 마. 툴툴거리는 걸 보니 '심사'가 뒤틀린 듯하구나."

이처럼 마음을 나타내는 다양한 표현을 함께 익히면, 아이는 어휘력이 풍부해지고 감정을 세밀하게 표현하는 능력을 키울 수 있다.

책 읽는 부모가 아이의 언어력을 키운다

부모가 책을 읽는 모습은 아이에게 그대로 전해진다. 아이들은 어른의 말과 행동을 거울처럼 따라 하기 때문이다. 부모가 책을 즐겨 읽으면, 아이도 자연스럽게 책에 관심을 갖는다.

반대로, 스마트폰만 바라보는 부모를 보고 자란 아이는 디지털 기기에 더 끌리게 된다. 입에 공갈 젖꼭지를 문 돌쟁이가 유튜브 광고 건너뛰기를 누른다. 아이들에게 디지털 기기는 숨 쉬는 것만큼 자연스럽다.

책도 아이들에게 그렇게 다가가야 한다. 어렵지만, 그것이 부모가 해야 할 역할이다. 책을 읽는 부모는 설명하는 힘도 다르다.

아이가 "바람은 왜 불어?"라고 물을 때, 어떤 부모는 "글쎄, 바람이니까 불지"라고 답할 수도 있다. 이 답이 틀린 것은 아니지만, 이렇게 말할 수도 있다.

"뜨거운 공기가 위로 올라가면, 차가운 공기가 그 자리를 채우려고 움직여. 그래서 바람이 부는 거야."

부모가 꼭 과학 원리를 잘 알 필요는 없다. "바람은 왜 불까? 우리 같이 알아볼까?" 하며 대화를 시작해도 된다. 중요한 점은 부모와 아이가 말을 주고받기 시작하는 것이다. 함께 책을 찾아보거나 인터넷에서 정보를 검색하는 과정 자체가 아이의 문해력을 키우는 중요한 경험이 된다.

부모는 아이와의 대화를 잘 이끌어가는 게 어렵다고 느낄 수 있다. 어떤 상황이나 감정을 정확히 표현할 단어가 떠오르지 않거나, 아이가 이해하기 쉽게 설명하는 것이 어려울 때가 있기 때문이다. 이를 해결하려면 부모가 먼저 어휘력을 높이는 것이 필요하다.

성인은 평균적으로 2만 개에서 10만 개의 단어를 사용한다고 한다. 그렇다면 나는 얼마나 많은 어휘를 쓰고 있을까? 스스로 돌아볼 필요가 있다. 어휘량이 많다는 것은 생각과 감정을 뭉뚱그리지 않고, 좀 더 정교하게 나누어 표현할 수 있다는 뜻이다. 그렇다면 어떻게 어휘력을 높일 수 있을까?

가장 좋은 방법은 책을 읽는 습관을 들이는 것이다. 소설, 인문서, 교양서를 읽으면 자연스럽게 다양한 어휘와 표현을 접할 수 있다. 꼭 책이 아니더라도 양질의 텍스트를 반복해서 읽는 것은 어휘력 향상에 도움 된다.

문해력은 직장에서도 중요하다. 이메일이나 보고서를 효과적으로 작성하는 법을 배우거나, 글쓰기 강좌를 듣는 것도 도움 된다. 디지털 리터러시 교육도 필요하다. 온라인 서비스 사용법이나 모바일 뱅킹 활용법을 익히는 것만으로도 디지털 환경에서 문해력을 높이는 데 유용하다.

독서 모임에 참여하는 것도 좋다. SNS에서 관심사에 맞는 모임을 찾거나, 트레바리·밀리의 서재 같은 독서 플랫폼을 활용할 수도 있다. ZOOM을 이용한 비대면 독서 모임도 시간과 공간의 제약 없이 책을 읽고 토론하는 좋은 대안이 될 수 있다.

책을 읽는 것은 등산과 비슷하다. 우리가 설악산을 등반한 후 "설악산에 다녀왔다"라고 말할 수는 있어도, "설악산을 다 안다"라고 말하기는 어렵다. 같은 책을 읽어도 사람마다 바라보는 시각과 느낌은 제각각이다. 어떤 사람은 둘레길만 걸었을 수도 있고, 어떤 사람은 대청봉까지 올랐을 수도 있다. 같은 책을 읽고 서로의 시선을 나누는 과정 자체가 확장적인 문해 활동이다. 이런 작은 실천들은 결국 부모가 아이에게 더 나은 언어 환경을 제공하는 밑거름이 된다. 부모가 변하면 아이도 함께 성장한다.

문해력이 높으면
성적도 오른다!

실제로 문해력은 모든 과목의 기초가 되기 때문에 학업 성취도와 매우 밀접한 관계가 있다. 초등학교 1학년 때 문해력이 높은 아이들은 중학교에 이르러서도 수학, 과학, 국어 등 거의 모든 과목에서 더 높은 성취를 보인다는 연구 결과도 있다. 학습의 기본이 글을 읽고 의미를 이해하는 과정에서 시작되기 때문이다.

다음은 초등학교 1학년 수학 문제다.

버스 정류장에 몇 명의 친구들이 줄을 서고 있어요. 지영이는 앞에서 세 번째, 뒤에서 다섯 번째 서 있습니다. 줄을 서고 있는 친구들은 모두 몇 명일까요?

이 문제는 서수와 위치 개념이 포함된 덧셈·뺄셈 문제다. 간단해 보이지만, 아이들은 종종 혼동한다. 이런 문제들을 어려워하는 이유는 계산이 복잡해서가 아니다. 문제를 제대로 이해하지 못하기 때문이다. 문장을 읽고 상황을 정확히 파악하는 것이 모든 학습의 시작이다.

그래서 국어 문해력은 수학, 과학, 역사 등 모든 학문의 기초가 된다. 문제의 맥락을 이해하고, 그 상황을 상상할 수 있어야 제대로 된 학습이 가능하다. 특히 과학과 같은 과목에서는 실험의 목적과 결과를 이해하고 그 의미를 파악하는 능력이 중요한데, 이 또한 문해력과 직결된다. 문해력이란 어떤 종류의 글을 접해도 잘 읽고 소화하는 능력이기에 수능 국어에서 만나는 문학, 비문학 문제도 빠르게 이해하고 풀 수 있다.

문해력은 사회생활과도 직결된다. 종이에 적힌 글만 이해하는 게 아니라, 대화 속에서 핵심을 파악하는 능력이기 때문이다. 아이들이 친구와 대화할 때, 혹은 갈등 상황에 빠졌을 때, 학교에서 그룹 프로젝트를 할 때 모두 상대와의 원활한 소통이 핵심이다. 상대방의 말을 정확히 이해하고, 자기 의견을 논리적으로 표현하는 능력이 관계를 형성하는 기초가 된다. 말귀를 잘 알아듣는 것과도 일맥상통한다.

문해력은 성인이 되어서도 중요한 역할을 한다. 직장에서 업무를 수행하거나 상사에게 보고서를 작성할 때, 동료와 회의에서 의견을 나눌 때도 문해력은 필수적이다. 문해력이 높은 사람은 상대방의 말을 정확히 이해하고 자기 생각을 논리적으로 전달하는 데 어려움이 없다. 이는 곧 직업적 성공과도 연결될 수 있다. 실제로, 문해력이 높은 성인은 직장에서 성취도가 높을뿐더러 다양한 문제 상황에서도 효과적으로 대처한다는 연구 결과도 있다.

문해력은 아이들의 학업 성취와 사회생활, 나아가 인생의 질까지 결정짓는 중요한 열쇠다. 문해력이 높은 아이들은 자신감이 있고, 학습은 물론 관계 형성에서 긍정적인 결과를 얻을 가능성이 크다. 문해력은 아이들이 세상을 이해하고, 그 안에서 자신의 역할을 찾으며, 더 나은 미래를 설계할 힘이 된다.

Reading

literacy

Chapter 2

부모의 어휘력이
아이의 문해력을 결정한다

부모의 어휘력이
중요한 이유

"에구, 못살아."

어린이집 학부모 모임에서 한 네 살배기가 갑자기 한숨을 쉬며 말했다. 모든 엄마의 시선이 집중됐다. 아이의 엄마는 얼굴이 붉어졌다. 자신이 평소에 하는 말이 고스란히 아이 입에서 나왔기 때문이다.

아이들은 부모의 언어를 거울처럼 비춘다. "배고파 죽겠다", "정신이 있는 거니?", "어휴, 피곤해" 하는 말들이 고작 서너 살 아이들의 입에서 나온다. 다들 비슷한 경험이 있을 것이다. "쟤가 어디서 저런 말을 배웠지?" 하며 회피해봤자, 조금만 관심을 기울이면 그

말의 출처가 바로 부모임을 알 수 있다.

어린아이는 태어나면서부터 세상을 배운다. 그 첫 번째 선생님이 바로 부모다. 부모가 들려주는 말, 단어, 표현은 아이가 세상을 이해하고 자신을 인식하는 데 결정적 역할을 한다. 절대적이라 해도 과언이 아니다. 그러나 부모의 어휘가 아이의 사고방식과 정서에 얼마나 큰 영향을 미치는지는 종종 간과된다.

어휘력은 단어를 많이 아는 것뿐만 아니라, 상황에 맞는 단어를 적절히 골라 사용할 수 있는 능력이다. 이 능력은 가정에서 시작된다. 가정은 아이가 세상을 배우는 첫 번째 학교다. 부모가 사용하는 어휘가 아이의 언어 환경을 만든다. 그 환경 속에서 아이는 말과 행동, 사고의 틀을 갖추고 자신의 정체성을 형성한다.

단어를 익히면 감정을 더욱 정교하게 포착하고 표현할 수 있다. 단어는 보이지 않는 마음의 창고를 여는 열쇠다. 슬픔의 가장 깊은 곳부터 기쁨의 가장 높은 곳까지, 마음속 수많은 감정을 단어로 하나하나 구분해낼 수 있다. 같은 단어를 알고 있다면 감정의 의미를 서로 나눌 수 있고, 같은 문장을 이해한다면 감정의 흐름을 함께 느낄 수 있다.

알고 있는 단어만큼 표현할 수 있다. 아이의 감정과 생각은 섞여 있는 물감과 같아서 이름을 붙이지 않으면 명확히 알 수 없다. 그래서 아이와의 대화에는 노력이 필요하다. 빨강, 파랑, 노랑, 검정, 하양을 알려줘야 그제야 감정의 빛깔을 나눌 수 있다.

어른에게 익숙한 것이 아이에게는 새롭고 신기할 수 있다. 우리

막내는 매일 유치원에서 그린 그림을 들고 온다. 아이가 "엄마, 이거 봐봐. 잘 그렸지?" 하고 묻는다. 나는 생각한다. 반응의 모범 답안은 뭘까? "어, 잘했네" 같은 영혼 없는 칭찬은 더 이상의 대화를 끌어내기 어렵다. 조금 과장되더라도 "와, 이건 꽃이네! 어떤 꽃이야? 여기 까만 건 뭐지? 이야기해줄래?" 하고 응하면 아이는 신이 나서 대답한다. 아이가 갖고 있는 표현을 끌어낸다. 인정을 받았다는 느낌이 들면 아이는 자신감이 생긴다. 표현력도 높아진다.

말이 사람을 만든다고 한다. 단어는 행동을 범주화하고 구획화하기 때문이다. 같은 모습을 어떻게 표현하느냐가 아이의 자아 형성에 직접적인 영향을 미친다.

집 안에서 형제가 티격태격하는 일이 일상이더라도 "넌 왜 맨날 소리를 지르니?"라고 묻는 대신, "너도 속상했겠구나. 무슨 일이 있었어?" 하면 아이는 자신의 감정을 부정하기보다 이해하고 표현하는 법을 배우게 된다. 아이들은 부모의 말투와 단어를 놀라울 정도로 그대로 흡수한다.

대화가 많을수록 아이의 어휘는 발달한다. 유아기에 부모와의 상호작용에서 듣는 단어량이 어휘력 발달에 결정적 영향을 미친다는 연구가 있다. 미국의 언어학자 베티 하트(Betty Hart)와 토드 리슬리(Todd R. Risley)는 42개 가정을 대상으로 0세부터 3세까지 유아가 접하는 언어 환경을 관찰한 결과, 아이들이 하루에 듣는 단어 수가 약 600개에서 2,200개까지 차이가 남을 밝혀냈다.

어휘량이 3세까지 누적되면 많게는 '3,000만 개의 단어 격차'로 이어진다. 중요한 점은 이러한 초기 언어 경험의 차이가 이후 학업 성취와 직결된다는 것이다. 3세 때의 어휘력 차이는 초등학교 이후에도 지속되었으며, 읽기 능력과 학업 성취에 영향을 미쳤다.

즉, 유아기에 얼마나 풍부한 언어적 자극을 받느냐가 평생의 학습 능력을 좌우할 수 있음을 보여준다. 더불어 각 가정의 단어량은 부모의 소득과 교육 수준에 따라 차이가 있었다. 이는 부모의 독서량과도 밀접한 상관관계를 가진다.

부모의 말과 대화는 아이의 사고와 감정을 형성하며, 작은 차이가 쌓여 큰 격차로 이어진다. 언어 환경은 조성되는 것이지, 주어지는 것이 아니다. 결국, 어떤 환경을 만들지는 부모의 선택에 달려 있다.

아이의 문해력이 자라는 공유 독서

한번은 내가 어떤 말을 쓰는지 의식적으로 살펴보고 싶었다. 그래서 주머니에 녹음기를 넣고 하루 동안 내가 한 말을 기록해보았다. 결과는 기대보다 실망스러웠다. 아이와 나누는 대화의 대부분이 "양치해라", "밥 빨리 먹어라", "책 어디까지 읽었니?", "숙제는 다 했니?" 같은 잔소리였다. 아이들이 싫어할 만했다. 사고와 감정을 나누는 깊이 있는 대화보다 지시와 확인이 대부분이었다.

칭찬이나 공감을 표현할 때 쓰는 어휘도 무척 제한적이었다. 충격을 받고 무작정 동화책 한 권을 펼쳤다. 그리고 평소 잘 사용하지 않는 단어 하나를 골라 수첩에 적고, "오늘은 이 단어를 꼭 아이와의 대화에서 써봐야지" 하며 어휘 늘리기를 시작했다.

동화책을 선택한 이유는 아이와 함께 읽으면서 어휘의 공감대를 형성하기 위해서였다. 책을 통해 어휘를 쌓는다는 것은 자신의 생각과 감정을 더 풍부하고 세밀하게 표현할 도구를 얻는 일이다.

실제로 2023년에 발표된 '성인의 어휘 능력 조사 결과 분석'에 따르면, 전국 성인 16만 명의 어휘력 평균 점수는 15점 만점에 9.37점이었다. 조사 대상 중 절반이 넘는 성인이 평균 10개의 어휘 중 6개만 이해하는 것으로 나타났다. 이 결과는 일상적인 대화는 가능하지만, 복잡한 개념을 설명하거나 감정과 생각을 세밀하게 표현하는 데 어려움을 느낀다는 의미다.

일상에서 적절한 단어가 떠오르지 않아 당황한 경험이 잦다면, 우리 역시 이 통계 속 성인들과 다르지 않음을 인정해야 한다. 하지만 아이를 키우는 부모라면 자신의 어휘력 부족을 그대로 방치해서는 안 된다. 부모의 언어는 아이가 처음으로 접하는 세상이기 때문이다.

어휘력은 문제해결력, 창의력, 비판적 사고와도 연결된다. 우리가 어휘력을 키우는 노력을 게을리하면, 아이들은 다양한 상황에서 적절한 표현을 찾지 못해 답답함을 느낄 수 있다.

폭넓은 어휘를 일상으로 끌어오는 가장 좋은 방법은 단연 독서다. 영국의 독서 촉진 기관 북트러스트(Booktrust) 연구에 따르면, 특히 부모와 함께하는 '공유 독서(Shared Reading)' 경험이 아이의 성장과 발달에 막대한 영향을 미친다고 한다.

공유 독서는 책을 매개로 아이와 부모가 함께 소통하는 특별한 시간이다. 잠자리 독서, 무릎 독서가 이에 해당한다. 단순히 책을 읽어주는 것이 아니라, 함께 웃고, 대화하고, 이야기를 나누며 교감하는 과정이다. 공유 독서의 핵심은 정서적 상호작용에 있다. 책을 얼마나 잘 읽어주느냐보다 함께 즐기고 공감하는 것이 더 중요하다.

특히 공유 독서는 다른 활동으로는 대체할 수 없는 독특한 가치가 있다. 장난감 놀이나 미술 활동과 비교했을 때, 공유 독서는 훨씬 더 풍부한 언어적 상호작용을 제공한다. 이야기에 집중하는 동안 아이들은 새로운 단어를 자연스럽게 접하고, 문맥 속에서 의미를 익힌다.

공유 독서는 아이와 부모 사이의 안정적인 애착관계를 형성하는 데도 중요한 역할을 한다. 부모의 무릎에 앉아 함께 책을 읽는 경험은 아이에게 안전함과 신뢰감을 주며, 이러한 정서적 안정은 책 읽기에 대한 긍정적 태도로 이어진다. 반복적인 공유 독서는 아이가 독서를 즐기게 만들고, 부모와의 긍정적인 상호작용을 더욱 강화하는 선순환을 만든다.

이 연구에서 특히 주목할 점은 두 가지다.

첫째, 부모가 읽기·쓰기를 직접 가르치거나 음악 연주, 알파벳 연습 등 다양한 조기 학습 활동을 하는 것보다 공유 독서만이 유아기 종료 시점의 문해력 평가에 긍정적인 영향을 미친다는 점이다. 이는 다른 학습보다 부모와 함께 책을 읽으며 나누는 상호작용이 아이의 문해력 발달에 더욱 중요한 요소임을 보여준다.

둘째, 독서는 사회경제적 불평등을 완화하는 강력한 힘을 가진다. 가난한 환경에서 성장한 아이들도 독서를 통해 빈곤의 대물림을 끊을 가능성이 크다. 연구에 따르면, 불리한 환경에서 자란 아이들 중에서도 우수한 성적을 거둔 아이들은 어릴 때 책을 읽은 경험이 있는 경우가 그렇지 않은 경우보다 2배나 많았다.

예를 들면, 5세 때 꾸준히 책을 읽어준 경험이 있는 아이들은 30대가 되었을 때 더 높은 경제적 성취를 이룰 가능성이 크다. 이는 부모의 학력이나 경제적 수준보다도 독서 경험이 아이의 미래를 결정짓는 중요한 요인임을 시사한다.

아이와 함께 성장하는 독서의 힘

독서는 부모와 아이가 함께 성장할 소중한 도구다. 부모가 책을 읽는 모습은 아이에게 독서가 특별한 일이 아니라 일상의 자연스러운 일부라는 인식을 심어준다. 엄마가 잠들기 전 침대에서 책을 읽는 모습을 보고 자란 아이는 독서를 생활의 일부로 받아들인다. 반면, 부모가 스마트폰만 들여다보면, 아이 역시 디지털 기기에 더 큰 흥미를 느낀다.

우리는 성인이 된 후에야 스마트폰을 사용하기 시작했다. 그러나 유튜브, 쇼츠 같은 짧은 영상이 성장기 아이의 뇌에 미치는 부정적 영향은 이제야 본격적으로 밝혀지고 있다. 책보다 유튜브가 재미있는 건 사실이다. 어른도 아는 걸 아이가 모를 리 없다. 하지만 부모니까, 어른이니까 아이 앞에서는 스마트폰을 멀리 치우자. 책을 들고 재미있는 척이라도 하자. 그리고 아이와 함께 읽자. 책을 매개로 대화를 시작하자.

부모와 아이가 함께 책을 읽으며 이야기를 나누는 시간은 언어 학습을 넘어 정서적 유대감을 형성하는 소중한 시간이 된다. 이러한 경험이 쌓이면, 부모의 독서 습관은 가정의 언어 환경을 풍요롭게 만든다. 부모가 책을 통해 얻은 어휘와 표현은 아이와의 대화를 더욱 깊이 있게 만들고, 이는 아이의 사고력과 표현력을 키우는 데 중요한 역할을 한다.

이제 부모로서의 독서 습관을 돌아보고, 가정 내 언어 환경을 더욱 풍요롭게 만들 방법을 살펴볼 차례다. '부모의 독서 습관 점검 리스트'를 통해 나의 독서 습관과 아이와의 대화 방식이 아이의 어휘력과 문해력에 어떤 영향을 미치고 있는지 점검해보자. 이를 통해 어떤 부분을 보완하고, 더 나은 환경을 조성해야 할지 알게 될 것이다.

부모의 독서는 가정의 언어적 토양이다. 지금부터 체크리스트를 활용해 우리 가정의 독서 환경을 점검해보자.

부모의 독서력 점검 체크리스트

이 체크리스트는 부모로서의 독서 습관과 아이에게 제공하는 언어적 환경을 점검하고, 개선할 방향을 찾기 위해 설계되었다. 각 항목을 읽고 스스로 상태를 점검해보자.

1 독서 습관 점검

01. 나는 하루에 최소 15분 이상 책을 읽는다. (Y / N)

02. 내 독서 습관은 아이가 쉽게 관찰할 수 있는 환경에서 이루어진다. (Y / N)

03. 다양한 장르의 책을 꾸준히 읽고 있다. (Y / N)

04. 책에서 배운 지식을 일상 대화에서 자연스럽게 활용한다. (Y / N)

05. 전자책, 오디오북 등 다양한 형태의 독서를 시도해본 경험이 있다. (Y / N)

2 아이와의 독서 시간 점검

06. 나는 아이와 함께 책을 읽고 이야기를 나누는 시간을 주기적으로 가진다.
   (Y / N)

07. 아이가 책을 읽는 동안 그 내용을 물어보거나 함께 이야기해본 적이 있다.
   (Y / N)

08. 아이가 질문했을 때, 적절히 대답하고 새로운 질문으로 대화를 이어가려고
   노력한다. (Y / N)

09. 아이가 좋아하는 책이나 작가를 알고 있다. (Y / N)

10. 아이의 독서 수준과 흥미에 맞는 책을 선택하는 데 관심을 기울인다. (Y / N)

3 가정 내 독서 환경 점검

11. 우리 집에는 다양한 종류의 책이 눈에 잘 띄는 곳에 비치되어 있다. (Y / N)

12. 아이가 책에 쉽게 접근할 수 있는 독서 환경(책장, 독서 공간 등)이
   조성되어 있다. (Y / N)

13. 가족 간의 대화에서 책이나 독서와 관련된 이야기가 자주 나온다. (Y / N)

14. TV, 스마트폰, 태블릿 사용 시간을 조절하며 책 읽는 시간을 배려한다. (Y / N)

15. 도서관이나 서점 방문을 가족 활동으로 계획해본 적이 있다. (Y / N)

4 독서력과 어휘력 점검

16. 나는 새로운 단어나 표현을 발견하면 아이에게 이야기하거나 활용하려고
    한다. (Y / N)
17. 내가 사용하는 어휘와 표현은 아이의 어휘력 확장에 도움 되는 방식으로
    구성된다. (Y / N)
18. 나는 책 속에서 배운 속담, 관용구, 고사성어 등을 대화 중에 종종
    사용한다. (Y / N)
19. 아이가 모르는 단어를 물어볼 때, 사전적 정의는 물론 문맥과 예시를 활용해
    설명한다. (Y / N)
20. 아이와 함께 읽을 책을 고르거나 독서 습관을 만들기 위해
    노력하고 있다. (Y / N)

점수 해석

• 16~20점: 훌륭하다! 독서와 관련해 아이와 함께하는 습관이 잘 자
리 잡혀 있다. 현재의 습관을 유지하며 더욱 다양한 책과 방법을 시
도해보자.

• 11~15점: 좋은 출발점에 있다. 특정 부분에서 약간의 노력을 더한
다면 아이의 독서 환경과 어휘력 발전에 더욱 긍정적인 영향을 미
칠 수 있다.

• 10점 이하: 아직 시작하지 못했거나, 개선이 필요한 부분이 많다.
체크리스트 항목 중 낮은 점수를 기록한 부분에 우선 집중해 실천
계획을 세워보자.

이 체크리스트를 통해 발견한 개선점을 메모하고, 실천 가능한 목표를 설정하자. 독서는 부모의 취미이자 아이와 함께 성장하는 가장 효과적인 방법이다.

3

가정에서 쉽게 하는
어휘력 키우기

아이의 어휘력은 가정에서 매일 나누는 대화 속에서 자란다. 부모가 어떤 단어를 쓰고, 어떤 방식으로 감정을 표현하느냐에 따라 아이가 배우는 언어의 폭과 깊이가 달라진다. 거창할 필요도 없다. 식탁에서, 산책길에서, 놀이하는 순간마다 아이가 단어를 더 풍부하게 경험할 기회를 줄 수 있다. "맛있다"로 끝나는 대화를 "첫맛은 매콤한데, 뒷맛은 달콤하네", "겉은 바삭한데, 속은 쫀득쫀득하네" 하는 식으로 확장해본다. 요리 프로그램의 미식가처럼 아이는 자연스럽게 더 세밀한 표현을 익힌다.

책을 가까이 두는 환경도 중요하다. 책이 언제든 아이 손에 닿는 곳에 있어야 한다. 독서를 특별한 활동이 아니라 자연스러운 일상으로 받아들이게 된다. 부모가 제공하는 언어적 환경이 아이의 어휘력을 결정짓는다. 일상에서 어휘를 풍부하게 키울 실천 방법들을 지금부터 하나씩 살펴보자.

3-1
아기에게 말 걸어주기

아기에게 말을 거는 것은 상호작용을 넘어, 언어 발달과 뇌 발달을 위한 중요한 투자다. 연구에 따르면, 부모와 많은 대화를 나눈 아기는 어휘력과 사고력이 더 뛰어나며, 학습 능력에서도 차이를 보인다.

예일대학교는 연구를 통해 부모가 다양한 말을 들려준 아이들이 어휘력과 사고력에서 월등한 성장을 보였음을 밝혔다. 또, 한 연구에서는 3세까지 들은 단어량이 많은 아이가 그렇지 않은 아이보다 어휘력이 2배 이상 높다는 결과가 나왔다. 결국, 언어능력이 뛰어난 아이는 더 많이 듣고 경험한 아이다.

하지만 아이와의 대화에서 단어의 양만큼 말하는 방식도 중요하다. 부모와의 대화에서 아기는 부모의 목소리를 들으며 의미를 추론하고, 패턴을 인식하며, 소통의 즐거움을 배운다. 이 과정은 언어뿐만 아니라 사회성, 정서 안정, 문제해결력까지 영향을 미친다.

특히, 생후 12개월에서 36개월까지는 언어 습득이 폭발적으로 이루어지는 시기다. 이 시기에 어떤 언어적 자극을 경험하느냐에 따라 어휘력과 사고력이 크게 달라진다. 부모가 다양한 단어와 문장을 사용하며 자주 말을 걸수록 아이의 뇌 신경망이 더욱 활발하게 연결된다.

일상에서 부모가 자주 사용하는 어휘일수록 아이는 그 단어를 빠르게 익히고 활용하게 된다. 예를 들어, '차가워'라는 말을 자주 들은 아기는 비슷한 맥락에서 '뜨거워'라는 개념도 쉽게 이해하게 된다.

그렇다면 어떻게 아이와의 대화를 더욱 풍성하게 만들 수 있을까? 이제부터 아이의 언어능력을 키우는 세 가지 핵심 방법을 알아보자.

'단어 확장 독서법'
– 하나의 단어에서 세상을 넓히기

책을 읽다 보면 아이는 '사과', '강아지', '나비' 같은 단어를 접하게 된다. 이때 단어를 대화의 출발점으로 잡는다. 핵심은 하나의 단어를 다양한 이야기와 개념으로 확장하는 것이다.

예를 들어, '강아지'라는 단어를 중심으로 "강아지는 어떻게 울까?", "우리 동네에서도 강아지를 볼 수 있을까?", "강아지랑 고양이는 어떤 점이 다를까?"와 같이 물어본다. '사과'라는 단어에서 "사과는 어떤 맛이 날까?", "사과는 나무에서 자라는데, 어떤 과일이 나무에서 자랄까?", "사과를 여러 가지 색으로 그려볼까?"처럼 자연스럽게 대화를 확장한다. 아직 말이 서툰 아이더라도 괜찮다. 아이의 답을 기다리는 게 아니다. 부모는 자문자답을 해도 괜찮다. 이런 질문에 이런 답을 하는구나, 아이가 감각적으로 느끼면 된다.

특히 12~24개월 아이는 하루에 하나의 단어를 깊이 탐색하는 것이 효과적이다. 단어를 알려주는 것보다는 아이가 스스로 생각하고 말할 기회를 주는 것이 중요하다. '강아지'라는 단어에서 시작했다면 '동물', '산책', '고양이', '집' 같은 연관된 단어로 이야기를 이어갈 수도 있다. 이렇게 단어를 확장하는 방식으로 책을 읽으면, 아이는 단어를 더 유기적으로 이해하게 된다.

'책 속의 말 따라 하기 놀이'
– 문장을 통째로 익히는 언어 감각 키우기

책 속 문장을 따라 하는 놀이는 아이가 자연스럽게 언어를 익히는 데 효과적이다. 단어를 하나씩 배울 때보다 문장을 통째로 익히는 과정이 언어 감각을 폭발적으로 키운다. 반복적으로 들은 문장을 무의식적으로 따라 하면서 문장의 구조와 리듬을 익히게 되기 때문이다. 책 속 문장을 일상에서 자연스럽게 쓰는 것이 활용 포인트다.

예를 들어, '깡총깡총 토끼가 풀밭을 달려요'라는 문장을 읽었다면, 아이가 뛰어다닐 때 "깡총깡총! 우리 토끼가 어디로 가나?"라고 말해볼 수 있다. 신발을 신으며 "깡총깡총, 토끼처럼 점프하면서 신어볼까?" 하는 식으로 활용할 수도 있다. 또 '달님은 둥실둥실 하늘을 걸어요'라는 문장은 아기가 잠자리에 들 때, "우리 아가도 둥실둥실 구름나라로 가볼까?"라고 말해볼 수 있다.

　운율이 있거나 반복되는 문장은 아이가 쉽게 기억하고 따라 하기 좋다. 같은 문장을 다양한 상황에서 반복적으로 들려주면 아이는 자연스럽게 익숙해지고, 이를 실제 대화에서 활용하게 된다. 일상에서 목욕, 식사, 외출 같은 익숙한 순간에 책 속 표현을 활용하면 아이가 더욱 친근하게 받아들일 수 있다. 포인트는 억지로 가르치려 하지 않고, 놀이처럼 자연스럽게 즐기는 것이다. 부모가 재미있게 참여하면 아이도 그만큼 더 몰입하며 배울 수 있다.

'소리와 리듬 독서법' – 책을 노래로 만들어보기

　책을 읽을 때 멜로디와 리듬을 더하면 아이는 문장을 더 쉽게 기억할뿐더러 독서를 즐거운 경험으로 받아들인다. 단순한 문장도 노래처럼 불러주면 자연스런 반복 효과로 아이의 언어 습득에 도움 된다. 특히 운율이 있는 문장은 듣고 따라 하기 쉬운 만큼 어휘력과 표현력이 더욱 풍부해질 수 있다.

　책 속 문장에 간단한 리듬을 더해 불러주면 효과적이다. 예를 들어, '바람이 불면 나뭇잎이 흔들흔들'이라는 문장을 '바람이 불면~ 나뭇잎이 흔들흔들~'처럼 멜로디를 붙여 불러보자. 짧고 반복적인 문장은 아이가 자연스럽게 놀이처럼 익히기에 좋다. '깡총깡총 토끼가 뛰어요'라는 문장도 "깡총깡총~ 토끼가 뛰어요"라고 불러주면서 손뼉을 치거나 점프하면 더욱 신나게 따라 할 수 있다.

리듬을 활용할 때는 익숙한 멜로디에 책 속 문장을 붙이면 아이가 쉽게 따라 부를 수 있다. 예를 들어, '작은 별' 멜로디에 책 속 문장을 넣어보면 자연스럽게 기억하게 된다. 또한 부모가 문장을 녹음해 아이에게 자장가처럼 들려주면 더욱 익숙해지고, 놀이처럼 몸을 움직이며 따라 부르면 청각과 운동 신경이 동시에 자극된다.

유아기에 들어와 《혹부리 영감》이나 《흥부 놀부》 같은 전래동화를 들려줄 때는 마치 판소리를 하듯 '얼쑤!' 같은 추임새를 넣어가며, 이야기를 읽어줘도 아이들의 흥미를 끌기에 그만이다.

책 읽기가 온몸으로 느끼는 놀이가 될 때, 아이는 책과 더욱 친해지고 언어를 흥미롭게 배울 수 있다. 소리와 리듬을 더한 독서는 책 읽기를 즐거운 경험으로 만들어준다. 긍정적인 독서 정서를 만든다.

3-2
감정 어휘: 마음에 이름표 붙이는 법

"아이가 울고 있는데 이유를 모르겠어요."

이런 고민을 해본 적 있는가? 말을 배우기 전이거나 갓 말을 시작한 아이들은 울음과 투정으로 감정을 표현하는 경우가 많다. 하지만 아이가 자신의 감정을 말로 표현할 수 있다면 어떨까? "화났어요!", "속상해요!"라고 스스로 말할 수 있는 아이들은 감정을 인지하고 조절하는 힘을 키울 수 있다. 이것이 바로 감정 어휘의 역할이다.

아이가 화가 났을 때 "왜 화났어?"라고 묻기보다 "속상했지?", "분했구나!"라고 먼저 말해주는 것이 더 효과적이다. 감정의 이름을 붙여주는 것만으로도 아이의 울음이 잦아든다.

감정 어휘는 아이의 감정 조절 능력과 직결된다. 어른에게 익숙한 '창피하다', '속상하다', '질투하다' 같은 감정 표현도 아이들에게는 낯설고 어렵게 다가올 수 있다. 하지만 감정에 이름을 붙이는 법을 배우면, 아이는 자신의 감정을 이해하고 조절할 힘을 갖는다.

감정 어휘는 감정을 표현하는 데 그치지 않고, 문해력과 사고력의 기반이 된다. 자신의 감정을 말로 설명할 수 있다는 것은 곧 내면을 들여다볼 힘이 있다는 뜻이다. 예를 들어, 아이가 "화가 나요"라고 말할 때, 그 감정이 '분노', '섭섭함', '당혹감' 중 무엇인지 아는 것만으로도 부모와의 소통이 훨씬 원활해진다. 감정을 더 구체적인 언어로 표현할수록 아이는 갈등을 해결하는 방법도 자연스럽게 익히게 된다.

다음은 아이의 감정 어휘를 확장하는 몇 가지 방법이다.

감정 어휘를 늘리는 대화법

첫째, 감정 리포팅 대화법이다. 이는 아이의 감정을 대신 표현해주는 방식이다. 예를 들어, 아이가 장난감을 떨어뜨리고 울 때 "속상했구나. 그럴 수 있어"라고 말해주면, 아이는 '속상하다'라는 표현을 자연스레 익히게 된다. "왜 울어?"라고 묻기보다는 감정의 이름을 직접 알려주면 아이는 자신의 감정을 정확히 이해하는 법을 배운다.

둘째, 감정 질문 대화법이다. 이는 아이 스스로 감정을 탐색하도록 돕는 방법이다. "지금 기분이 어때?"라고 막연히 묻기보다는 "오늘 친구랑 싸웠을 때 어떤 기분이었어? 화가 났어? 속상했어? 답답했어?" 하는 식으로 다양한 감정 어휘를 제시하면, 아이는 선택지를 보며 자신의 감정을 좀 더 명확하게 인식할 수 있다.

셋째, 감정 확장 대화법이다. 감정을 한 단어로 표현하는 데서 그치지 않고, 원인과 변화를 함께 살펴보는 방식이다. "화가 났구나. 어떤 순간에 그랬어? 친구가 네 블록을 뺏었을 때 무슨 생각이 들었어? 그 뒤에는 기분이 어땠어?"처럼 감정의 흐름을 따라가며 이야기하면, 아이는 자신의 감정을 더 깊이 이해하고 사고력을 키울 수 있다.

감정 그림책 활용하기

아이의 감정 어휘를 자연스럽게 늘리려면 감정 그림책을 활용하는 것이 효과적이다. 책을 읽다 보면 주인공이 겪는 상황과 감정에 아이들은 자연스럽게 공감한다. 특히, 주인공이 슬퍼하거나 화내거나 걱정하는 장면에서 "왜 주인공이 화가 났을까?", "주인공은 무엇을 걱정하고 있을까?" 같은 질문을 던지면 아이는 자신의 감정을 투영하며 생각해볼 기회를 얻는다.

대표적인 감정 그림책으로는 《OH! MY 감정 그림책》, 《기분을 말해봐》, 《진짜 진짜 행복해》 등이 있다. 이 책들은 화, 슬픔, 기쁨 등 다양한 감정을 아이가 자연스럽게 접할 수 있도록 도와준다.

예를 들어, 《OH! MY 감정 그림책》 중 '올챙이의 걱정'에서는 주인공 올챙이가 친구들과 달리 뒷다리가 자라지 않아 걱정하는 모습을 그린다. 우리 아이들도 친구보다 키가 작거나, 줄넘기를 못 하거나, 받아쓰기를 잘하지 못해 걱정하곤 한다. 책 속에서 올챙이는 위기에 빠진 친구를 돕는 순간 다리가 '빵!' 하고 자라난다.

이때 부모는 주인공의 감정을 해석하며 아이에게 질문을 던지면 좋다. "올챙이 친구들은 다 개구리가 됐는데, 올챙이 혼자 다리가 안 나왔을 때 어떤 기분이었을까?", "너도 이런 걱정을 해본 적 있어?" 처럼 감정을 구체적으로 묻는 것이다. 이런 대화를 통해 아이는 감정의 종류를 이해하고, 그와 관련된 어휘를 자연스럽게 습득할 수 있다.

책을 읽은 후에는 감정 표현 색칠 놀이를 해보는 것도 좋은 방법이다. "오늘 주인공의 감정을 색으로 표현하면 어떤 색일까?"라고 묻고, 아이가 직접 색을 칠하면서 자신의 감정도 함께 표현하도록 유도하는 것이다. 미술 놀이와 감정 교육이 결합된 방식으로, 아이의 창의력과 자기표현 능력을 키우는 데 도움 된다. 다만, 책 읽기가 부담스러워지지 않도록 독후 활동을 필수로 여기지 않아도 괜찮다.

부모와 함께 이야기하며 책을 읽는 것만으로도 충분하다.

감정 어휘 확장 놀이

첫째, '감정 그림 카드' 놀이다. 다양한 감정이 담긴 그림 카드를 활용해 아이와 게임을 해볼 수 있다. "이 그림 카드 속 사람은 어떤 기분일까?"라고 묻고, 아이가 '기쁘다', '슬프다', '당황하다' 등의 감정을 말로 표현하게 유도하는 방식이다. 아이는 표정을 분석하며 감정의 어휘를 배우고, 다양한 감정을 구별하는 연습을 할 수 있다.

둘째, '감정 색깔로 표현하기'다. "오늘 하루를 색으로 표현하면 어떤 색일까?"라고 묻고, 아이가 "빨간색"이라고 답하면, "빨간색을 선택했구나. 어떤 기분이었어?"라고 대화를 이어간다. 이 과정에서 아이는 색과 감정을 연결하며 감정을 좀 더 구체적으로 표현하는 법을 배우게 된다.

셋째, '감정 스티커 다이어리'다. 매일 자기 전에 하루의 감정을 기록하는 놀이로, 아이가 자신의 기분을 시각적으로 정리할 수 있도록 돕는다. 기쁠 때는 노란 스티커, 슬플 때는 파란 스티커, 화날 때는 빨간 스티커를 선택하도록 하고, "오늘 이 감정을 느낀 이유가 뭐야?"라고 대화를 이어가면 감정을 돌아보고 정리하는 습관도 형성할 수 있다. 이를 통해 아이는 자신의 감정을 이해하고 표현하는 능력을 키우게 된다.

감정 어휘를 배우는 것은 아이가 자신의 감정을 인식하고 표현하는 힘을 기르는 과정이다. 아이가 울 때 "왜 울어?"라고 묻기보다 "속상했구나!"라고 감정을 짚어주는 것이 필요하다. 감정 그림책, 감정 카드, 색깔 놀이 같은 활동을 활용하면 이 과정이 더 자연스럽고 즐거워진다.

부모가 아이의 감정을 언어로 표현해줄수록 아이는 자신의 마음을 더 정확하게 이해하고 조절할 수 있다. 오늘부터 감정에 이름을 붙여보자. 기쁠 때, 속상할 때, 부끄러울 때, 슬플 때 등 감정마다 적절한 단어를 알려주면 아이의 감정 표현력과 정서 조절 능력이 자란다.

다음은 감정 어휘를 표로 정리한 것이다. 이를 활용하여 아이와 함께 다양한 감정을 익혀보자.

구분	분류	감정 어휘
긍정적 어휘	기쁨, 행복, 만족	기쁘다, 신나다, 흥겹다, 유쾌하다, 짜릿하다, 황홀하다, 감격스럽다, 뿌듯하다, 설레다, 만족하다, 흐뭇하다, 경탄스럽다, 보람이 있다, 보람차다, 행복하다
	사랑/애정/호의	사랑하다, 사랑스럽다, 좋아하다, 귀엽다, 예쁘다, 소중하다, 정겹다, 반갑다, 친근하다, 애틋하다, 애정이 깃들다, 그립다
	감사/존중/경외	고맙다, 감사하다, 감복하다, 존경하다, 존중하다, 경탄하다, 경외하다, 존귀하다
	평온/안정/안도	편안하다, 평온하다, 잔잔하다, 여유롭다, 느긋하다, 고요하다, 안도하다, 홀가분하다, 차분하다, 안정적이다
	자신감/성취/용기	자신이 있다, 당당하다, 의욕적이다, 든든하다, 성공하다, 성취하다, 할 수 있다, 긍정적이다, 낙관하다, 용기가 있다, 도전하다, 담대하다, 의연하다

구분	분류	감정 어휘
부정적 어휘	분노/짜증	화나다, 분하다, 짜증이 나다, 답답하다, 격분하다, 분개하다, 심술이 나다, 성질나다, 성내다, 울컥하다, 심통이 나다
	불안/초조/걱정	불안하다, 초조하다, 걱정되다, 염려하다, 두렵다, 떨리다, 근심하다, 조마조마하다, 전전긍긍하다, 긴장되다, 조급하다, 예민하다, 걱정하다
	공포/무서움	무섭다, 겁나다, 겁내다, 두려워하다, 소름 끼치다, 공포스럽다, 오싹하다, 전율하다, 섬뜩하다, 깜짝 놀라다, 질겁하다, 철렁하다
	우울/슬픔/절망	슬프다, 우울하다, 침울하다, 공허하다, 허무하다, 허전하다, 울적하다, 서글프다, 비통하다, 애처롭다, 쓸쓸하다, 애달프다, 비참하다, 절망하다, 고독하다, 막막하다, 적막하다, 소외되다, 고립되다, 무기력하다
	후회/자책/미안함	후회하다, 자책하다, 아쉽다, 미안하다, 죄책감이 들다, 뉘우치다, 속상하다, 땅을 치다, 안타깝다, 죄송하다, 사과하다, 송구하다
	불쾌/불편/혐오	찜찜하다, 불쾌하다, 꺼림직하다, 언짢다, 불편하다, 씁쓸하다, 찝찝하다, 못마땅하다, 밉다, 얄밉다, 불쾌감을 느끼다
	부끄러움/창피함	창피하다, 부끄럽다, 쑥스럽다, 민망하다, 어색하다, 얼굴이 화끈거리다, 수줍다, 머쓱하다, 당혹스럽다
	질투/시기	질투하다, 시기하다, 부러워하다, 샘나다, 질투심이 생기다, 속이 쓰리다, 샘내다
	혼란/당황/황당	어리둥절하다, 얼떨떨하다, 당황하다, 허둥지둥하다, 허겁지겁하다, 멍하다, 정신없다, 갈팡질팡하다, 망연자실하다, 어이가 없다, 황당하다
	기타 부정 (실망 · 포기 · 분노 등 복합)	실망하다, 기대에 못 미치다, 허망하다, 어이없다, 포기하다, 괘씸하다, 미워하다, 서운하다, 섭섭하다

구분	분류	감정 어휘
중립적 어휘	몰입/집중	몰두하다, 열중하다, 몰입하다, 빠져들다, 집중하다, 매달리다, 탐닉하다, 탐구하다, 골몰하다
	(기대 · 간장 · 흥분 등) 맥락에 따른 감정	기다리다, 궁굼하다, 두근거리다, 흥분되다, 오매불망하다, 심장이 두근거리다
	지루함/무료함	지루하다, 따분하다, 권태롭다, 싫증이 나다, 심심하다, 흥미를 잃다, 시큰둥하다

부모의 말 습관이
아이의 문해력을 만든다

부모의 말하기 습관은 아이의 문해력을 형성하는 데 가장 중요한 요소다. 가정에서 이루어지는 대화는 정보 전달을 넘어, 아이가 언어와 사고력을 발달시키는 기반이 된다. 부모가 어떤 어휘를 사용하고, 어떻게 질문하며, 감정을 어떤 방식으로 표현하는지가 아이의 문해력과 사고의 깊이를 결정짓는다.

부모가 풍부한 어휘를 사용할수록 아이도 더 다양한 표현을 접할 기회를 얻는다. '정말 대단하네!', '감탄할 만해!', '놀랍구나!' 등의 표현을 사용하면, 아이는 감정을 표현하는 언어적 도구를 자연스레 익히게 된다. 반면 '대박', '헐' 같은 단어만 반복한다면, 아이의 어휘 확장은 제한될 수밖에 없다.

질문하는 방식도 중요하다. "학교 재미있었어?"처럼 '예, 아니오'로 답할 수 있는 질문보다 "오늘 가장 즐거웠던 순간은 언제였어?"처럼 생각을 이끌어내는 질문이 아이의 표현력을 키운다. "숙제 다 했니?" 대신 "숙제를 하면서 가장 어려웠던 점은 뭐였어?"라고 묻는다면, 아이는 자신의 경험을 구체적으로 설명하는 능력을 기르게 된다.

아이와의 대화 속에서 감정을 표현하는 방법 역시 문해력 발달에 영향을 미친다. 아이가 속상해할 때 "괜찮아"라고 위로하는 대신, "속상했구나. 어떤 점이 가장 힘들었어?"라고 물으면 감정을 더 정교하게 표현할 기회를 줄 수 있다. 감정 표현이 세밀해질수록 아이는 자기감정을 더 잘 이해하고 조절할 수 있다.

일상에서 어휘를 확장하는 것도 중요하다. 같은 음식을 먹더라도 "맛있어"라는 표현만 반복하는 것보다 "풍미가 깊어", "새콤달콤하네"처럼 다양한 표현을 사용하면, 아이는 감각적인 어휘를 더욱 풍부하게 익히게 된다.

책을 읽고 난 후에도 열린 질문을 던지면 사고력이 확장된다. "재미있었어?"라고 묻기보다 "주인공이 왜 그런 선택을 했을까?", "만약 네가 주인공이라면 어떻게 했을 것 같아?"라고 질문하면, 아이는 단선적인 줄거리 이해를 넘어 이야기의 의미를 깊이 있게 생각하게 된다.

놀이를 활용한 대화도 효과적이다. 역할극을 통해 "오늘은 네가 선생님이고, 나는 학생이야. 네가 가르쳐줄래?" 같은 상황을 만들어보면, 아이는 자연스럽게 다양한 문장을 구사하는 경험을 하게 된다. 감정 카드 게임, 단어 맞히기 놀이 등도 언어능력을 확장하는 데 도움 된다.

부모의 언어 습관은 아이에게 직접적인 본보기가 된다. 부모가 일상에서 풍부한 어휘를 활용하고, 존중하는 태도로 대화하며, 긍정적인 표현을 자주 사용하면, 아이는 이를 자연스럽게 따라 하게 된다. "엄마도 오늘 이런 표현을 배웠는데 네게 써보고 싶어"라고 말하며 부모의 학습 과정을 공유하는 것도 좋은 방법이다.

결국, 부모와 나누는 대화가 아이의 문해력을 길러주는 가장 효과적인 방법이다. 아이와의 일상적인 대화를 좀 더 풍부하게 만들고, 표현을 확장하는 작은 변화들이 쌓이면 언어력과 사고력도 자연스럽게 성장한다. 그렇다면, 이러한 대화를 더욱 즐겁고 효과적으로 만들 방법은 무엇일까? 다음 장에서는 아이의 문해력을 키우는 다양한 말놀이 방법을 소개한다.

5

온 가족이 함께하는
문해력 놀이

말놀이는 언제 어디서나 할 수 있다. 특별한 준비 없이도 가족이 함께 간식을 먹을 때, 차를 타고 이동할 때, 산책하면서도 자연스럽게 즐길 수 있다. 끝말잇기, 수수께끼, 스무고개 같은 놀이는 유아기부터 초등 시기까지 어휘력을 확장하는 데 큰 도움이 된다.

속담, 관용어, 사자성어는 초등 저학년부터 익히는 것이 좋다. 초등 고학년에 국어 교과에서 접했을 때 부담 없이 받아들일 수 있다. 초등 중학년 이하라면 문제집 없이도 충분히 익힐 수 있지만, 고학년이 되도록 익숙하지 않다면《뿌리 깊은 초등 국어 독해력》같은 교재를 활용하면 중등 국어 학습에 도움 된다.

이제부터 가정에서 쉽게 실천할 수 있는 다양한 말놀이 방법을 살펴보자.

'○○ 대기' 놀이

'○○ 대기' 놀이는 아이의 어휘력을 확장하고, 범주화 개념을 익히도록 돕는 효과적인 말놀이다. 특정 주제를 정한 후, 그 주제에 맞는 단어를 차례로 말하는 방식으로 진행된다. 예를 들어 '나라 이름 대기' 주제를 정하면 참가자들이 돌아가면서 '한국', '프랑스', '이집트'처럼 해당 주제에 맞는 단어를 말해야 한다. '동물 이름 대기'를 한다면 '호랑이', '코끼리', '다람쥐' 같은 단어가 나올 수 있다.

이 놀이는 단어를 나열하는 것에 그치는 게 아니라, 점점 더 다양한 어휘를 떠올리도록 유도하는 데 초점을 둔다. 처음에는 익숙한 단어를 말하다가 점차 난도를 높이며 아이들이 새로운 단어를 찾아보게 하면 더 효과적이다. 예를 들어, '동물 이름 대기'에서 '개', '고양이' 같은 익숙한 단어를 넘어 '미어캣', '카피바라' 등 덜 알려진 단어를 떠올려보도록 유도할 수 있다.

'○○ 대기'가 주는 효과는 세 가지다.

첫째, 어휘력이 자연스럽게 확장된다. 다양한 주제 속에서 단어를 찾다 보면 기존에 알고 있던 단어뿐만 아니라 새로운 단어도 익히게 된다.

둘째, 범주화 개념을 익힐 수 있다. 같은 카테고리의 단어를 묶어 생각하는 과정에서 사고력이 발달하고, 체계적으로 정보를 정리하는 능력이 길러진다.

셋째, 순발력과 기억력이 향상된다. 빠르게 단어를 떠올리고 반응하는 과정에서 뇌를 활발하게 활용하게 되고, 이는 학습에도 긍정적인 영향을 미친다.

'말 바꾸기' 놀이

'말 바꾸기' 놀이는 기본적인 문장을 만들어놓고, 특정 단어를 바꿔 새로운 문장을 만들어가는 방식으로 진행된다. 이 놀이는 아이의 어휘력을 확장하고, 문장을 자연스럽게 만드는 데 효과적이다. 아이들은 다양한 어휘를 익히고, 문장 구조에 대한 감각을 키울 수 있다.

놀이를 시작할 때는 먼저 기본 문장을 정한다. 예를 들어, '나는 빨간 사과를 먹었어'라는 문장을 말한 뒤, 문장에서 하나의 단어를 바꿔본다. '빨간'을 '노란'으로 바꾸면 '나는 노란 사과를 먹었어'가 되고, '사과'를 '바나나'로 바꾸면 '나는 빨간 바나나를 먹었어'가 된다. 이렇게 하면 색깔이나 사물의 이름을 바꾸면서 자연스럽게 단어를 확장하는 경험을 하게 된다.

명사뿐만 아니라 동사나 형용사, 부사도 변형할 수 있다. 예를 들어, '토끼가 뛰어갔어요'라는 문장에서 '뛰어갔어요' 대신 '살금살금 걸어갔어요', '힘차게 달렸어요' 등으로 바꿔보면 같은 상황을 다양한 어휘로 표현할 수 있다.

단어를 바꿀 때마다 "이렇게 바꾸면 어떤 느낌이 들어?"라고 질문하며 단어 하나가 문장의 전체적인 분위기를 바꿀 수 있다는 점을 깨닫게 도울 수 있다. 예를 들어, '아장아장'을 '어정어정', '살금살금', '슬금슬금' 등으로 바꾸면 각각 어떤 차이가 있는지 생각해보게 하는 것도 좋은 방법이다.

'반대말 · 비슷한 말 대기' 놀이

반대말(반의어)과 비슷한 말(유의어)은 언어의 폭을 넓히는 중요한 개념이다. 반대말은 서로 반대되는 뜻을 가진 단어(예: 크다↔작다), 비슷한 말은 유사한 의미를 지닌 단어(예: 기쁘다↔행복하다)를 뜻한다.

이 놀이는 구체어와 추상어를 확장하는 데 도움 된다. 구체어는 눈에 보이는 사물을 의미한다. 예를 들어 연필, 책상, 지우개, 사자, 호랑이 등이 있다. 구체어는 물리적으로 존재하는 사물이기 때문에 명확한 반의어를 가지는 경우가 적지만, 유의어는 쉽게 찾을 수 있다. 반면, 추상어는 눈에 보이지 않는 개념을 의미한다. 사랑, 희망, 용기, 지혜, 평화, 정의, 노력, 성장, 신뢰, 자유 등이 이에 해당하며, 다양한 반의어와 유의어를 찾을 수 있다. 예를 들어, 자유(예: 자유↔구속), 정의(예: 정의↔불의)처럼 반대말이 명확하게 구분되기도 하고, 신뢰(예: 신뢰↔믿음), 평화(예: 평화↔안정)처럼 유사한 의미를 가진 단어도 있다.

이 놀이는 구체어도 상관없지만, 추상어를 활용하는 것을 추천한다. 놀이를 통해 단어 간의 관계를 자연스럽게 익히면 아이들은 문장을 더 풍부하게 표현할 수 있다. 특히, 부모가 놀이에 적극적으로 참여하며 아이의 말을 확장해주면 더욱 효과적이다.

반대말 놀이는 한 사람이 단어를 말하면, 다른 사람이 그 반대되는 단어를 찾아 대답하는 방식으로 진행된다. 예를 들어, 뜨겁다(예: 뜨겁다 ↔ 차갑다), 슬프다(예: 슬프다 ↔ 기쁘다)처럼 이어지는 방식이다. 난도를 높이고 싶다면 문장으로 표현하도록 유도할 수도 있다. 예를 들어, "오늘 날씨가 덥다"라고 말하면 "아니야, 오늘 날씨가 추워" 하는 식으로 전체 문장을 반대 의미로 바꿔보는 것도 좋은 방법이다.

비슷한 말놀이는 유사한 뜻을 가진 단어를 찾는 방식으로 진행된다. 한 사람이 빠르다(예: 빠르다 ↔ 신속하다)라고 하면 다음 사람이 유사한 표현을 말하는 식이다. 화나다(예: 화나다 ↔ 분노하다), 행복하다(예: 행복하다 ↔ 기쁘다)처럼 다양한 표현을 찾아보면서 어휘력이 확장된다. 이때, 부모는 아이가 충분히 생각할 시간을 주고, 모르는 단어가 나오면 함께 뜻을 찾아보자.

'수수께끼' 놀이

수수께끼는 시대와 문화를 초월해 전해 내려온 지혜의 놀이다. 우리말 '수수께끼'는 옛말 '슈지겻기'에서 유래했는데, '쓸모없는 말로 겨룬다'는 뜻을 담고 있다. 하지만 실제로는 언어적 사고력과 추론 능력을 키우고, 언어유희의 재미를 알려주는 유익한 활동이다.

문학 속에서도 수수께끼는 중요한 요소로 등장한다. 그리스 신화에서 스핑크스는 지나가는 사람들에게 수수께끼를 내고, 맞히지 못한 자를 잡아먹었다. 오페라 〈투란도트〉에서는 공주가 청혼한 왕자들에게 세 가지 수수께끼를 내고, 정답을 맞히지 못한 왕자는 처형당하는 설정이 등장한다. 현대의 추리소설에서도 수수께끼는 반전의 열쇠로 중요한 역할을 한다.

수수께끼는 짧고 간결한 질문을 통해 답을 맞히는 놀이다. 문제를 이해하고 답을 찾는 과정에서 아이들은 비유적 사고를 익히고, 논리적으로 추론하는 경험을 한다. 예를 들어, "밥이 목욕탕에 들어가면 되는 것은?"이라는 질문을 받으면, 아이는 '밥'과 '목욕탕'이라는 단어의 연결고리를 고민하게 된다. '밥을 뜨거운 물에 넣으면?'이라는 연상을 통해 결국 정답인 '죽'에 도달하게 된다.

"다리를 네 개 가지고 있지만 걷지 못하는 것은?"이라는 질문에서는 의인화 개념이 적용된다. 정답은 '탁자'다. "꽃 중에서 가장 뜨거운 꽃은?"이라는 질문에서는 '불꽃'이라는 답을 찾아내며 언어유희를 경험할 수 있다.

이러한 과정은 아이들이 단어의 다양한 의미를 탐색하는 기회를 제공한다. 예를 들어, 시에서 '어머니의 눈물'이라는 표현을 접했을 때, 눈물샘에서 흘러나오는 생물학적 현상인 '눈물'이 아니라 '사랑, 희생, 헌신' 같은 추상적 의미로 확장할 힘을 기를 수 있다. 여기서 상징과 은유의 묘미를 배운다.

또한 수수께끼는 논리적 사고력과 문제해결력을 키우는 데도 효과적이다. 질문을 이해하고, 힌트를 분석하며, 답을 추론하는 과정에서 자연스럽게 어휘력이 확장된다.

놀이를 더욱 풍부하게 즐기고 싶다면 책을 활용해보자. 《읽으면서 바로 써먹는 어린이 수수께끼》같은 책을 통해 부모와 아이가 번갈아 문제를 내고 답을 맞히는 놀이를 할 수 있다. 정답을 바로 알려주기보다 힌트를 하나씩 제시하면서 아이가 스스로 답을 찾도록 유도하면 사고력을 기르는 데 더 큰 도움이 된다.

'끝말잇기' 놀이

끝말잇기는 한 사람이 단어를 말하면, 그 단어의 마지막 글자로 시작하는 새로운 단어를 이어가는 놀이이나. 예를 들어, '사과 → 과일 → 일기'처럼 진행된다. 명사 어휘를 폭넓게 익힐 수 있다.

이 놀이는 어휘력과 순발력을 기르는 데 효과적이다. 단어를 빠르게 떠올리고 연결하는 과정에서 사고력이 자극되며, 자연스럽게 다양한 어휘를 접할 수 있다. 또한 한글의 자음과 모음 규칙을 익히는 데 도움 되어 어린아이들의 언어 학습에도 유용하다.

초등학교 3~4학년이 되면 '한방 단어'(예: 즈믄, 버섯, 디귿, 무릎, 산기슭, 수탉, 씨앗, 지뢰, 해질녘, 키읔, 칼슘, 세슘, 우라늄 등)를 활용해 게임을 더욱 흥미롭게 만들 수도 있다. 예상치 못한 단어가 등장하면 웃음이 터지기도 하고, 모르는 단어를 함께 찾아보는 과정에서 어휘력이 확장된다.

이 놀이는 언제 어디서든 쉽게 할 수 있다. 차 안에서, 산책하며, 또는 식사 후 가볍게 즐길 수 있다. 아이가 새로운 단어를 떠올릴 때마다 칭찬해주고, 어려운 단어가 나오면 힌트를 주며 자연스럽게 학습하도록 유도하는 것이 좋다. 끝말잇기를 통해 어휘력뿐만 아니라 창의적인 사고력도 함께 키울 수 있다.

'○○○에 가면' 놀이

'○○○에 가면' 놀이는 특정 장소를 정한 뒤, 그곳에 있을 법한 것들을 차례로 나열하며 문장을 확장하는 방식으로 진행된다. 예를 들어, "슈퍼에 가면"이라고 시작하면 첫 번째 사람이 "고기도 있고"라고 말하고, 다음 사람은 "고기도 있고, 당근도 있고"라고 이어간다. 이렇게 문장을 점점 길게 만들며 기억력과 어휘력을 동시에 키울 수 있다.

이 놀이는 아이들이 단어를 기억하고, 앞서 나온 단어를 떠올리며 유추하는 과정에서 사고력을 자극하는 데 효과적이다. 또한 단어를 범주화하는 능력을 자연스럽게 익히는 기회가 된다. 예를 들어, "동물원에 가면"이라고 시작하면 "사자도 있고" → "사자도 있고, 호랑이도 있고" → "사자도 있고, 호랑이도 있고, 늑대도 있고"처럼 동물의 이름을 떠올리며 연상하는 훈련이 된다. 이때 부모는 "어떤 동물이 더 있을까?", "이 동물들은 어디에서 살까?" 같은 추가 질문을 던지며 아이의 사고를 확장할 수 있다. 마트, 공원, 바닷가 등 다양한 장소를 설정하면 어휘 확장과 함께 창의적인 표현력도 같이 키울 수 있다.

'속담' 놀이

속담은 유치원과 초등 저학년부터 차근차근 익히는 것이 좋다. 전래동화를 활용하거나《이은경쌤의 사자성어 속담 일력 365》같은 어휘 일력을 사용해 매일 조금씩 노출하면 효과적이다. 초등 고학년이 되어서야 속담을 학습으로 접하면 다소 부담스러울 수 있다.

속담은 오랜 시간 전해져 내려온 짧고 간결한 문장으로, 주로 일상 경험이나 자연의 이치를 바탕으로 교훈을 전달한다. 비유적이고 은유적인 표현을 사용해 삶의 지혜를 담고 있으며, 반드시 상황과 연결되어야 의미가 제대로 전달된다. 적절한 맥락 없이 사용하면 속담이 엉뚱한 말처럼 들릴 수도 있다.

속담 모으기 놀이를 해보자. 참가자들이 번갈아가며 아는 속담을 붙임쪽지에 적고 책상에 붙인다. 중복된 속담은 사용할 수 없으며, 더 많은 속담을 아는 쪽이 이긴다. 이 과정에서 자연스럽게 새로운 속담을 배우게 된다.

부모는 특정 상황을 예로 들어, 그에 맞는 속담을 찾아보도록 유도하면 좋다. 예를 들어, "아빠랑 아들이 정말 닮았어!" 하는 상황에서 어떤 속담이 떠오를까? 아이가 "콩 심은 데 콩 나고, 팥 심은 데 팥 난다"라고 답할 수 있다면, 속담의 의미를 잘 이해하고 있다는 뜻이다.

다음 단계는 '몸으로 말하고 맞히기' 놀이다. 술래가 쪽지에 적힌 속담을 몸짓으로 표현하면, 상대방이 이를 맞히는 방식이다. 예를 들어, "아니 땐 굴뚝에 연기 날까?" 하면 굴뚝에서 연기가 나는 동작을 하고, "낮말은 새가 듣고 밤말은 쥐가 듣는다" 하면 귀를 기울이며 주변을 살피는 동작을 해볼 수 있다. 몸으로 표현하는 과정에서 자연스럽게 웃음이 터지고, 속담이 더 친숙하게 다가온다.

《읽으면서 바로 써먹는 어린이 속담》은 초등 저학년 아이들이 속담을 쉽게 익히도록 돕고,《콩나물쌤과 함께하는 문해력 속담왕》은 속담 속 어휘의 세세한 의미를 파악하는 데 유용하다. 책 속 문제를 모두 풀어야 한다는 부담을 내려놓고, 놀이처럼 즐기면서 속담을 익히는 것이 중요하다.

'관용어' 놀이

관용어는 특정 언어나 문화에서 고정된 표현으로 사용되는 말로, 문자 그대로의 뜻과 다르게 비유적이거나 은유적인 의미를 가진다. 즉, 관용어는 단어의 조합만으로 뜻을 파악하기 어려우며, 사회적·문화적 맥락에서 의미를 이해해야 한다.

관용어는 일상 대화뿐만 아니라 책, 영화, 드라마, 뉴스 기사, 소설, 에세이, 인터뷰 등 다양한 매체에서 자주 등장한다. 부모가 아이와의 대화에서 관용어를 자연스럽게 사용하면, 아이는 실생활에서 그 의미를 익히는 기회를 얻게 된다. 표면적인 뜻풀이보다 맥락 속에서 접하는 것이 훨씬 효과적이다.

초등학교 5학년이 되면 국어 교과서에서 관용어를 배우게 된다. 하지만 이미 익숙한 표현이 관용어임을 깨닫는 것과, 처음 접하는 표현을 낯설게 받아들이는 것은 큰 차이가 있다. 미리 다양한 관용어를 접한 아이는 문장을 이해하는 속도가 빠르고, 문맥을 자연스럽게 파악할 수 있다.

예를 들어, '고래 등 같은 집'이라는 표현은 '집이 매우 크다'는 의미이고, '눈에 불을 켜다'는 '극도로 집중하다' 또는 '열심히 노력하다'는 뜻으로 쓰인다. '길이 막히다'는 차 다니는 도로 상황을 의미하는 것이 아니라 '어려움이 있다'는 뜻으로도 해석된다. 이러한 표현들의 의미를 모르고 글을 읽으면, 문장의 전체적인 뜻을 이해하는 데 어려움을 겪을 수 있다.

관용어를 쉽게 익힐 수 있는 카드 놀이를 활용하는 것도 좋은 방법이다. 《바빠 머리가 좋아지는 초성 퀴즈 카드》 시리즈는 카드 앞면에 초성이 빠진 관용어와 관련 그림이 있고, 뒷면에는 해당 관용어의 뜻이 쉽게 풀이되어 있어서 놀이하며 자연스럽게 학습할 수 있다. 또한 초등 저학년도 읽을 수 있는 《귀가 번쩍 관용어, 무릎을 탁! 국어왕》은 짧은 설화와 고전 속에 등장하는 관용어를 통해 문맥 속에서 그 의미를 쉽게 이해하도록 돕는다.

관용어 감각이 익숙해지면, 신체와 관련된 표현이나 동물이 들어간 표현처럼 주제를 정해 '관용어 많이 말하기' 놀이를 할 수도 있다. 이 놀이는 관용어를 재미있게 익히며 실생활에서 활용할 수 있도록 한다.

구분	관용어
신체	눈에 띄다, 눈에 불을 켜다, 눈이 높다, 눈을 돌리다, 눈이 뒤집히다, 눈이 멀다, 눈을 감다, 눈에 흙이 들어가다, 코가 납작해지다, 귀가 얇다, 귀가 밝다, 귀에 못이 박히다, 귀가 가렵다, 귀가 따갑다, 입이 짧다, 입이 무겁다, 입을 다물다, 입에 달고 살다, 혀가 닳다, 얼굴이 피다, 머리가 크다, 머리를 맞대다, 머리를 식히다, 머리를 굴리다, 뒤통수를 때리다, 목이 빠지다, 목소리가 떨리다, 가슴을 펴다, 가슴이 시리다, 가슴이 찡하다, 배가 아프다, 뱃가죽이 등가죽에 붙다, 등골이 휘다, 손이 크다, 손을 내밀다, 손을 벌리다, 손을 떼다, 손에 잡히다, 손을 씻다, 손바닥을 뒤집듯, 손에 땀을 쥐다, 팔을 걷어붙이다, 발이 넓다, 발을 빼다, 발 벗고 나서다, 발에 채다, 발이 묶이다, 양다리를 걸치다, 간이 콩알만 해지다, 피땀 흘리다
동물	개미 새끼 하나 볼 수 없다, 고래 등 같다, 까마귀 고기를 먹다, 물에 빠진 생쥐, 용이 되다, 쥐도 새도 모르게, 꼬리가 길다, 고래 싸움에 새우 등 터진다, 고양이 목에 방울 달기, 벼룩의 간을 빼먹다, 쇠귀에 경 읽기, 돼지 목에 진주 목걸이, 꿩 먹고 알 먹고, 낙동강 오리알 신세, 가재는 게 편, 새발의 피, 쥐구멍이라도 찾고 싶다, 꽁무니를 빼다, 개구리 올챙이 적 생각 못 한다, 개발에 편자, 돼지 꿈을 꾸다
자연	가시 돋다, 땅을 칠 노릇, 뜬구름 잡다, 물 쓰듯, 물 밀듯, 바다 같다, 바람을 넣다, 벼락 치듯, 불똥이 떨어지다, 비가 오나 눈이 오나, 하늘과 땅, 하늘을 찌르다, 금강산도 식후경, 가는 날이 장날
음식	국물도 없다, 떡이 생기다, 미역국을 먹다, 죽도 밥도 안 되다, 죽을 쑤다, 찬물을 끼얹다, 찬물도 위 아래가 있다, 찬밥 더운 밥 가리다, 콩 튀듯 팥 튀듯, 파김치가 되다, 한술 더 뜨다, 식은 죽 먹기, 밥 먹듯 하다, 물을 먹다, 한솥밥을 먹다 등
사물	바가지를 긁다, 돈이 마르다, 돈이 풀리다, 돈을 쫓다, 돈의 노예가 되다, 돈에 팔리다, 돈방석에 앉다, 돈맛을 알다, 쌈짓돈, 돈이 굳다, 돈줄을 쥐다, 기름을 끼얹다, 다리를 건너다, 바가지를 쓰다, 붓을 들다, 비행기를 태우다, 색안경을 끼고 보다, 종이 한 장 차이, 칼을 갈다, 허리띠를 졸라매다, 불난 집에 부채질하다, 꿔다 놓은 보릿자루, 가시방석에 앉다, 날개 돋친 듯 팔리다, 담을 쌓다

'사자성어 익히기' 놀이

사자성어(四字成語)는 네 글자로 이루어진 표현으로, 역사적 사건이나 인물에서 유래된 것이 많다. 간결하면서도 깊은 뜻을 담고 있어 감정을 표현하거나 상황을 설명하는 데 유용하다. 현대사회에서도 사자성어는 핵심 메시지를 효과적으로 전달하는 강력한 도구로 활용된다.

초등 시절에는 사자성어의 한자 몇 개와 기본적인 뜻을 익히는 것부터 시작하는 것이 좋다. 하지만 중등 과정으로 가면 각 사자성어에 담긴 배경 이야기(고사)를 알고, 개별 한자가 가지는 의미까지 파악하는 것이 중요하다. 한자를 정확히 쓰지 못하더라도, 뜻을 이해하는 것만으로도 문해력 향상에 큰 도움이 된다.

예를 들어, '삼고초려(三顧草廬)'는 삼국지에서 유비가 제갈량을 세 번 찾아가 간청했다는 고사에서 유래되었다. '인재를 얻기 위해 노력한다'는 뜻을 아는 것에서 끝나는 것이 아니라, 인재를 대하는 태도와 끈기의 중요성을 배우는 과정까지 이어질 수 있다.

'칠전팔기(七顚八起)'도 마찬가지다. 처음에는 '일곱 번 넘어지고 여덟 번 일어난다'는 뜻을 익히지만, 점차 '넘어질 전(顚)'이 '뒤집어지다'는 의미를 갖는다는 것을 알게 된다. 이를 통해 '전복(顚覆)', '전도(顚倒)' 같은 단어에서도 같은 한자가 쓰인다는 사실을 자연스럽게 연결할 수 있다. 사자성어가 익숙해지면 상황에 맞게 활용할 수 있다.

사자성어를 익히다 보면 같은 뜻의 속담이나 관용어와 많이 연결된다. '정저지와(井底之蛙)'와 '좌정관천(坐井觀天)'은 '우물 안 개구리',

72

'우이독경(牛耳讀經)'은 '쇠귀에 경 읽기', '오비이락(烏飛梨落)'은 '까마귀 날자 배 떨어진다'와 같은 뜻이다. 사자성어는 유교 경전이나 중국 고전에서 유래한 경우가 많은데, 오랜 시간 조상들의 생활 속에서 비슷한 개념을 토착적인 표현으로 풀어냈다고 볼 수 있다.

사자성어는 초등 저학년 때부터 가볍게 접하고, 고학년이 되면 의도적으로 학습하는 것이 좋다. 중학교에 들어가기 전에 사자성어를 정리해두면 학습 부담을 줄이고, 고급 문해력의 기초를 다지는 데 도움 된다. 실제로 중등 과정에서는 속담, 관용어, 사자성어를 외우고 시험을 보는 경우가 많고, 일부 학원에서는 입학시험에서 이를 평가하기도 한다. 이런 시험을 대비하기 위해서가 아니라, 독해력과 어휘력을 키우기 위한 과정으로 접근해야 한다. 초등 고학년 겨울방학 무렵에는 한 번 꼭 정리하는 시간을 갖자.

사자성어 익히기 놀이는 무엇보다 재미있게 하는 것이 중요하다. 꼭 정식 사자성어가 아니더라도 놀이에서는 융통성을 발휘할 수 있다. 예를 들어, '우왕좌왕' 같은 말은 아이들이 의태어로 오해하기도 하고, '막상막하'는 흔히 쓰는 표현이라 친숙하다. '막역지간', '위풍당당', '전광석화' 같은 사자성어를 주고받으며 놀이처럼 진행하다가, 막히면 '맹견주의', '주차금지' 같은 네 글자 단어로 가볍게 넘어가며 자연스레 익히도록 유도하는 것도 좋은 방법이다. 이렇게 하면 부담 없이 사자성어에 익숙해질 수 있다.

미디어에서는 새로운 네 글자 표현이 등장하기도 한다. 네 글자의 간결한 형식을 활용해 핵심 메시지를 전달하려는 의도에서 비롯된 것이다. '내로남불', '할많하않', '러심푸난(러바오 심은 데 푸바오 난다, 에버랜드의 아빠 판다 러바오와 새끼 푸바오가 많이 닮았음을 표현한 말)' 같은 표현이 그 예다. 이런 표현들은 아이들이 먼저 접하고 사용하게 되는 경우가 많다. 비록 사자성어는 아니지만, 놀이할 때 한 번쯤 가볍게 이야기하며 웃고 넘어가도 좋다.

6

어휘력을 키우는 독서법

어휘력을 높이려면 어떻게 해야 할까? 국어사전을 외우면 될까? 아니다. 그런 방식으로는 어휘력이 자연스럽게 늘어나지 않는다. 어휘는 맹목적으로 암기하는 것이 아니라, 그 단어가 실제로 쓰이는 맥락을 이해해야 한다.

책을 읽으면 단어가 쓰이는 상황을 자연스럽게 익히게 된다. 글을 읽으며 문맥 속에서 단어의 의미를 파악하는 과정이 필요하다. 문맥은 단어의 뜻뿐만 아니라, 뉘앙스와 활용법까지 익히게 해준다. 이때, 사전이나 쉬운 설명을 함께 활용하면 더 효과적이다. 그렇다면 아이의 어휘력을 키우기 위해 어떤 책을 선택하고, 어떻게 독서를 이어가야 할까?

아이의 어휘 수준보다 약간 높은 책을 선택한다

아이에게 적절한 책의 수준은 어느 정도일까? 가장 이상적인 책은 한 페이지에 1~3개의 모르는 단어가 포함된 책이다. 이 정도의 난이도라면 아이가 부담 없이 읽으면서 새로운 어휘를 자연스럽게 배울 수 있다.

너무 쉬운 책, 예를 들어 10분 만에 가볍게 읽을 수 있는 책은 재미는 있을지 몰라도 어휘력을 키우는 데는 별 도움이 안 된다. 반대로, 한 페이지에 모르는 단어가 10개 이상이라면 책의 내용이 이해되지 않아 독서 자체가 힘들어질 수 있다. 낯선 단어가 너무 많으면 문맥을 따라가지 못하고 독서의 흐름이 끊긴다. 이는 독서 흥미를 떨어뜨리는 요인이 될 수 있다.

다만, 과학책이나 역사책처럼 전문 용어나 고유명사가 많은 책은 예외가 될 수 있다. 이런 책은 모르는 단어가 많더라도 내용이 흥미롭다면 충분히 읽어볼 만하다. 하지만 지나치게 어렵거나 스트레스를 유발하는 수준이라면 적절한 난이도의 책으로 조정하는 것이 필요하다.

적정한 난이도를 유지하며 읽기 연습을 한다

어휘력을 키우려면 적정한 난이도를 유지하는 것이 핵심이다. 이를 영어 문제집에 비유해보자. 영어 실력이 중하 수준인 학생이 너무 쉬운 문제집을 풀면 어휘 실력은 늘지 않고, 기계적인 문제 풀이 기술만 발전하게 된다. 반면, 중간 수준보다 약간 어려운 문제집을 선택하면 새로운 단어를 익히면서 문장을 이해하는 연습이 된다.

예를 들어, 영어 지문이 짧은 문장 3개로 구성되어 있고, 모르는 단어가 10개 이상이라면 수준이 맞지 않는 것이다. 반대로, 새로 익혀야 할 단어가 3~4개 정도라면 그 단어를 학습하며 계속 읽는 것이 효과적이다. 중요한 것은 모르는 단어가 너무 많아 독서 자체가 어렵지 않도록 조절하는 것이다.

독서는 지속적으로 이루어져야 진정한 효과를 발휘한다. 아이가 지나치게 어려운 책을 읽으며 스트레스를 받는다면 그 책은 내려놓고, 조금 더 쉬운 책을 선택하는 것이 좋다. 어휘력 향상은 단기간에 이루어지는 것이 아니므로 조급해하지 말고 차근차근 단계를 밟아 나아가는 게 중요하다.

7

독서 지도사만 아는
문해력 비밀 노하우

독서 지도사는 어린이, 청소년, 성인 등 다양한 연령층의 독서 습관을 기르고, 문해력과 비판적 사고 능력을 향상시키는 전문가다. 책을 선택하는 것부터 독서 방법과 읽기 전략을 제시하고, 읽은 후 글쓰기, 토론, 논술을 지도하는 역할을 한다. 독서가 학습과 성장에 긍정적인 영향을 미칠 수 있도록 전반적인 독서 프로그램을 기획하고 실행하는 것이 핵심이다.

독서 지도 계획

독서 지도는 아이의 성장 단계에 맞춰 올바른 독서 습관을 형성하도록 돕는 과정이다. 독서는 정보 습득을 포함하여 사고력과 이해력을 키우는 중요한 활동이므로, 체계적인 지도가 필요하다. 이를 위해 독서 지도는 계획적으로 이루어져야 한다.

'언제, 어디서, 어떻게 책을 읽을지' 구체적으로 정하는 것이 독서 습관 형성에 큰 도움이 된다. 단순히 흥미 위주의 독서에만 머무르지 않고, 사고를 확장할 다양한 책을 접하도록 이끌어주는 것이 중요하다.

아이의 관심사와 수준에 맞는 책을 신중하게 선택하는 것이 효과적이다. 이를 위해 부모나 지도자는 아이가 읽을 책을 미리 검토하고, 해당 도서가 어떤 개념 학습에 도움이 될지 분석하며, 성장 단계에 따라 점진적으로 난이도를 조절한다.

독서 지도의 10가지 핵심 원리

첫째, 자발성을 존중한다. 강요하는 독서는 아이의 흥미를 떨어뜨릴 수 있으므로, 자연스럽게 책에 흥미를 느끼도록 유도하는 것이 중요하다.

둘째, 아이의 관심사를 반영한다. 좋아하는 주제의 책을 읽을 때 독서 습관이 쉽게 형성된다.

셋째, 독서의 목적을 분명히 한다. 책을 읽고 나서 책을 통해 얻을 수 있는 지식과 교훈을 고민하는 과정이 필요하다.

넷째, 적절한 책을 선택할 수 있도록 지도한다. 다양한 책 중에서 유익한 책을 고르는 능력 또한 중요한 독서 교육이다.

다섯째, 독서 수준에 맞는 책을 제공한다. 너무 어려운 책은 부담을 주고, 너무 쉬운 책은 지루함을 유발할 수 있다. 적절한 난이도를 유지하는 것이 핵심이다.

여섯째, 독서를 다른 활동과 연계한다. 책을 읽은 후 그림을 그리거나, 이야기를 만들어보는 등의 활동으로 독서 경험을 확장한다.

일곱째, 독서는 아이의 개성을 살리는 과정이다. 독서를 통해 자기만의 생각을 키우고, 자신을 이해하는 경험이 필요하다.

여덟째, 독서를 사회적인 활동으로 연결한다. 독서 토론이나 가족 독서 시간을 활용하면, 책을 더 깊이 이해하는 기회를 가질 수 있다.

아홉째, 독서 환경을 조성한다. 집 안 곳곳에서 책을 쉽게 접할 수 있도록 하고, 부모가 독서하는 모습을 보여주는 것이 아이에게 긍정적인 영향을 준다.

열째, 독서 과정에 대한 지속적인 점검과 피드백이 필요하다. 아이가 책을 얼마나 이해했는지 확인하고, 독서 방향을 조정하며 꾸준히 독서 습관을 다질 수 있도록 도와야 한다.

과정 중심의 독서 지도

독서는 읽기 전, 읽는 중, 읽은 후의 과정이 유기적으로 연결될 때 깊이 있는 독서가 가능하다. 읽기 전에는 책의 내용을 예측하고 배경지식을 활성화하면 이해력이 높아진다. 읽는 중에는 질문을 만들고, 내용을 정리하며 적극적인 독서를 유도해야 한다. 읽은 후에는 요약하거나 감상을 표현하며 사고력을 확장하는 과정이 필요하다. 독서를 하나의 흐름 속에서 진행하면 아이의 이해력과 사고력이 자연스럽게 길러진다.

독서는 취미를 넘어 사고력과 문해력을 키우는 중요한 과정이다. 부모와 교사가 올바른 독서 지도 원리를 이해하고 실천한다면, 아이는 더욱 풍부한 독서 경험을 쌓을 수 있다. 독서 지도는 단기적인 효과보다 장기적인 변화를 목표로 삼아야 하며, 지속적인 관심과 격려가 필요하다.

이제 독서 지도사의 핵심 원리를 바탕으로 가정에서 부모가 실천할 수 있는 7가지 독서 지도 노하우를 다음 장에서 구체적으로 살펴보자.

8

부모도 할 수 있는
7가지 독서 지도법

이 장에서 소개하는 독서 지도법, 그 적용 연령은 유아 4~6세, 초등 저학년 1~3학년, 초등 고학년 4~6학년으로 갈랐다. 물론 이러한 제시가 절대적 기준은 아니다. 아이마다 독서 수준에 편차가 있으므로, 이를 고려하여 적용한다.

첫 번째, 책 읽기 전 '예측 독서'하기

책 읽기 전에 제목, 표지, 목차 등을 살펴보며 내용을 예측하는 활동은 아이의 독서 흥미를 높이고 사고력을 확장하는 좋은 방법이다.

사전 지식을 활성화하면 책의 내용을 더 깊이 이해하는 데 도움 된다.

1 책을 펼치기 전, 아이에게 질문하기
- 이 책은 어떤 이야기일 것 같아?
- 주인공이 어떤 일을 겪을까?
- 책 제목을 보니 어떤 느낌이 들어?
- 이 그림 속 장면은 어떤 상황일까?

아이의 대답을 들으며 자유롭게 상상할 수 있도록 격려하자.

2 예측 기록하기

아이의 예상 내용을 간단히 메모하거나 그림으로 표현하도록 유도하면 좋다. 책을 다 읽은 후 처음의 예측과 비교하며 "우리 예측이 맞았을까?", "생각과 다른 점이 있었어?" 하면서 이야기 나누는 시간을 가지자.

- 유아: 그림책을 보여주며 "이 그림 속 친구는 무슨 일을 할까?" 같은 쉬운 질문을 던진다. 표지 속 색깔이나 등장인물을 중심으로 아이가 상상한 이야기를 들어본다. 이야기 내용을 그림으로 그려보게 하는 것도 좋은 방법이다.
- 초등 저학년: 제목과 표지를 본 후, "이야기가 어떻게 흘러갈까?"라고 질문하고 아이가 말한 내용을 간단히 적어둔다. 책을 읽은 후 예상한 내용

과 실제 내용을 비교하며 비슷한 점과 다른 점을 찾아본다. "만약 네가 작가라면 어떤 이야기를 쓸까?" 같은 창의적인 질문을 던져보는 것도 좋다.

- 초등 고학년: 제목뿐만 아니라 목차와 챕터 제목을 살펴보며 책의 전체적인 구성을 예측해보도록 한다. "이 책이 어떤 주제를 다룰 것 같아?", "어떤 결말이 나올까?" 같은 심화 질문을 던진다. 읽은 후 자신의 예측과 비교하고, 예측이 맞지 않았다면 왜 그렇게 생각했는지 스스로 분석하도록 유도한다.

예측 독서는 아이가 주도적으로 사고하고 책과 상호작용하는 습관을 길러준다. 아이는 독서를 탐구와 발견의 과정으로 받아들이게 된다.

두 번째, 책 속의 단어를 확장하는 '단어 놀이'하기

책을 읽으며 새로운 단어를 발견하는 것은 어휘력을 키우는 가장 자연스러운 방법이다. 하지만 사전을 찾아 뜻을 확인하는 것만으로는 단어가 오래 기억되지 않는다. 아이가 단어를 능동적으로 탐색하고 활용할 수 있도록 다양한 놀이 활동을 함께해보자.

1 모르는 단어나 흥미로운 단어 찾기

책을 읽다가 아이가 잘 모르는 단어나 흥미로운 단어를 발견하면 표시하도록 한다. 형광펜을 사용하거나 붙임쪽지를 붙이는 것도 좋고,

독서 노트에 적어보게 하는 것도 좋은 방법이다.

- 유아: "이 단어 처음 들어봤어? 어떤 뜻일까?"라고 물어보고 그림으로 표현하게 한다.
- 초등 저학년: "이 단어, 문장에서 어떤 느낌일까?"라고 유도하며 뜻을 추측해보도록 한다.
- 초등 고학년: "비슷한 단어나 반대말도 알고 있을까?"라고 질문하며 단어를 확장할 수 있도록 돕는다.

2 뜻을 추측하고 사전에서 찾아보기
아이에게 먼저 단어의 뜻을 추측하게 한 후, 사전을 찾아보게 한다. 사전을 찾는 과정도 놀이처럼 즐길 수 있도록 하면 더 효과적이다.

- 유아: 그림책 속 그림을 단서로 삼아 뜻을 유추하게 한다.
- 초등 저학년: 문맥을 힌트로 삼아 뜻을 짐작하게 하고, 뜻을 찾은 후 비슷한 단어를 추가로 찾아보도록 한다.
- 초등 고학년: 한 단어의 여러 의미를 조사해보고, 문장에서 다르게 쓰일 경우 어떤 느낌인지 생각해보게 한다.

3 문장 바꾸기 놀이
새롭게 익힌 단어를 활용하여 문장을 다양하게 바꾸는 활동을 한다. 예를 들어, '작은 토끼가 뛰었어요'를 '조그마한 토끼가 날쌔게 뛰었어요' 등으로 바꿔보는 식이다. 이렇게 하면 단어 의미를 더 정확히 이해할뿐더러 표현력을 자연스럽게 확장할 수 있다.

- 유아: "이 단어랑 비슷한 말 또 뭐가 있을까?" 하며 놀이처럼 단어를 바꿔보게 한다.
- 초등 저학년: "이 문장을 더 길게 만들면 어떨까?", "더 재미있게 바꿔볼 수 있을까?" 하며 유도한다.
- 초등 고학년: 반대말을 넣거나 문장의 어순을 바꾸면서 다양한 표현을 연습하게 한다.

단어 놀이를 하면 좋은 점
- 모르는 단어를 스스로 탐색하는 능력이 길러진다.
- 단어를 문맥 속에서 이해하고 활용할 수 있게 된다.
- 풍부한 어휘력은 독해력과 글쓰기 실력 향상으로 이어진다.

책을 읽는 것만으로도 아이의 어휘력은 자연스럽게 늘어난다. 하지만 단어를 찾아보고, 변형하고, 직접 써보는 활동을 병행하면 더 효과적으로 어휘력을 확장할 수 있다.

세 번째, 읽는 중 질문 만들기
책을 읽으며 스스로 질문을 만들어보는 과정은 깊이 있는 사고로 이어진다. 주어진 정보를 바탕으로 생각하고, 추론하며, 새로운 관점을 발견하는 기회를 얻게 된다. 이 활동을 통해 독해력과 사고력이 자연스럽게 향상된다.

1 질문을 유도하는 대화하기

책을 읽는 동안 아이에게 자연스럽게 질문을 던져보자.

- 이야기에서 궁금한 점이 있어?
- 주인공이 이렇게 행동한 이유는 뭘까?
- 이다음에는 어떤 일이 일어날 것 같아?
- 상황에서 너라면 어떻게 했을까?

이런 질문을 통해 아이가 내용을 소비하는 것이 아니라, 능동적으로 참여하도록 유도할 수 있다.

2 스스로 질문 적어보기

책을 읽으며 궁금한 점을 직접 적어보게 한다. 붙임쪽지에 써서 책에 붙이거나, 질문 노트를 만들어 기록하는 것도 좋은 방법이다.

- 유아: 부모가 질문을 말해주고, 아이가 그림으로 표현해보도록 한다.
- 초등 저학년: 짧은 문장으로 질문을 적고, '왜?'라는 질문을 반복하면서 생각을 확장하도록 한다.
- 초등 고학년: 표면적인 내용 질문뿐만 아니라 주제나 감정, 사회적 맥락

까지 고려한 질문을 만들도록 유도한다.

3 질문을 공유하고 답 찾아보기

책을 다 읽은 후, 아이가 만든 질문을 함께 이야기하며 답을 찾아보자.

• 이 질문에 대한 답이 책 속에 있을까?
• 이야기를 다 읽고 나니 생각이 달라졌어?
• 이런 질문을 품은 다른 친구들은 뭐라고 대답할까?

부모가 아이의 질문에 열린 자세로 반응하면, 아이는 자기 생각이 존중받는다고 느끼고 더 적극적으로 질문을 만들게 된다.

• 유아: "이 장면에서 주인공은 어떤 기분일까?", "이다음에 어떤 일이 생길 것 같아?", "이 친구는 왜 이렇게 하고 있을까?"
• 초등 저학년: "이야기에서 가장 신기했던 점은 뭐야?", "이 인물은 왜 이런 결정을 했을까?", "이 단어(혹은 표현)의 의미가 뭘까?"
• 초등 고학년: "이 이야기가 우리 현실에서 일어난다면 어떤 영향을 미칠까?", "이 장면에서 작가가 숨긴 의도가 있을까?", "이 사건이 다른 방향으로 진행되었다면 결말이 어떻게 달라졌을까?"

읽는 중 질문 만들기의 효과

• 아이가 책을 능동적으로 읽게 된다.
• 독해력뿐만 아니라 비판적 사고력과 논리적 사고력이 향상된다.

• 자기 생각을 표현하는 능력이 길러진다.

책을 읽으며 자연스럽게 질문하는 습관을 들이면, 아이는 사고하는 힘을 기를 수 있다. 아이의 질문을 존중하고 함께 고민해주는 것이 중요하다.

네 번째, 결말을 먼저 읽는 '거꾸로 독서'하기

책을 읽을 때 보통 처음부터 차례대로 읽어 나가지만, 가끔은 결말을 먼저 읽어보는 방식도 새로운 독서 경험이 될 수 있다. 결말을 알고 나면 '어떻게 이런 결말이 나왔을까?' 하는 궁금증이 생기고, 이를 바탕으로 이야기를 추측하며 읽게 된다. 이러한 과정은 논리적 사고력과 추론 능력을 기르는 데 큰 도움이 된다.

1 결말 먼저 읽고 예측하기

책을 펼치기 전에 아이에게 결말을 먼저 읽어보자고 제안한다. 결말을 읽은 후 다음과 같은 질문을 던진다.
• 어떻게 이런 결말이 나왔을까?
• 주인공은 어떤 일을 겪었을 것 같아?
• 이야기가 어떤 흐름으로 진행되었을까?

아이가 자신의 예측을 자유롭게 말하도록 유도하고, 메모해두거나 그림으로 표현하게 한다.

2 예측과 실제 줄거리 비교하기

책을 처음부터 다시 읽어가면서, 자신이 예측한 내용과 실제 이야기의 전개가 얼마나 비슷하거나 다른지 비교해본다.

- 네가 생각한 전개랑 비슷했어?
- 어떤 점이 다르게 흘러갔어?
- 이야기가 네가 예상한 것보다 더 흥미로웠어?

이런 식의 비교 과정을 통해 아이는 논리적으로 추론하고 분석하는 능력을 키울 수 있다.

3 반대로, 중간까지만 읽고 결말을 예측해보기

거꾸로 독서를 경험한 후, 이번에는 중간까지만 읽고 결말을 예측하도록 유도할 수도 있다. 이를 통해 아이는 이야기의 흐름을 논리적으로 정리하는 연습을 하게 된다.

- 유아: 그림책의 마지막 장면을 먼저 보여주고, "이전에는 어떤 일이 있었을까?"라고 질문한다. 아이가 상상한 내용을 그림으로 표현하게 한다.
- 초등 저학년: 동화책의 마지막 몇 문장을 읽은 후, "이야기가 어떻게 시작되었을까?"라고 질문한다. 아이가 예측한 내용을 짧은 글로 쓰거나 구두로 이야기하게 한다.

- 초등 고학년: 미스터리나 추리소설처럼 복선이 많은 책에서 결말을 먼저 읽고, '작가는 어떤 힌트를 남겼을까?'를 생각하게 한다. 자신의 예측을 논리적으로 정리해 글로 적고, 독서 후 분석하게 한다.

거꾸로 독서의 효과
- 아이의 추론 능력과 논리적 사고력이 향상된다.
- 이야기의 구조를 파악하는 힘이 길러진다.
- 색다른 독서 방법으로 독서 흥미를 높일 수 있다.

거꾸로 독서는 기존의 읽기 방식과는 다르지만, 새로운 관점으로 이야기를 바라보게 하는 재미있는 독서 전략이다. 다양한 방식으로 적용하며 아이의 사고력 확장을 유도해보자.

다섯 번째, 읽은 후 핵심 내용 요약하기

책을 읽고 난 뒤 핵심 내용을 정리하는 과정은 독해력을 높이는 중요한 활동이다. 책에서 가장 중요한 내용을 파악하고 간결하게 표현하는 연습을 하면 논리적 사고력이 향상된다. 또한 요약하는 습관이 생기면 책을 더 깊이 이해할 수 있다.

1 핵심 내용을 말로 정리하기

책을 다 읽고 난 후 아이에게 간단한 질문을 던져보자.

- 이 책에서 가장 중요한 내용이 뭐였어?
- 이야기를 세 문장으로 정리해볼까?
- 주인공이 어떤 문제를 겪었고, 어떻게 해결했어?

아이의 대답이 길거나 핵심을 벗어난다면, "이 부분을 더 짧게 말하면 어떻게 될까?"라고 다시 질문하며 요점을 잡도록 돕는다.

2 핵심 사건을 그림이나 만화로 표현하기

말로 요약하는 것이 어려운 경우, 이야기를 그림으로 표현하는 것도 좋은 방법이다.

- 중요한 장면을 3~4컷 만화로 그려본다.
- 이야기의 흐름을 화살표로 연결하며 정리한다.
- 한 장면을 그림으로 그리고 간단한 설명을 덧붙이게 한다.

3 키워드를 활용해 정리하기

책의 핵심 내용을 하나의 키워드로 정리하는 연습을 한다. 예를 들어, 《아낌없이 주는 나무》를 읽었다면 '희생', '사랑', '성장' 등의 단어로 요약할 수 있다.

4 핵심 내용 요약 노트 만들기

읽은 책의 주요 내용을 기록하는 '독서 노트'를 만들어 정리하는 것도 좋은 습관이다.

- 제목과 작가 이름을 적고, 핵심 내용을 한두 문장으로 정리한다.
- 책을 읽고 느낀 점을 간단히 적어본다.
- '이 책을 한마디로 표현하면?' 같은 질문을 활용해 요점을 잡아본다.

연령별로 적용하면 다음과 같다.

- 유아: 그림책을 읽은 후, "이 이야기에서 가장 재미있었던 장면은 뭐야?"라고 물어본다. 이야기를 하나의 그림으로 표현하게 한다.
- 초등 저학년: "이야기의 시작, 중간, 끝을 한 문장씩 말해볼까?"라고 유도한다. 이야기의 중요한 사건을 그림으로 그리고 간단한 설명을 덧붙이게 한다.
- 초등 고학년: "이 책의 주제를 한 문장으로 요약해볼래?"라고 유도한다. 키워드 3개를 정해 책의 핵심 내용을 설명하게 한다. 책을 읽고 핵심 내용을 100자 이내로 정리하는 연습을 하게 한다.

핵심 내용 요약의 효과
- 책의 주요 내용을 파악하는 능력이 향상된다.
- 논리적으로 정리하는 습관이 생긴다.
- 책을 깊이 이해하고 기억하는 데 도움 된다.

처음에는 긴 이야기를 짧게 정리하는 게 어려울 수 있지만, 반복하다 보면 점점 익숙해진다. 핵심을 파악하는 능력은 독서뿐만 아니라 글쓰기와 발표력에도 큰 도움이 된다.

여섯 번째, 독서 후 '개인적 반응' 이야기하기

책을 읽고 난 후, 아이가 자신의 생각과 감정을 자유롭게 표현하는 과정은 독서를 더욱 의미 있게 만든다. 책이 아이에게 어떤 영향을 주었는지, 어떤 점이 공감되었는지를 이야기하며 사고력을 확장할 수 있다. 이러한 과정은 감성적인 독서 태도를 형성하는 데도 도움 된다.

1 열린 질문으로 생각을 유도하기

책을 다 읽은 후, 아이에게 다음과 같은 질문을 던져보자.

- 이 책이 니한테 어떤 의미가 있었어?
- 주인공의 선택에 대해 어떻게 생각해?
- 이 책을 읽고 나서 네가 배운 점이 있을까?
- 만약 네가 작가라면 결말을 어떻게 바꿔볼래?

열린 질문을 던지면 아이가 자신의 감정을 자연스럽게 표현할 수 있다. 대답이 짧거나 막막해하는 경우, 부모가 "나는 이 부분이 인상 깊었어" 하며 먼저 생각을 말해주는 것도 좋은 방법이다.

2 자유롭게 감상 표현하기

아이가 책에 대한 느낌을 부담 없이 표현할 수 있도록 다양한 방법을 시도해보자.

- 책 속에서 가장 인상 깊었던 장면을 그림으로 표현한다.
- 주인공에게 편지를 쓴다. ("네가 이렇게 행동한 이유를 알고 싶어!")
- 책을 한마디로 표현한다. ("이 책은 나에게 ○○ 같은 느낌이었어.")

3 독서 감상 노트 만들기

책을 읽은 후 느낀 점을 기록하는 '독서 감상 노트'를 만들어보는 것
도 좋은 방법이다.

- 간단한 표를 만들어 '책 제목 – 인상 깊은 점 – 내 생각'을 적는다.
- '이 책을 한 줄로 요약하면?' 같은 질문을 던져 감상을 정리한다.
- 감상 노트에 별점을 준다. (예: 재미☆☆☆☆ 감동☆☆☆)

**이런 기록이 쌓이면 아이의 독서 습관이 더욱 탄탄해지고, 나중
에 자신이 읽은 책을 되돌아보는 데도 도움 된다.**

- 유아: "이 책에서 가장 재미있었던 장면을 그림으로 그려볼까?" 주인공
  이 느꼈을 감정을 흉내 내며 표현해본다. "이때 기분이 어땠을까?"
- 초등 저학년: "주인공에게 편지를 쓴다면 뭐라고 말하고 싶어?", "이 이
  야기에서 내가 좋아하는 인물(혹은 싫어하는 인물)은 누구야?"
- 초등 고학년: "책을 읽기 전과 후에 생각이 바뀐 점이 있어?", "이 책의
  메시지를 네가 한 문장으로 정리한다면 뭐라고 할래?"

독서 후 감상 나누기의 효과

• 아이가 책을 읽으며 느낀 점을 스스로 정리할 수 있다.

• 자기 생각을 표현하는 능력이 길러진다.

• 부모와의 대화를 통해 사고의 깊이가 확장된다.

독서는 감정을 공유하고 사고를 확장하는 과정이다. 아이가 책을 읽고 느낀 점을 마음껏 표현할 수 있도록 도와주자!

일곱 번째, 책을 활용한 창의적 활동하기

독서는 정보 습득뿐 아니라 새로운 사고와 표현의 기회를 제공한다. 독서 후 다양한 창의적 활동을 하면, 아이는 책의 내용을 더욱 깊이 이해하고 상상력을 확장할 수 있다. 이야기 속 인물과 상황을 색다르게 바라보며 창의적 사고력을 키울 수 있도록 다양한 활동을 시도해보자.

1 역할극을 해보기

책 속 등장인물이 되어 장면을 직접 연기해본다.

• 이 장면에서 네가 주인공이라면 어떻게 행동했을까?

• 가족이나 친구들과 역할을 나누어 연극을 해본다.

• 손 인형이나 종이 인형을 만들어 인물들을 표현해본다.

예시: 《토끼와 거북이》를 읽었다면, 한 명은 토끼, 한 명은 거북이가

되어 경주 장면을 연기할 수 있다.

2 등장인물의 입장에서 편지 써보기

이야기 속 등장인물이 되어 다른 인물에게 편지를 써보자. 감정 이입과 창의적 글쓰기를 동시에 키울 수 있다.

• 주인공이 친구에게 편지를 쓴다면 어떤 내용이 담길까?

• 이야기 속에서 잘못한 인물이 사과 편지를 쓴다면 어떤 내용이 될까?

예시: 《백설공주》를 읽었다면, 왕비가 백설공주에게 편지를 쓴다면 어떤 내용일지 상상해본다.

3 결말을 바꿔보기

이야기의 결말이 다르게 전개된다면 어떤 결과가 나올지 토론해본다.

• 주인공이 다른 선택을 했다면 이야기가 어떻게 변했을까?

• 이야기의 배경이 현대라면 어떻게 달라졌을까?

예시: 《해와 달이 된 오누이》를 읽고, 호랑이가 착한 동물이었다면 어떤 이야기가 되었을지 상상해본다.

4 새로운 이야기 만들기

책 속 캐릭터를 활용해 새로운 이야기를 창작해본다.

• 주인공이 다음 모험을 떠난다면 어떤 이야기가 펼쳐질까?

• 이야기의 조연 캐릭터를 주인공 캐릭터로 만든다면 어떤 이야기가 될까?

예시:《피터팬》을 읽고, 후크 선장의 어린 시절 이야기를 상상해보거나, 네버랜드에서의 새로운 모험을 만들어볼 수 있다.

연령별로 적용하면 다음과 같다.

- 유아: 손 인형을 활용해 이야기 속 장면을 연기해본다. 등장인물의 표정을 따라 하며 감정을 말로 표현해본다. "주인공에게 한마디 해볼까?" 하며 간단한 말로 감상을 표현해본다.
- 초등 저학년: 등장인물의 입장에서 편지를 써본다. 책 속 장면을 그림으로 그리고, "다른 장면을 추가해볼까?" 하며 창작 활동을 해본다. "만약 이 장면이 영화라면 어떤 장면이 추가될까?" 같은 질문을 던져본다.
- 초등 고학년: 결말을 바꿔 새로운 이야기를 창작해본다. 이야기 속 조연 인물의 시점에서 이야기를 다시 써본다. 등장인물 간 논쟁할 만한 주제를 정해 토론해본다.

책을 활용한 창의적 활동의 효과
- 아이가 책을 능동적으로 즐길 수 있다.
- 창의적 사고력과 문제해결력이 향상된다.
- 책을 더 깊이 이해하고 다양한 방식으로 표현하는 능력이 길러진다.

책은 새로운 생각을 펼치는 출발점이다. 독서 후 창의적인 활동을 통해 더 재미있게, 더 능동적으로 책을 경험하도록 도와주자.

Reading

literacy

Reading
literacy

Chapter 3

평생 독서 습관,
지금부터 시작하자

책과 평생 친구 하는
환경 만들기

아이가 태어나면 부모는 먹고, 자고, 싸는 데 필요한 준비를 철저히 한다. 첫 번째 놀이 도구로 요람 위에 모빌을 다는 일도 그중 하나다. 나 역시 신생아 시절엔 흑백 모빌을, 한 달쯤 지나서는 알록달록한 모빌을 달아주었다. 하지만 당시에는 모빌이 아이에게 어떤 자극을 주는지 깊이 생각하기보다 모두가 한다는 이유로 따라 했던 것 같다. 육아는 종종 그런 모습으로 시작된다. 남들이 하는 건 꼭 해야 할 것 같고, 하지 않으면 부족한 부모처럼 느껴지니까.

책 환경을 만드는 일은 달랐다. 첫째가 태어났을 때는 책에 큰 관심이 없었다. 아이 책을 고르는 방법도, 어떤 책이 좋은지도 잘 몰랐다. 특히 전집은 장식품처럼 여겼는데, '내가 읽어본 책만 사겠다'고 다짐했다.

그러던 어느 날, 친구 집에 놀러 갔다. 그 집 거실에는 TV 대신 큰 책장이 있었고, 책들이 표지가 보이게 세워져 있었다. 그 안에는 내가 장식품이라 여겼던 전집도 많았다. 놀라운 건 그 집 아이가 책을 장난감처럼 다루며 놀고 있었다는 점이다. 책으로 기찻길을 만들고, 탑을 쌓고, 바닥에 깔아 징검다리처럼 밟고 지나갔다. 그림을 보며 책장을 넘기는 모습도 인상적이었다. 그러다 아이가 그림책 하나를 들고 친구에게 읽어달라고 조르는 모습은 정말 사랑스러웠다. 그 책은《미운 오리 새끼》였다.

그날 나는 '우리 아이도 저렇게 책을 좋아하면 좋겠다'고 생각했다. 그리고 그때부터 책 환경을 만드는 방법을 하나씩 배우기 시작했다.

영유아기 독서 환경

신생아는 엄마 목소리에 큰 안정감을 느낀다. 갓 태어난 아기에게 책을 읽어주는 일이 과하다고 생각할 수도 있지만, 태담이 권장되는 이유를 떠올리면 이해할 수 있다. 이 시기 아기는 귀가 예민하고 빠르게 발달한다.

클래식 음악이나 동요를 들려주고, 엄마 목소리로 책을 읽어주자. 아이가 내용을 이해하지 못해도 괜찮다. 나는 아이를 안고 책을 읽으며 느껴지는 따뜻함이 참 좋았다. 졸린 눈을 감으면서도 내 목소리에 집중하던 아이의 모습은 잊을 수 없다.

이 시기 책 선택은 간단하다. 흑백 그림책, 리듬감 있는 짧은 글, 의성어와 의태어가 포함된 선명한 그림책이 적합하다. 의성어와 의태어는 아기가 소리를 인식하고 언어를 연결하는 데 도움을 준다. '멍멍', '빵빵', '쿵쿵' 같은 단어는 소리와 사물을 연결해 언어 기초를 배우는 데 유용하다. 또한 리듬과 반복이 많은 의성어와 의태어는 아기의 음운 인식 능력을 키우며, 이는 언어 발달과 읽기 능력의 기반이 된다.

이러한 단어들은 아기의 주의를 끌고 흥미를 유도하며, 생생한 표현을 통해 책에 대한 긍정적인 경험을 제공한다. 특히 '찰방찰방', '반짝반짝' 같은 표현은 소리와 이미지, 상상을 결합하여 감각적 상호작용을 자극한다. 이는 아기가 이야기를 더 잘 이해하고 상상력을 키우는 데도 효과적이다.

의성어와 의태어는 부모와의 정서적 교감 형성에도 중요한 역할을 한다. 부모가 생동감 있게 읽어주면 아이와의 관계가 더욱 강화되고, 책과 함께하는 시간이 아기에게 안정감과 즐거움을 준다. 언어 놀이를 넘어, 아기의 언어 발달과 정서적 안정, 상상력 향상에도 큰 영향을 미친다.

아기와 비슷한 사람이 등장하거나 공감할 수 있는 주제를 담은 책도 좋다. 유아기나 초등 저학년용 창작 그림책을 함께 구비해 읽어줘도 무방하다. 아이는 듣기만 하면 된다.

외국어 오디오북도 활용해보자. 영상 콘텐츠는 24개월 이후를 권장하지만, 다양한 듣기 콘텐츠는 아기의 소리 주파수 인식 능력을 넓히는 데 도움을 준다. 모국어와 외국어가 분리되기 전에는 자연스럽게 다양한 소리를 흡수한다.

영유아는 태어나고 몇 년 동안 소리를 구분하고 언어를 배우는 데 뛰어난 능력을 보인다. 특히 생후 6개월까지는 거의 모든 언어의 음소를 구별할 수 있다고 한다. 이 시기에 다양한 소리를 들려주면 언어 발달에 큰 도움이 된다. 외국어 오디오북은 새로운 음소와 억양을 접하게 하여 언어적 자극을 풍부하게 해준다.

미국 워싱턴대학교 뇌과학 연구소 패트리샤 쿨(Patricia Kuhl) 박사의 연구에 따르면, 다양한 언어 소리를 접하는 것이 언어 발달에 큰 영향을 준다고 한다. 아이의 뇌가 언어 간 차이를 인식하고 학습하는 데 좋은 기반을 만들어준다는 것이다.

듣기 활동만큼 중요한 것이 손으로 직접 탐색하는 경험이다. 딸랑이 소리가 나는 헝겊책은 아기의 본능을 자극하며 호기심을 키워준다. 입으로 느끼고 손으로 만져보는 과정은 자연스러운 탐색 활동이니, 깨끗하게 준비해주자.

아기가 기어다니기 시작하면 두꺼운 낱장과 둥근 모서리를 가진 보드북을 손 닿는 곳에 두자. 북스탠드에 표지를 보이게 배치하면 시각적 흥미를 유도할 수 있다. 그림책을 통해 책 속 사물을 발견하며 즐거움을 느낄 것이다.

책은 세상을 알려주는 도구다. 특히 우뇌가 활성화된 시기에는 예쁜 그림과 언어가 정서 발달을 돕는다. 부모와 교감하며 애착을 형성하고 소통하는 데도 큰 역할을 한다. 이 시기에는 독서를 학습 도구로 삼는 게 아닌, 책을 매개로 스킨십하며 장난감을 가지고 놀 듯 즐기면 된다.

추천 도서

0~3세 추천 도서

- **《네버랜드 알록달록 아기 그림책》**

  색감이 선명하고, 그림체는 단순하다. 이야기 구성은 다채롭다. 멜라니 월시, 뻬뜨르 호라체크, 세바스티앵 브라운 세 작가의 특징이 뚜렷하다. 뻬뜨르 호라체크의 책은 아이디어가 독창적이며, 멜라니 월시의 책은 모두 플랩북이다. 보드북으로 제작되어 아기들에게 안전하다.

- **《다중지능 야물야물 그림책》**

  플랩북, 팝업북, 날개책, 타공책, 사운드북, 촉감책, 위아래 펼침책, 병풍책 등 구성이 다양하다. 아기들이 특히 좋아하는 책이다. 언어, 신체, 정서 탐구 영역에서 한국식 정서가 반영되어 있으며, 생활동화도 포함되어 있다.

- **《꿈꾸는 솜사탕》**

  국내외 실력 있는 작가들이 개성 있는 이야기들을 담았다. 다양한 기법의 그림이 감성과 상상력을 자극한다. 아이들의 시기별 발달 주제를 다루었으며, 보드북과 병풍책, 매직 스티커 등을 활용해 놀이 활동도 가능하다.

- **《푸름이 까꿍》**

  일본 창작 도서이자, 우리나라 최초의 독서 영재 '푸름이'가 읽었던 책을 모아 구성한 전집이다. 아이의 생활 모습을 소재로 한 작품이 많으며, 선명하고 세련된 그림체가 매력적이다. 의성어와 의태어가 풍부하게 등장하며, 다양한 주제를 경험할 수 있다. 양치하기, 혼자 옷 입기, 배변 활동, 목욕하기 등 생활 습관을 익히는 데 유용하다.

- 《햄버거 소풍》, 《표정으로 말해요》
재미있는 창작 그림책으로, 아기들의 흥미를 끄는 대표적인 조작북들이다. 장난감처럼 소꿉놀이도 가능하다.

- 《사계절 그림책》 시리즈
영유아를 위한 《보아요》 시리즈, 《말문 틔기 그림책》 시리즈 등이 대표적이다. 운율과 리듬이 살아 있는 그림책으로, 《누가 내 머리에 똥 쌌어?》, 《잘잘잘 123》 등 아이들의 호기심을 자극하고 말놀이 요소가 풍부한 그림책들이 포함되어 있다.

- 《사과가 쿵!》, 《엄마랑 뽀뽀》, 《아빠한테 찰딱》, 《달님 안녕》
이른바 '국민도서'라 불릴 정도로 많은 부모와 아이들에게 사랑받는 책들이다. 단순한 반복 구조가 주는 안정감이 아이들에게 매력적으로 다가간다.

- 《DK My First Collection》
아기들은 생후 6개월쯤 되면 모든 사물에 이름이 있다는 사실을 인지한다. 이미지북은 이름을 이야기하며 보여주기만 해도 인지 발달에 효과적이다. 엄마가 하나의 이미지를 한국어와 영어로 동시에 알려주면, 아이는 사물에 여러 이름이 있음을 자연스럽게 받아들인다.

- **《노부영》 중 에릭 칼 시리즈**

  노래로 부르는 영어 그림책이다. 음원이 훌륭하며, 에릭 칼의 그림과 글 역시 명불허전이다.

- **《사랑해》 시리즈**

  따뜻한 그림과 사랑스러운 언어로 구성된 책이다. 아이뿐만 아니라 부모도 위로받을 수 있는 그림책이다.

- **앤서니 브라운 그림책**

  《우리 아빠》, 《우리 엄마》는 앤서니 브라운 특유의 섬세한 일러스트가 돋보이는 책이다. 엄마, 아빠의 사랑을 느끼게 해주어 애착 형성에 좋다. 나는 이 책을 영문판, 중국어판, 한글판까지 모두 구입해 읽어줬다. 엄마, 아빠는 소중하니까.

학령기 독서 환경

책은 아이의 성장에 맞춰 배치해야 한다. 보통 거실의 가장 넓은 벽면, 소파 맞은편에 TV를 두지만, 나는 이 공간을 책장으로 꾸몄다. 이곳은 우리 아이에게 첫 번째 서점이자 도서관이 되었다. 책은 손이 닿는 곳에 있어야 읽는다.

자연관찰책, 명작동화, 전래동화, 위인전, 단계별 사회·과학 도서는 활용도가 높다. 집에 마련해두자. 같은 책도 5세, 7세, 9세 등 연령에 따라 읽을 때마다 이해가 달라진다. 유아기에 읽었던 책이라도 학령기까지 보관하자. 내용이 쉬워 보여도, 그 책과 함께한 따뜻한 기억이 아이에게 남아 있다.

집에 전집을 들이거나 매번 새 책을 사는 건 부담스러울 수 있다. 요즘은 지역 도서관이나 전집 대여 플랫폼, 중고 거래도 많다. 특히 도서관에 있는 창작 도서는 많이 빌려 읽자. 다다익선이다. 창작 도서를 많이 읽은 아이는 학습만으로 얻을 수 없는 폭넓은 사고를 하게 된다. 글밥이 적은 책들은 읽는 데 오래 걸리지 않는다. 가족 수대로 대출카드를 받아 한도까지 빌리면 한 번에 몇십 권을 빌려 올 수 있다. 그중 아이가 흥미를 느끼는 책을 찾자. 한두 권이라도 흥미를 느낀다면, 그걸로 족하다.

흥미를 느낀 책이 있다면 시리즈를 살펴보거나 연관 추천 기능을 활용해 비슷한 책을 더 찾아보자. 그렇게 발견한 책을 책장에 꽂아두면 아이가 자연스럽게 관심을 품게 된다. 책은 아이에게 길잡이가 되고, 새로운 세계로 이끄는 문이 된다. 아이의 첫 인생책이 될 수도 있다.

아이의 성장에 따라 책도 같이 자라야 한다. 학년이 올라갈수록 읽는 책의 수준도 높아지기 때문이다. 초등 저학년 교과서는 짧은 문장과 기본 어휘로 구성되어 언어의 기초를 다지는 데 초점을 맞춘다. 간단한 이야기와 동화를 통해 언어에 대한 흥미를 유발한다. 반면, 초등 고학년 교과서는 문장 구조가 복잡하고, 어휘 수준이 높아진다. 문학과 비문학 지문도 다양해진다. 이를 통해 학생들은 점점 더 많은 정보를 처리하고, 논리적 사고력을 키운다. 따라서 아이가 어느 정도 글밥을 소화하는지, 책을 읽는 데 어려워하지는 않는지 반드시 살펴보자.

읽기 능력을 키워주려면 아이에게 적절한 도전이 되는 책을 자연스럽게 접할 수 있도록 해야 한다. 같은 주제를 다루더라도, 글의 양이나 어휘 수준에 따라 다양한 책을 선택할 수 있다. 이러한 책들을 지속적으로 찾아주자.

초등학교에 들어가면 아이들은 자연스럽게 학습만화를 접한다. 교실과 학교 도서관에서도 쉽게 만날 수 있기 때문이다. 학습만화는 빠르게 정보를 전달하고 흥미를 끌기 쉽다. 하지만 학습만화는 글을 깊이 있게 읽고 이해하는 경험을 제공하지 않는다. 빠른 전개와 강한 시각적 요소에 의존하기 때문에 문장을 차분히 읽으며 사고하는 시간이 부족하다. 학습만화라도 봤으면 좋겠다 하면, 어쩔 수 없다. 하지만 학습만화에만 익숙해지면 긴 글을 읽는 데 어려움을 느끼고, 집중력과 녹해력이 떨어질 수 있다. 좀 더 다양한 형식의 글을 접하며 문장을 분석하고 의미를 곱씹는 경험이 필요하다.

아이의 손이 닿는 곳에는 늘 책을 두자. 그러면 책을 집어 들게 된다. 아이 주변에 무엇을 두는지가 중요하다. 그리고 이 모든 환경을 갖췄어도 부모 손에 책이 없다면 아무 소용이 없다.

2

읽어주면서 시작하는
가족 독서 습관

처음부터 아이가 혼자 책을 읽는 경우는 없다. 책 읽는 시간은 언제나 부모와 함께하는 시간이다. 그림책을 입에 물기 시작할 때부터 한 글자 한 글자 소리 내어 읽는 순간까지, 아이는 부모와 이 시간을 공유한다. 많은 부모가 유아기 동안 책을 읽어주기 위해 노력하며 '책 육아'에 힘을 쏟는다.

초등학교 1, 2학년쯤이면 아이들은 혼자 책을 읽기 시작한다. 부모는 마침내 기다렸던 '읽기 독립'을 기대하며 '이제 혼자 읽어도 되지 않을까?' 하고 생각한다. 그러면서 아이에게 책 읽기를 하나의 과제처럼 넘기는 경우가 많다. 하지만 아이들은 책보다 책을 읽어주던 부모와의 시간을 더 좋아했을 가능성이 크다.

"초등 1학년 때까진 우리 아이가 책을 참 좋아했다"라고 말하는 부모가 많다. 실제로 초등 3, 4학년이 되면서 책에 대한 흥미를 잃고, 독서 단계를 넘어서지 못하는 아이가 많다. 아이들도 안다, 책보다 더 재미있는 것이 세상에 많다는 사실을. 이때 부모가 손을 놓으면, 아이의 시선을 다시 책으로 돌리는 데 훨씬 더 큰 노력이 필요해진다.

부모와 함께하는 '가족 독서'를 시작해보자. 가족 독서 시간은 가족끼리 간단한 합의만으로 시작할 수 있다. 하루 10분도 좋고, 주말에 한 시간씩 몰아서 읽어도 괜찮다. 함께 도서관에 가는 건 더 좋다.

관건은 '책을 함께하는 시간'을 가족 모두가 자연스럽게 받아들이는 것이다. 이 시간이 부모와 아이 모두에게 휴식과 교감의 시간이 될 수 있도록 만들어보자. 각자 원하는 책을 읽어도 좋고, 연령에 따라 부모가 읽어주는 시간을 가져도 된다.

특히 워킹맘의 경우 '책을 읽어주고 싶지만 시간도, 체력도 부족하다' 하며 고민할 수 있다. 그럴 때는 "일주일에 한 번, 토요일 밤에는 책 두 권을 꼭 읽어줄게" 하는 식으로 구체적으로 약속하는 것이 좋다. 이러한 약속이 유년기 내내 이어진다면, 그 자체로 아이에게 의미 있는 추억과 습관이 될 것이다.

그것조차 어려운 상황이라면, 엄마가 책을 펼쳐 읽는 모습이라도 보여주자. '너에게 소리 내어 읽어줄 힘이 없지만, 지금은 엄마가 책을 읽으며 에너지를 채우는 중이야'라는 메시지를 전달해보자.

아이의 독서 습관을 길러주는 일은 긴 호흡이 필요하다. 마라톤처럼 접근해야 한다. 긴 글을 읽게 될 때도, 이 습관은 계속 이어져야 한다. 부모가 모든 책을 읽어줄 필요는 없다. 오디오북을 활용하는 것도 좋은 방법이다. 핵심은 '책을 매개로 가족이 함께하는 시간'을 지키고 실천하는 것이다.

꾸준함과 부모의 참여가 가장 중요하다. 집 안에 자연스럽게 책이 펼쳐져 있는 분위기를 만들어보자. 매일 저녁 정해진 시간에 온 가족이 각자 좋아하는 책을 읽는 규칙을 정하는 것도 좋은 방법이다. 엄격한 형식일 필요는 없다. 누워서 읽어도 되고, 간식을 먹으며 읽어도 괜찮다. 중요한 것은 책과 함께하는 시간을 가족이 공유한다는 점이다.

초등학생과 유치원생이 함께 있는 가정이라면, 동생에게 책을 읽어주는 동안 큰아이가 혼자 책을 읽게 해도 된다. 큰아이가 동생에게 질투를 느낀다면, "같이 듣자"라고 자연스럽게 유도하며, 모두가 한 공간에서 책을 즐길 수 있도록 해보자. 가족이 책을 매개로 같은 공간에 모이는 경험은 큰 의미가 있다. 이런 시간이 쌓이면, 아이는 '우리 집은 책을 좋아하는 분위기야', '부모님은 책을 읽는 분들이야'라는 인식을 자연스럽게 하게 된다.

그림책부터 명작동화까지, 아이가 흥미를 느낄 만한 책을 함께 읽어보자. 스스로 읽을 줄 아는 아이라면, 가족이 고전을 함께 읽고 각자의 생각을 나누는 방식도 추천한다. 고전이라고 해서 어렵게만 느낄 필요는 없다. 오랜 세월 동안 독자들에게 사랑받으며, 시대를 초월한 가치를 담은 책들이 바로 고전이다. 아이들이 읽어도 느낄

113

것이 있고, 어른들이 읽어도 깊이 생각할 거리가 있다.

고전의 기준은 한 세대를 30년으로 볼 때, 적어도 30년 이상 꾸준히 사랑받은 작품이라고 할 수 있다. 예를 들어, 부모 세대에게 익숙한 《아낌없이 주는 나무》, 《꽃들에게 희망을》 같은 책이 그렇다. 나이가 들어 읽으면 받아들이는 감정과 깨달음의 깊이가 다르다.

권정생 작가의 《강아지 똥》도 좋다. 초등학교와 중학교 교과서에도 실릴 만큼 유명한 동화다. 유치원생들도 많이 알고 있는 이야기다. 하지만 어른이 되어 다시 읽으면, 그 안에 담긴 메시지가 훨씬 묵직하게 다가온다. 이 작품도 세상에 나온 지 벌써 50년이 넘었다.

고전의 또 다른 장점은 연령별로 다양한 버전이 출판된다는 점이다. 예를 들어, 《안네의 일기》는 초등 저학년을 위한 쉬운 버전부터 중·고등학생이 읽을 만한 완역본까지 여러 형태로 나와 있다. 가족 구성원의 연령과 독서 수준에 맞는 책을 선택해 함께 읽는다면, 같은 이야기를 각자의 시선에서 바라볼 수 있다. 부모는 부모대로, 아이는 아이대로 느끼는 점이 다를 것이고, 이를 나누는 대화는 더욱 깊어질 수 있다.

같은 책을 읽은 후, 서로 문제를 내보는 활동도 추천한다. 이때 부모가 아이에게 문제를 내기보다는 아이가 부모에게 문제를 내도록 해보자. 아이는 부모에게 문제를 내기 위해 책을 더 세심히 읽고 질문을 준비한다. 처음에는 부모가 틀리는 모습을 보고 싶어 하며, 일부러 헷갈리는 문제를 내기도 한다.

나 역시 '설마 내가 틀리겠어?' 하는 마음으로 아이가 낸 문제를 풀다가 아이 앞에서 처참히 무너진 적이 있다. 하지만 부모가 틀리는 모습을 보며, 아이는 오히려 자신감을 얻고 더 큰 흥미를 느낀다. 시간이 지나면서 아이들은 점점 더 복잡하고 깊이 있는 질문을 던진다. 단편적인 내용 이해를 넘어 사고를 요구하는 질문으로 발전한다.

이렇게 책을 중심으로 한 가족 간 대화는 점점 더 풍성해지고, 서로의 생각을 더 깊이 이해하는 기회가 된다. 나아가 이러한 시간이 쌓이면, 논술과 토론 능력의 기초도 자연스럽게 형성된다.

가족 독서 시간을 꾸준히 실천하면서, 식사 시간에는 '밥상머리 북토크'를 시작해보자. 여기서 중요한 원칙은 아이에게 읽은 책에 대해 꼬치꼬치 캐묻지 않는 것이다. "책 읽고 어땠어?" 같은 질문은 단답형 대답을 유도하기 때문이다. 그 대신, 부모가 먼저 자신이 읽은 책 이야기를 들려주는 것으로 시작해보자. "엄마는 이런 이야기가 재밌었어", "이 등장인물이 왜 그런 행동을 했을까 생각해봤어" 하는 식으로 솔직하게 이야기하면 좋다. 부모가 먼저 표현하면, 아이도 이를 자연스럽게 모방하며 점점 풍성한 대화를 나누게 된다.

3

아이를 책에 빠지게 하는
독서 챌린지

독서 챌린지는 가족 독서 시간을 '이벤트'로 만든다. 또한 아이들에게 확장 독서의 노하우를 나누는 데 유용하다. 같은 주제의 책을 읽거나, 같은 작가의 다른 책을 읽는 방식이다. 관심을 넓히면 특정 분야를 깊이 이해할 수 있다.

가족이 함께 독서 챌린지에 참여하면 목표를 공유하고 함께 도전하는 과정에서 독서가 더욱 의미 있는 활동이 된다. 책 읽는 습관은 덤이다.

주제 정하기

가족 독서 챌린지의 첫 단계는 아이가 흥미를 느낄 만한 주제를 선택하는 것이다. 초등 저학년이라면 신학기, 봄, 동물, 자연, 모험, 우정, 감정, 놀이 같은 주제를 자유롭게 정해보자. 아직 혼자 읽기 어려운 책이라면, 가족이 함께한 작품을 윤독하는 것도 좋은 방법이다.

주제는 특정 작가나 작품을 중심으로 정할 수도 있다. 예를 들어, 백희나 작가의 동화책《알사탕》,《이상한 엄마》,《장수탕 선녀님》을 가족이 함께 읽고 이야기를 나누는 것도 좋다. 온 가족이 즐길 범위로 주제를 정하면 부담을 줄이고 선택지를 넓힐 수 있다. "이번 달에는 동물을 주제로 읽어볼까?"처럼 간단하게 정한 뒤, 각자 책을 읽고 느낀 점을 나누며 자연스럽게 공통 관심사를 만들어가자.

규칙 만들기

주제를 정한 뒤에는 간단한 규칙을 정해보자. 예를 들어, 주제에 맞는 책을 읽고 한 줄 소감을 적거나 이야기를 나누는 시간을 갖는 것이다. 한번은 '새'를 주제로 잡은 적이 있었다. 각자가 선택한 책은 《흥부와 놀부》(제비가 중요한 역할을 한다),《꽁지 닷발, 주둥이 닷발》(엄청난 크기의 괴물 새가 등장한다),《마당을 나온 암탉》등이었다. 꼭 새가 주인공이 아니어도 괜찮다. 이야기 속에서 소재로만 나와도 충분하다. 한 줄 소감은 부담 없이 자유롭게 말하고, 간단히 붙임딱지에 적었다. 적은 메모는 책 속에 끼워두었고, 시간이 지나 다시 보면 좋은 추억이 된다.

성취감과 보상

독서가 재미있고 성취감을 주려면 작은 보상을 준비하는 것도 좋은 방법이다. 책을 읽을 때마다 도장을 찍고, 도장을 모으면 가족 나들이나 특별한 선물을 준비할 수 있다. 예를 들어, 한 달 동안 네 권을 읽고 도장을 모두 채우면 테마파크에 가거나 특별한 저녁을 마련하는 식으로 진행할 수 있다. 이런 보상은 책 읽는 경험을 더욱 긍정적으로 만든다.

독서 챌린지 효과

가족 독서 챌린지는 가족 간 유대감을 높인다. 책을 매개로 대화하며 서로를 이해하고 존중하는 기회를 만든다. 그뿐만 아니라 가족이 하나의 팀으로 움직이는 경험을 제공한다. 이 과정에서 아이는 독서의 즐거움뿐만 아니라 목표를 이루는 방법과 함께하는 즐거움을 배우게 된다. 책을 매개로 할 재밋거리를 꾸준히 만들자. 아이는 그 기억으로 책을 대할 것이다.

도서관을 탐험하는 재미,
우리 아이와 함께!

　책으로 꾸며진 환경, 참 좋다. 하지만 책이 죽은 듯이 꽂혀 있기만 하면 의미가 없다. 직접 빼서 읽어야 비로소 보물이 된다. 집을 도서관처럼 꾸미는 것도 좋지만, 결국 중요한 건 책과 얼마나 자주, 가까이하느냐다. 또한 책의 순환도 필요하다. 그런 점에서 도서관은 정말 소중한 공간이다.

　아이들에게 책을 가까운 존재로 만들어주는 첫걸음은 도서관을 특별한 곳으로 만드는 데 있다. 먼저 도서관 가는 날을 정기적으로 정해보자. 이날은 책만 빌리는 날이 아니라, 특별한 날이 되는 것이다. 도서관에서 돌아오는 길에 아이가 좋아하는 간식을 하나 사주는 것도 좋은 방법이다. 간식 하나가 무슨 큰 의미가 있냐고 생각할 수도 있지만, 아이들은 종종 책보다 그 간식을 더 기억할지도 모른다. 하지만 괜찮다. 그 간식을 먹으며 느낀 행복과 설렘이 도서관에 대한 긍정적인 감정으로 연결될 테니까.

유대인들은 아기가 기어다닐 때 책에 설탕물을 발라 "책은 달콤한 거야" 하며 첫 경험을 시켜준다고 한다. 우리도 도서관 가는 날을 아이와 함께 즐겁고 달콤한 기억으로 채워보자.

"책은 읽히는 게 아니라 좋아하게 만드는 것이다."

한 교육자의 이 말처럼, 독서는 결국 부모의 태도에서 시작된다. 도서관에 가는 길에 웃으며 이런 말을 해보자.

"오늘 도서관에서 뭘 볼까? 기대되지 않아? 지난번에 누가 빌려갔던 그 책, 오늘은 있었으면 좋겠다."

아이가 아직 책의 재미를 잘 모를 수도 있다. 하지만 도서관에서 느낀 즐거움, 책을 고르는 설렘, 집으로 돌아오는 길의 따뜻함은 오랫동안 기억에 남을 것이다.

도서관 놀이: 마법 같은 책 찾기

도서관에 가면 아이들과 가장 먼저 나누는 이야기가 있다.

"여기 있는 책마다 다 숫자가 붙어 있지? 이 숫자들에 비밀이 숨어 있어!"

그러면 아이들은 호기심 어린 눈으로 묻는다.

"무슨 비밀인데요?"

바로 그 순간, 도서관은 세상의 모든 지식이 모여 있는 마법 같은 공간으로 바뀐다. 나는 아이들에게 이렇게 말해준다.

"이 숫자들은 책을 정리하는 방법이면서, 인류가 세상을 이해하고 정리한 순서야."

사실 도서관 책의 번호는 한국십진분류법(KDC)에 따라 정해진 것이다. 이는 책의 위치를 알려줄 뿐 아니라, 우리가 세상을 이해해온 흐름을 담고 있다. 이야기는 이렇게 시작된다.

옛날 옛적, 세상이 처음 만들어졌을 때 모든 것이 뒤죽박죽 혼란투성이였어. 사람들은 뭔가를 기록하고, 모아두고, 정리할 방법이 필요했지. 그래서 가장 먼저 000번, 백과사전이 생겨났대.

시간이 흐르면서 사람들은 '어떻게 살아야 잘 사는 걸까?' 하고 고민하기 시작했어. 그때 탄생한 것이 바로 100번 철학이었지. 하지만 철학만으로는 삶의 모든 어려움을 해결할 수 없었어. 세찬 폭풍이 몰아치고, 가뭄이 찾아오고, 인간의 힘으로 어쩔 수 없는 일들이 계속되자, 사람들은 의지할 데를 찾기 시작했어. 그렇게 200번 종교가 생겨났대.

그러다 사람들이 점점 모여 살면서, 더 나은 세상을 만들기 위해 법을 정하고, 나라를 다스리고, 돈을 쓰는 방법을 고민하게 되었어. 그렇게 300번 사회과학이 자리 잡았지.

하지만 사람들은 그것만으로 만족하지 않았어. '자연에는 어떤 비밀이 숨어 있을까?' 궁금해하며 탐구하기 시작했어. 그렇게 400번 자연과학이 태어났대. 그리고 자연을 연구하며 발전한 기술들이 점점 우리의 삶을 편리하게 만들었어. 그래서 500번은 기술이 되었지.

그러다 보니 이제는 단순히 먹고사는 것뿐만 아니라, 삶을 즐기고 싶어졌어. 노래를 부르고, 그림을 그리고, 멋진 건축물을 세우면서 예술을 꽃피우기 시작했지. 그래서 600번은 예술을 담게 되었대. 그런데 문득 이런 생각이 들었어.

'다른 나라 사람들은 어떻게 살아갈까? 그들은 어떤 말을 쓸까?'

그래서 700번에는 언어가 담겼지. 언어를 통해 사람들은 이야기를 만들고, 감정을 나누기 시작했어. 그렇게 800번 문학이 태어난 거야.

마지막으로, 사람들이 깨달았어.

'우리가 걸어온 길을 기록해두지 않으면, 후손들은 과거를 알시 못할 거야.'

그래서 900번에 역사를 담았대.

도서관 책 번호는 명료한 분류 체계를 넘어, 인류가 걸어온 길과 사고의 흐름을 보여준다. 책 속의 숫자를 따라가다 보면 세상을 바라보는 새로운 시각을 얻을 수 있다.

도서관 놀이와 활용 방법

더 재미있게 도서관을 즐기는 방법이 있다! 아이를 사서 선생님으로 임명해보자. 가족은 손님이 되어 원하는 책을 요청하는 것이다. "사서님,《불편한 편의점》을 찾고 싶어요!"라고 말하면, 아이는 책을 찾아다니며 신나게 도서관을 탐험하게 된다. 책을 찾는 과정이 놀이가 되면, 도서관은 지루한 곳이 아니라 즐거운 모험의 공간으로 기억된다.

지역 도서관에서는 아이와 함께 참여할 수 있는 유익하고 재미있는 프로그램이 많다. 작가와의 만남, 독서 토론, 글쓰기 수업처럼 색다른 경험을 제공하는 활동이 자주 열리니 꼭 확인해보자.

또 하나, 도서관의 희망도서 신청제도를 활용해보자. 읽고 싶은 책이 도서관에 없다면 직접 신청할 수 있다. 이렇게 신청한 책은 도서관에 새로 들어올 때 가장 먼저 읽어볼 수 있다. 아무도 손대지 않은 새 책을 받아 보는 순간은 정말 기분이 좋다. 다만 연말에는 예산이 부족해 신청이 제한될 수도 있으니, 필요한 책은 미리 신청하는 것이 좋다.

그리고 무엇보다 중요한 것은 가족이 함께 '도서관 가는 날'을 만드는 것이다. 1주일에 한 번이든, 2주일에 한 번이든 꾸준히 가는 게 좋다. 대출 기간이 보통 2주라는 점을 염두에 두고 아이와 이날을 루틴으로 만들어보자. "오늘은 도서관 가는 날!"이라는 말이 즐거운 이벤트로 느껴질 때, 아이의 독서는 일상의 한 부분으로 자리 잡게 된다.

5

편독이 아닌 '취향' 찾기: 우리 아이 맞춤 독서법

우리 아이가 편독이 심하다면? 걱정될 수 있다. 하지만 취향이 있는 독서는 오히려 좋은 일이다. 많은 전문가는 독서에 편독이란 없다고 말한다. 아이가 특정 분야에만 관심을 보인다면, 그것은 편독이 아니라 자기 취향을 발견하는 과정일 뿐이다. 부모도 관심 있는 분야가 다 다르다. 누구는 소설을 좋아하고, 누구는 에세이, 또 누구는 경제나 재테크에 흥미를 느낀다.

책 읽기를 즐기는 아이로 키우고 싶다면, 가장 중요한 것은 스스로 좋아하는 책을 선택하고 읽는 기쁨을 경험하게 하는 것이다. 바로 책 선택의 자유이다. 스스로 고른 책에는 더 많은 애착이 생기고,

124

더 깊이 몰입하게 된다.

그런데 아이가 부모의 기대와 전혀 다른 책을 고르면 고민이 생긴다. 나도 마찬가지다. 엄마로서 고민된다. 연령에 맞지 않는 폭력적이거나 선정적인 책이라면 당연히 배제해야 하지만, 특정 장르만 고집할 때는 자유로운 선택과 부모의 기준 사이에서 균형을 맞출 필요가 있다.

강제로 읽히는 독서는 오히려 독서에 대한 거부감을 키울 수 있다. 억지로 읽은 책에서 아이가 독서의 즐거움을 느끼긴 어렵다. 하지만 '덜 좋은 책'을 선택했다고 해서 부모와 아이의 의견이 엇갈리는 것은 사실 행복한 고민일 수도 있다.

요즘 아이들은 책보다 유튜브, 게임, SNS를 더 좋아한다. 책에서 얻는 재미와 앎의 기쁨이 영상 미디어에서 나오는 강렬한 도파민을 이기기 어렵다. 부모의 기준에서 볼 때 '더 좋은 책'에서 '덜 좋은 책'으로 옮겨 가는 것은 우려될 수 있지만, 그것이 '스마트폰 게임'으로 가는 것보다는 낫다고 생각하면 마음이 한결 편해질 것이다.

부모와 아이의 독서 선택에서 어떻게 균형을 맞출 수 있을까? 부모는 현명하게 아이의 선택을 존중하면서도, 자연스럽게 새로운 분야로 관심을 넓힐 수 있도록 유도해야 한다. 예를 들어, 아이가 만화책만 읽는다면 무조건 제한하기보다는 비슷한 주제의 글책을 함께 추천하거나, 부모가 권하는 책 한 권을 추가로 읽도록 유도하는 방법을 시도할 수 있다.

이 과정에서 가장 중요한 것은 아이와의 대화이다. "왜 이 책을 고르고 싶니?"라고 물어보자. 아이의 생각을 듣고, "이 책은 이런 점이 재미있을 것 같아. 한번 읽어볼래?"하며 부모 의견을 제안하는 방식으로 대화를 이어가야 한다. 소통하지 않으면 아이의 생각도 알 수 없다. 부모의 의도가 강요가 아니라 협력으로 전달될 때, 아이는 자신의 선택을 존중받으면서도 새로운 시각을 받아들이게 된다.

아이의 책 선택이 소위 '병맛 코드'에만 편중된다면 자연스럽게 방향을 조정해도 괜찮다. 이를 위해 간단한 책 선택 규칙을 정하는 것도 방법이다.

"이번에는 새로운 주제의 책 한 권을 읽어보자."

"이번 주제는 자연이나 과학 관련 책으로 정해보자."

"학교 필독서 목록 중에서 한 권을 네가 골라볼래?"

이처럼 구체적인 기준을 정해주면, 아이는 그 안에서 신택의 자유를 유지하면서도 자연스럽게 독서의 폭을 넓힐 수 있다.

어떤 책을 읽을지에 대한 고민과 논쟁도 초등 시기까지다. 초등 고학년이나 중학생이 되면 독서는 결국 아이 스스로의 몫이 된다. 이 시기가 오면, 읽으라고 해도 읽지 않고, 읽지 말라고 해도 읽는 시기가 찾아온다.

이른 시기부터 다양한 분야의 좋은 책을 경험할 기회를 만들어주는 것이 중요하다. 동시에 책에 대한 아이의 선택도 존중해야 한다. 부모가 독서를 강요하거나 지나치게 제한하면, 아이는 오히려 책을 멀리하게 된다. 이 두 가지가 모순처럼 보이지 않으려면, 독서를 대하는 부모의 태도가 일관적이고 따뜻해야 한다.

책은 즐거움을 주고, 호기심을 자극하며, 완전히 새로운 세상에 빠질 수 있는 특별한 공간이어야 한다. 부모의 이러한 태도가 자연스럽게 전달될 때, 독서는 아이의 삶 속에서 특별한 의미를 갖게 된다. 책이 아이의 가장 친한 친구가 되기를 바라는 그 마음만큼은 잊지 말자. 본질을 놓치지 않는 것, 그것이 우리가 아이들과 함께 독서를 이어가는 가장 중요한 이유다.

6

엄마는 북클럽,
아이는 독서 동아리

아이들의 독서 습관은 어린 시절 부모의 도움이 필요하다. 하지만 사춘기에 접어들면 독서에 대한 주도권은 자연스럽게 아이에게 넘어간다. 이 시기에 부모의 과도한 간섭은 오히려 역효과를 낼 수 있다. 사춘기 아이와의 소통은 어렵고, 책을 권하는 일조차 도전처럼 느껴질 수 있다. 그러나 이때에도 엄마와 아이는 각자의 자리에서 책과 함께 성장할 수 있다. 엄마는 북클럽에서, 아이는 독서 동아리에서 책을 매개로 자신의 세계를 확장해가는 시간을 가져야 한다.

사춘기 아이들은 부모와 심리적 거리를 두려 한다. 어제까지는 "엄마, 이 책 같이 읽어요" 하며 엉기던 아이가 갑자기 쌀쌀맞은 태도로 돌변한다. "그런 책은 지루해", "이거 왜 읽어야 하지?" 하며 빈 정거리거나, 책을 권하면 "나 바빠!" 하고는 방으로 내빼기도 한다. 아이가 책과 멀어지는 듯 보일 때, 부모는 당혹스럽고 실망할 수도 있다. 하지만 이런 시기에 아이에게 책을 억지로 읽으라고 강요하는 것은 더 큰 갈등을 일으킬 수 있다.

사춘기 아이들과 소통하는 일은 쉽지 않다. 그들은 독립을 원하고, 부모의 간섭을 거부하는 시기에 접어든다. 그런데도 아이들은 여전히 책 읽기의 가치를 알고 있다. 책을 거부하는 아이들의 속내에는 사실 자신도 책을 잘 읽고 싶다는 바람이 깔려 있다. 문제는 텍스트에 대한 심리적 부담감이다. 이 부담감을 덜어주는 방법 중 하나가 친구들과 함께 읽는 것이다. 책을 같이 읽고 그 경험을 나누면, 독서는 더 이상 개인의 부담이 아닌 긍정적인 사회적 경험이 된다.

아이들의 독서 동아리 참여 경험

실제로 많은 학생이 학교에서 운영하는 독서 동아리에 참여하고 있다. 독서 동아리를 통해 아이들은 친구들과 책을 매개로 소통하며 교우관계를 확장한다. 책을 읽고 나눈 경험은 아이에게 자신감과 성취감을 심어주고, 다른 이들의 생각을 배우는 기회를 제공한다. 이런 사회적 경험은 아이의 문해력뿐 아니라 공감 능력과 문제해결력에도 긍정적 영향을 미친다.

2023년 한 설문조사에 따르면, 중·고등학생 중 약 78%가 독서 동아리 활동이 책을 읽는 데 도움 되었다고 답했다. '다른 친구들과 책에 대해 이야기하며 다양한 관점을 알게 됐다'는 응답이 많았고, '전혀 도움 되지 않았다'고 답한 비율은 5%에 불과했다. 또 다른 설문에서는 '학교 외에 참여하고 싶은 독서 모임은 무엇인가요?'라는 질문에, 많은 학생이 '가족 독서 모임'을 꼽았다. 아이들은 책을 통해 가족과의 소통과 공유를 원하고 있는 것이다.

엄마의 북클럽: 독서를 놓지 않는 힘

사춘기 아이들은 독립심을 강조하면서도 내면적으로는 부모의 행동을 세심하게 관찰한다. 이 시점에서 부모의 역할은 잔소리가 아닌 모범을 보이는 것이다. 묵묵히 책을 읽는 엄마 모습은 아이에세 강렬한 메시지가 된다. '책은 읽어야 하는 게 아니라 읽고 싶어지는 것'이라는 사실을 무언의 태도로 가르칠 수 있다.

엄마가 북클럽 활동을 하는 것은 책이 좋아서만은 아니다. 사춘기 아이들과의 관계에서 힘겨운 순간이 찾아올 때, 엄마는 자신의 균형을 잡아야 한다. 북클럽은 그 균형을 유지할 좋은 기회가 된다.

아이들이 책과 가까워지기도 하고 멀어지기도 한다. 독서를 멀리하는 아이를 보면 부모로서 초조함이 생길 수 있다. '이러다 영영 책이랑 담쌓고 사는 건 아닐까?' 하는 걱정이 든다. 하지만 엄마가 독서에 대한 믿음을 가지고 책을 붙들고 있다면, 그 믿음은 아이에게 서서히 전달된다. 엄마가 식탁이나 소파에서 책을 펴고 읽는 모습은 잔소리보다 훨씬 큰 영향을 미친다.

북클럽은 엄마가 책과 연결될 수 있는 중요한 통로다. 북클럽에서 엄마는 다양한 주제의 책을 읽고 토론하며, 자신의 고민을 나눌수 있다. 책은 독서의 즐거움뿐 아니라 엄마 자신에게 숨 쉴 구멍을만들어준다. 또한 북클럽에서 나눈 이야기는 아이와 다시 대화할 수있는 새로운 소재가 되기도 한다.

"엄마가 요즘 읽은 책에 이런 내용이 있었어"라는 말은 사춘기 아이의 쌀쌀맞은 태도 속에서도 작은 틈을 만들 수 있다. 아이가 당장반응하지 않더라도 그 말이 씨앗처럼 남아 언젠가는 싹틀 가능성이있다.

아이와 엄마의 독서: 각자 다른 자리에서의 성장

엄마의 북클럽과 아이의 독서 동아리는 독서가 단지 개인의 활동이 아니라는 것을 보여준다. 아이는 또래 친구들과 책을 읽고 대화를 나누며 교우관계를 확장하고, 엄마는 북클럽을 통해 지적인 자극과 감정적 위안을 얻는다. 각자 다른 자리에서 책을 통해 성장하는것은 결국 가정이라는 공동체의 기반을 단단히 하는 데 도움 된다.

사춘기 아이와 부모의 관계는 늘 순조롭지 않을 수 있다. 아이는독립적인 존재로 성장하려 하고, 부모는 그런 아이를 이해하려 노력하지만 답답함을 느끼기도 한다. 하지만 이 시기에 책은 엄마와 아이 모두에게 숨 쉴 공간을 제공한다. 엄마가 책을 통해 자신의 삶을 풍요롭게 만들어가는 모습은 아이에게 자연스럽게 강한 인상을 남긴다.

가정마다 책을 대하는 태도는 다를 수 있다. 하지만 부모가 독서의 힘을 믿는 태도가 중요하다. 아이들은 부모의 행동을 늘 지켜보고 배우기 때문이다. 독서를 통해 책을 인생의 동반자이자 친구, 선생님으로 대하는 태도를 보여주는 것이 핵심이다. 독서는 아이의 삶을 성장시키는 중요한 밑거름이다.

엄마와 아이가 책을 매개로 성장하는 과정은 당장의 성과를 바라기보다 긴 호흡으로 지켜봐야 한다. 책은 시간이 흐르면서 더 큰 가치를 드러내는 존재이기 때문이다. 엄마가 책을 읽고, 아이가 그 모습을 지켜보며 자신만의 독서 여정을 시작하는 모습은 가정의 독서 문화를 굳건히 다지는 첫걸음이 될 것이다.

Reading

literacy

Chapter 4

연령별 문해력 성장 로드맵

영아기: 오감을 깨우는 첫 독서 경험

세기의 천재 아인슈타인은 말했다.

"아이를 천재로 키우고 싶다면 동화책을 많이 읽어주고, 더 천재로 키우고 싶다면 더 많은 동화책을 읽어주라."

부모라면 아이가 얼마나 빠르게 자라는지 안다. 태어난 지 100일이 되면 몸무게는 2배로 늘고, 돌이 되면 3배가 된다. 신장은 날 때보다 약 150% 자란다. 하지만 겉으로 드러나는 신체 성장보다 더 급격하게 발달하는 것이 있다. 바로 뇌다.

영아기 독서는 뇌 발달의 핵심 열쇠다. 이 시기의 독서는 아이의 뇌와 정서를 자극하는 특별한 경험이다. 특히 0~24개월 동안은 뇌의 시냅스 연결이 폭발적으로 이루어지는 시기로, 이때의 독서 경험은 아이의 언어 발달과 사고력 발달에 결정적인 영향을 미친다.

부담 가질 필요는 없다. 이 시기의 '독서'는 거창하지 않다. 그저 엄마와 아기가 교감하며 정서를 나누는 자연스러운 과정에 책을 재료로 넣었을 뿐이다.

갓난아기를 키우는 부모는 대부분 수면, 배변, 식사 이슈가 있을 때 아이에게 간단히 말을 건넨다. 보통은 혼잣말이다.

"우리 아기, 응가했구나. 불편했지? 엄마가 깨끗하게 갈아줄게."

"배고파? 바삭바삭 쌀과자 먹을까?"

아직 말을 하기보다 울음이 먼저인 아기에게, 부모는 의식적으로 아이의 욕구를 읽고 말을 건넬 필요가 있다. 이때 책은 대화 주제를 확장하는 훌륭한 도구가 된다. 영아기는 소리에 끊임없이 노출되는 시기다. 아기는 듣고 또 듣는다. 이 시기의 독서는 아이가 소리를 더 잘 듣게 돕는 역할을 한다. 이것이 바로 영아기 독서의 핵심이다.

영아기 독서의 목적은 '뇌 발달'과 '정서적 안정'이다

영아기 독서의 목적은 지식을 전달하는 것이 아니다. 이 시기의 독서는 아이의 뇌 발달과 정서적 안정에 직접적인 영향을 미친다. 0~24개월의 아이들은 세상을 오감으로 인식한다. 눈으로 보고, 손으로 만지고, 입으로 물어보기도 한다. 하지만 가장 중요한 것은 듣는 활동이다.

뇌과학자들은 아이의 뇌가 이 시기에 가장 빠르게 발달한다고 말한다. 뇌 신경망의 80%가 3세 이전에 완성되기 때문이다. 특히 아이가 듣는 소리는 언어 중추를 자극해 언어능력과 사고력의 기초를 다진다. 아이의 뇌는 새로운 소리, 리듬, 패턴을 인지하며 이를 통해 다양한 언어 구조를 학습한다.

하버드대학교 뇌 발달 연구에 따르면, 0~2세 시기에 부모가 아이에게 자주 말을 걸거나 책을 읽어주는 환경에서 자란 아이들은 그렇지 않은 아이들보다 언어 이해력과 어휘력이 30% 더 높다고 한다.

영아기 독서의 핵심은 '감정 교류'다

아이들은 같은 책을 반복해서 읽어달라고 하는 경우가 많다. 어른들은 솔직히 지루하다. "이제 다른 책을 읽자" 하고 제안하기도 하지만, 아이들에게 반복 독서는 매우 중요하다. 아이들은 이야기의 반복을 통해 안정감을 느끼고, 매번 새로운 의미를 발견한다. 이는 아이들이 각각의 장면을 독립적으로 인식하는 신화적 사고를 하고 있기 때문이다.

예를 들어, 어제 읽었던 책《빨간 모자》를 오늘 또 가져오더라도 아이의 뇌는 어제의 책과 오늘의 책을 다르게 인식한다. 어제와는 다른 방식으로 그림을 보고, 새로운 장면에 반응하기도 한다. 이 과정을 통해 아이는 정서적 교감을 쌓고, 자기 경험을 반영하는 법을 배운다.

이 시기의 그림책은 글밥이 적다. 책을 읽어줄 때, 글만 읽고 그림책을 넘기면 아이는 장면을 충분히 살필 시간이 부족하다. 아이들의 눈은 글자가 아닌 그림을 따라가며 어른들보다 천천히 움직인다. 그림을 읽어주자. 그림 속 인물의 표정이 어떤지 살펴보고, 아이의 반응에 집중해야 한다.

아이가 반복적으로 같은 책을 요구할 때, 지겹더라도 웃으며 읽어주자. 영원히 읽어줄 수 없는 날이 오면, 그 시간이 그리워질 거다.

영아기 독서의 실천 방법

그렇다면 어떻게 해야 할까? 0~24개월의 아이에게 책을 어떻게 읽어주면 좋을까? 구체적인 방법을 제시하면 다음과 같다.

 실천 방법

1 단순하고 반복적인 책을 선택한다
아이들은 복잡한 이야기보다 단순한 구조와 반복적인 문장을 선호한다. 예를 들어, 《아기 돼지 삼형제》처럼 패턴이 있는 이야기는 예측 가능성을 높여 더욱 재미있게 받아들인다. 특히 리듬감 있는 책이 효과적이다. 《똑똑똑, 누구세요?》, 《사과가 쿵!》 같은 반복 구조의 책이 아이들에게 인기가 많은 이유다.

2 감정을 풍부하게 표현한다
책을 읽을 때 연극하듯 감정을 극대화해보자. 캐릭터의 목소리를 바꾸거나 표정을 크게 짓는 것도 좋은 방법이다. 토끼가 뛰어가는 장면에서는 "빨리빨리 뛰어가요!"라고 말하며 손으로 '깡충깡충' 뛰는 동작을 해보자. 감각적인 경험이 아이의 몰입도를 높이고 공감력을 키운다.

3 그림을 읽어준다

영유아 도서는 글보다 그림이 많다. 따라서 글만 읽기보다 그림을 읽어야 한다. 어른들은 보통 글에 집중하지만, 아이들은 그림을 통해 이야기를 이해한다. 책장을 넘기기 전에 아이가 그림을 충분히 탐색할 시간을 주자.

표지부터 함께 읽어보는 것도 좋은 방법이다. 색깔, 모양, 등장인물의 표정과 행동, 배경 속 단서들을 짚어보면서 이야기의 흐름을 상상하도록 유도한다. 예를 들어, 《사과가 쿵!》에서는 동물들이 차례로 커다란 사과를 먹고 비가 오자 남은 사과 기둥을 파라솔처럼 사용하는 장면이 있다. 이런 부분을 함께 관찰하며 이야기를 더욱 풍성하게 만들어보자.

4 아이의 반응에 따라 대화를 나눈다

책을 읽을 때 아이의 반응을 세심히 살펴보자. 특정 장면을 반복해서 보거나 그림을 손가락으로 가리킨다면, 그 부분에 대해 이야기를 나누면 좋다.

"이 그림에서 뭐가 제일 재미있어 보여?" 또는 "왜 이 장면이 마음에 들어?" 같은 질문을 던져보자. 아이가 좋아하는 캐릭터나 장면에 대해 함께 이야기하는 것도 좋다. 예를 들어, "이 친구는 지금 어떤 기분일까?", "왜 이렇게 웃고 있을까?" 같은 질문을 통해 감정을 이해하고 상상력을 키우도록 돕는다. 아이가 논리적인 대답을 하지 않아도 괜찮다. 엄마가 자문자답을 하면서라도 대화를 이어가면, 아이의 뇌는 자극을 받고 어휘력도 확장된다.

5 반복의 힘을 믿는다

같은 책을 반복해서 읽어도 괜찮다. 오히려 반복 독서는 아이의 뇌 발달에 큰 도움이 된다. 반복을 통해 패턴을 익히고, 예측하는 능력이 발달한다. 부모가 지켜

워도 아이에게는 매번 새로운 경험이 된다.

6 오디오북을 활용한다

엄마는 철인이 아니다. 짧은 유아 보드북이라도 하루 종일 읽어주는 것은 쉬운 일이 아니다. 특히 24개월 이전의 아기에게는 시청각 자극이 중요한데, 미디어 영상 대신 오디오북을 활용하면 좋다.

아기가 누워 있거나 기어다니면서 탐색하는 시간에 자연스럽게 오디오북을 틀어 주자. 명작동화나 전래동화 같은 이야기는 내용을 완전히 이해하지 못하더라도 반복되는 리듬과 소리를 통해 어휘를 습득할 수 있다. 전래동화 특유의 운율과 반복 구조는 아기의 청각 인지 능력을 발달시키는 데에도 효과적이다.

오디오북의 또 다른 장점은 부모의 부담을 줄여준다는 것이다. 같은 책을 반복해 서 읽어달라는 아이의 요구에 지칠 때, 오디오북이 큰 힘이 된다. 아이는 좋아하 는 이야기를 들으며 상상의 나래를 펼치고, 새로운 어휘와 표현을 자연스럽게 익 힌다.

책 읽기는 부모와 아이가 함께하는 소중한 교감의 시간이다. 하 지만 모든 시간을 부모의 목소리로 채우려고 애쓸 필요는 없다. 오 디오북이 부모의 목소리를 대신해줄 수도 있다.

20개월부터 바른 습관을 형성하는 생활동화

20개월 이상 아이에게 생활동화를 들려주는 것은 일상 습관 형성 에 큰 도움이 된다. 생활동화는 일상적인 상황을 재미있는 이야기로 풀어내기 때문에 아이들이 쉽게 공감하고 흥미를 느낀다. 예를 들어, 이 닦기, 정리 정돈, 식사 예절 등의 생활 습관을 주제로 한 동화를 들려주면 아이는 등장인물을 통해 자연스럽게 긍정적인 행동을 배우게 된다.

이런 스토리텔링 방식은 아이에게 지시나 강요 없이 습관의 중요성을 인지하게 한다. 또한 동화 속 주인공처럼 따라 하고자 하는 모방 욕구를 자극하여 자발적인 행동 변화를 유도한다. 이를 통해 아이는 즐겁게 배우며 자신의 일상에 적용하려고 노력한다.

부모와 함께 동화를 읽으며 시간을 보내는 것은 아이와의 유대감을 강화하는 소중한 시간이 된다. 이 과정에서 아이는 새로운 어휘를 배우고 언어능력 또한 향상될 수 있다.

대표적인 생활동화책

• 《추피의 생활 이야기》

생활동화 스테디셀러. '추피지옥'이라는 말이 나올 정도로 아이들에게 인기가 많다. 24개월 아이의 집중력에 적당한 글밥이며, 여러 감정을 솔직하게 표출하는 추피의 모습을 통해 아이가 자신을 투영해볼 수 있다. 원작이 프랑스 동화라 몇몇 주제(할로윈 파티, 승마, 갈레트 과자, 의사가 집으로 찾아오는 시스템 등)는 우리 정서와 문화에 맞지 않는 점은 아쉽다.

• 《두비의 즐거운 생활》

한국의 현실 육아와 최신 트렌드를 반영한 생활동화. 아이 일상을 생생하게 담아 공감 요소가 많으며, 쉽게 몰입하고 바른 생활 습관을 유도할 수 있다. 의성어, 의태어가 색글자로 강조되어서 적절한 어휘 자극을 줄 수 있다. 단순한 캐릭터와 원색의 색감이 특징이며, QR코드를 활용해 애니메이션 동화를 볼 수 있다.

영아기 독서의 효과는 평생 지속된다

아이의 뇌는 경험을 통해 성장한다. 영아기 독서로 인한 감각 자극, 언어 자극, 정서 자극은 평생 지속된다. 특히 듣는 능력, 감정 조절 능력, 그리고 부모와의 애착관계에 큰 영향을 미친다.

이 시기의 독서는 아이가 책을 친근하게 느끼는 것만으로 큰 성공이다. 아이는 성장하면서 책을 엄마의 따뜻한 품을 떠올리게 하는 매개체로 인식한다. 이는 초등학교에 입학한 후에도 독서를 즐기는 아이로 자라는 밑거름이 된다.

유아기:
듣는 힘이 곧 문해력이다

    유아기 독서는 부모와의 애착 형성, 정서 발달, 배경지식 함양 등 다양한 측면에서 중요한 의미를 지닌다. 그러나 부모들에게 가장 실질적으로 와닿는 부분은 초등학교 입학 준비로서의 독서다. 특히 6~7세 자녀를 둔 부모들의 고민은 대체로 이렇다.

    "한글이 늦어서 불안해요."

    "수업 시간에 제대로 앉아 있을 수 있을까요?"

    초등학교 입학 전에 갖추어야 할 역량에는 기본적인 한글 학습이나 수 개념 익히기도 있지만, 스스로 화장실 다녀오기, 우유갑 열기 같은 손놀림도 포함된다. 하지만 그중에서도 가장 중요한 건 수업 시간에 책상에 앉아 집중하며 수업을 듣는 능력이다.

학교생활이 시작되면 어떤 아이들이 잘 적응하면서 선생님의 관심과 사랑까지 받을까? 바로 선생님 말씀에 귀 기울이고, 수업 종이 울리면 교과서를 꺼내 앉는 등 기본자세가 잡힌 아이들이다. 이 기본기가 학습 태도의 핵심이자 학교생활의 첫걸음이 된다.

초등학교 1~2학년이 되면 아이들은 본격적으로 책을 읽고 수업을 듣는 활동에 익숙해져야 한다. 그런데 막상 학교에 가보면 아이들의 반응은 극명하게 갈린다. 어떤 아이들은 선생님이 손에 든 그림책 표지만 봐도 귀를 쫑긋 세우며 집중하는 반면, 어떤 아이들은 엉덩이를 들썩이며 산만하게 움직인다.

왜 이런 차이가 생길까? 오로지 아이의 성향이나 기질 때문일까? 그렇지 않다. 이 차이는 취학 전에 아이가 책에 얼마나 노출되었는지의 차이에서 비롯된다. 유아기에 책을 통해 이야기를 많이 접한 아이들은 선생님의 이야기도 '이야기의 연장선'으로 받아들인다. 반면, 그렇지 않은 아이들은 선생님의 말이 낯설고 어려운 정보로 느껴지기 때문에 자연스럽게 집중력을 잃는다.

엄마가 아이에게 책을 읽어줄 때 우리는 어떻게 할까? 책을 펼치면 아이는 그림을 보면서 엄마가 들려주는 이야기를 듣는다. 이 과정에서 아이는 머릿속에서 장면을 입체적으로 상상하게 된다.

이는 TV나 동영상을 보는 것보다 훨씬 어려운 과정이다. 화면을 멍하니 쳐다보는 게 아니라 들리는 소리를 이해하고, 그림을 해석하며, 머릿속에서 이야기를 구성해야 하기 때문이다. 인지적 부담감이

상당하다. 이 과정이 반복될수록 아이는 듣는 힘이 길러진다.

선생님이 "옛날에 깊은 산골 외딴집에 한 나무꾼이 홀어머니와 살고 있었어"라고 말하면, 전래동화를 많이 들었던 아이들은 즉시 머릿속으로 이미지를 떠올린다. 낡은 초가집, 이마에 흰 띠를 두른 나무꾼, 쪽진 흰머리의 늙은 어머니까지 생생하게 그릴 수 있다. 수업 몰입도가 높다.

반면, 경험이 적은 아이들은 '산골? 외딴집? 홀어머니가 뭐지?' 하는 의문부터 갖는다. 낯선 단어를 이해하지 못하면 이야기에 집중하기 어렵다. 아이들은 새로운 것보다 익숙한 것에 더 흥미를 느낀다. 머릿속에서 이해되지 않는 이야기는 중요하지 않다고 여긴다. 이해가 늦어질수록 집중력도 떨어진다.

듣는 힘이 있는 아이들이 학교에서 선생님의 소리에 집중할 줄 안다. 말귀를 알아듣는다. 설령 교과 수업이 이야기책만큼 재미있지는 않더라도 듣는 힘이 길러져 자연스럽게 귀를 기울인다. 학습 태도가 잡히고 학교 적응도 잘한다.

한글 학습 속도에서도 차이를 보인다. 한글 학습은 글자를 읽고, 의미를 이해하며, 이미지와 소리를 문자와 연결하는 과정이다. 전혀 들어본 적 없는 말이나 단어는 아이들에게 낯선 기호에 불과하다. 낱자를 따로 읽고 의미를 유추해야 하니 학습 과정이 어렵게 느껴진다. 그러나 많이 들어서 익숙한 단어는 쉽다. 책에 노출이 많은 아이일수록 소리와 이미지 그리고 문자 간 연결이 자연스럽다. 한글 익히기도 수월하다.

책과 친해지는 아이, 집 안 곳곳에서 책과 놀아요!

유치원에서 돌아온 아이를 가장 먼저 반기는 것이 책의 얼굴이어야 한다. 책은 책장에 가지런히 꽂혀 있는 것보다 아이의 시선이 닿는 곳에 표지가 보이도록 배치하는 것이 좋다. 아이들이 자연스럽게 책에 관심을 갖도록 하는 환경을 만들어주는 것이 핵심이다.

아이가 아직 기어다닐 때는 바닥에 책을 펼쳐두자. 아이가 앉아서 손으로 짚고 움직일 때는 그 시선 높이에 맞춰 책을 배치해주는 것이 효과적이다. 유치원 시기에는 아이가 주로 노는 공간, 앉아 있는 장소에 책을 두면 좋다. 거실 테이블, 소파 옆, 놀이방 바닥, 심지어 식탁 위도 괜찮다.

책이 보이면 아이는 자연스럽게 그 책을 만지작거리고 넘기면서 궁금증을 갖게 된다. 이를 통해 책에 대한 호기심과 친밀감이 형성된다.

보통 아이가 취학할 즈음이면 엄마는 아이만의 공부방을 만들어주고, 책을 정리해두는 경우가 많다. 하지만 아이는 부모와 가까운 거실에서 노는 것을 더 편하게 느낄 수도 있다. 이럴 때는 책을 거실로 꺼내어 아이의 손이 닿고 책이 잘 보이도록 배치하자. 책장의 맨 위 칸에 표지가 보이도록 세워두는 것도 좋은 방법이다. 꽂혀 있는 책은 없는 책이나 마찬가지다. 표지가 보이지 않으면 아이는 그 책이 있는지조차 모를 수 있다.

책이 아이의 일상 공간에 자연스럽게 스며들도록 환경을 바꿔보자. 아이도 책과 친구처럼 사귀어야 한다. 책이 손짓한다.

'나 좀 읽어볼래? 나 재미있는데. 나 제법 괜찮은 책이야.'

그러면 아이가 손을 내밀어 책과 친해진다. 이 과정을 기다려주자. 예쁜 책장은 어른의 만족일 뿐이다.

공룡부터 백과사전까지: 아이의 관심을 책으로 키우는 비법

아이마다 취향이 다르듯, 책도 좋아하는 주제로 골라야 한다. 많은 아이가 공룡, 곤충, 자동차, 기차 같은 역동적인 주제를 좋아한다. 글밥이 많아도 아이들은 좋아하는 주제라면 부담 없이 읽는다.

백과사전류의 책도 마찬가지다. 아이들은 관심 있는 만큼 소화해낸다. 엄마가 읽어줄 때는 전체를 훑어보며 사진 위주로 이야기를 나누거나 핵심 어휘 위주로 설명해줄 수 있다.

도서관에서 다양한 출판사의 책을 한꺼번에 빌려 보는 것도 좋은 방법이다. 다양한 작가와 출판사의 책을 접하면 아이의 시야가 넓어지고, 동일한 주제라도 다른 관점에서 접근할 수 있다.

 유아기 독서 실천 방법

1 엄마가 직접 읽어주기
유아기 독서의 핵심은 부모와의 소리 교감이다. 동화책을 읽어주면 아이의 머릿속에서 소리와 이미지가 입체적으로 결합되며, 어휘력과 상상력이 폭발적으로 향상된다.

2 책 가까이 두기

집 안 곳곳에 책을 배치하자. 거실, 놀이방, 침실 등 아이가 자주 머무는 공간에 책을 두는데, 표지가 보이도록 배치하는 것이 중요하다.

3 아이의 취향 존중하기

공룡, 곤충, 자동차 등 특정 주제에 관심이 많다면, 그 주제를 심화하고 확장하는 방식으로 책을 소개해주자.

4 항상 책이 보이게 하기

책은 책장에 꽂혀 있으면 쉽게 손이 가지 않는다. 바닥, 테이블, 소파 옆 등 아이의 손이 닿는 곳에 두어 책이 언제나 가까이 있음을 인식하게 하자.

5 책과 관련된 놀이하기

책 속 캐릭터와 이야기를 확장해 보드게임이나 만들기 놀이로 연결하면 독서의 흥미가 지속된다.

6 대화 유도하기

책을 읽고 난 후 "네가 주인공이라면 어떻게 했을 것 같아?", "가장 재미있었던 장면은 뭐야?" 같은 질문을 던져보자. 논리정연한 대답을 원하는 게 아니다. 책을 매개로 대화하고 있다는 사실이 중요하다.

유아기에 꼭 읽어야 할 책

유아기는 독서의 황금기다. 바로 지금이 아이들의 언어와 뇌가 급격히 성장하는 시기이기 때문이다. 키가 자라고 체중의 변화는 눈에 보인다. 그래서 영양가 있는 음식을 먹이려고 노력한다. 뇌 발달은 눈에 잘 안 보인다.

아이들의 뇌세포가 얼마나 빠르게 연결되는지를 볼 수 있다면, 부모들은 절대 스마트폰을 아이에게 쥐어주지 않을 것이다. 주저 없이 책을 들어 목이 터져라 읽어줄 것이다. 보이지 않는 성장을 믿어야 한다.

유아기 독서는 부모의 몫이다. 한글을 읽지 못하는 시기니만큼 부모가 더 신경 써줘야 한다. 직접 읽어주지 못한다면, 오디오북도 좋다. 아이의 독서 정서가 형성되는 시기이다. 좋은 독서 환경을 만들어주는 것이야말로 부모가 아이에게 줄 수 있는 최고의 선물이다.

유아기에는 다양한 장르의 책과 친숙해지는 것이 중요하다.

추천 장르
• 자연 관찰책: 동물, 식물, 계절의 변화 등을 통해 자연에 대한 호기심을 키운다.
• 전래동화: 권선징악이 뚜렷한 이야기로 아이들의 가치관 형성에 도움을 준다.
• 세계 명작동화(이솝 우화, 안데르센 동화 등): 다양한 문화와 교훈을 접할 수 있다.
•《삼국유사》·《삼국사기》: 역사적 인물과 사건을 이야기 형식으로 경험한다.
• 창작동화: 아이들의 상상력을 키우고 창의적인 사고를 돕는다.
• 지식동화(수과학, 백과사전식): 기초 과학과 사회 지식을 자연스럽게

익힌다.
- 위인전: 역사 속 인물들의 삶을 통해 도전 정신과 배움을 얻는다.

특히, 유아기에는 가치관이 형성되는 시기이므로 권선징악이 분명한 전래동화나 세계 명작동화는 필수적이다. 창작동화는 많이 읽으면 읽을수록 좋다.

2-1
호기심의 시작, 자연 관찰

영유아기 아이들에게 가장 좋은 호기심을 불러일으키는 책은 무엇일까? 바로 자연 관찰책이다. 걸음마를 시작하기 전부터 보기 시작하여 초등 저학년까지 꾸준히 읽을 수 있는 책이다.

특히 실사형 자연 관찰책은 아이들의 호기심을 자극하고, 관찰력을 키우며, 자연과 친밀감을 형성하는 데 큰 역할을 한다. 그렇다면 자연 관찰책이 왜 유아기 아이들에게 꼭 필요할까?

아이가 걸음마를 시작하면 놀이터나 공원으로 나가 세상을 탐색한다. 발밑의 잔디, 몽실몽실한 민들레 씨앗, 개미 떼, 바람, 나비 한마리 등등 이 모든 것이 아이에게는 새로운 세상이다.

하지만 아이마다 자연을 받아들이는 태도는 다르다. 어떤 아이는 두리번거리며 이것저것 만져보지만, 어떤 아이는 조심스럽게 주변을 살핀다. 또 어떤 아이는 자연물보다 뛰노는 것에만 관심을 가질 수도 있다.

이때, 자연 관찰책은 주변의 변화에 관심을 갖게 한다. 호기심은 저절로 생기지 않는다. 세상을 탐구하는 힘인 호기심을 키우려면 적절한 자극이 필요하다.

책 속에서 만나는 개, 고양이, 다람쥐, 청설모, 달팽이, 개구리, 고래 같은 동물들은 아이에게 생물의 다양성을 알려주고, 세상에 대한 궁금증을 키운다. 궁금한 것이 있어야 호기심이 생기고, 호기심은 더 깊은 탐구로 이어진다.

자연 관찰책을 즐겨 보는 아이는 바깥에서 만나는 자연을 더 세심하게 관찰한다. 부럭대고 뛰어노는 것과는 다르다. 활동성이 큰 아이는 책을 통해 호기심을 채우면 바깥에서 더 구체적인 관찰로 이어질 수 있다. 반대로 신중하고 조심스러운 아이는 책에서 충분히 익힌 후 실제 경험으로 연결한다.

자연 관찰 독서는 아이들이 처음으로 '관찰력의 세계'에 눈을 뜨는 계기가 된다. 꽃이 피고 지는 과정을 담은 책을 읽으며, 자연스럽게 생명 주기를 배운다. 계절의 변화에 대한 호기심도 자연스럽게 생긴다.

"왜 나뭇잎은 가을이 되면 노란색으로 변해요?" 하는 질문은 자연의 순환을 이해하고자 하는 첫걸음이다. 자연 관찰책은 아이들이 이런 질문을 던지도록 돕고, 더 깊이 탐구하는 태도를 길러준다.

자연 관찰책, 아이가 싫어한다면?

부모들은 종종 "우리 아이는 자연 관찰책을 싫어해요"라고 말한다. 이건 아마 아이의 흥미를 끌 만한 책을 아직 찾지 못했을 가능성이 크다.

자연 관찰책은 실사 중심, 세밀화 중심, 이야기 형식 등 다양한 형태가 있다. 한 권의 책이 흥미를 끌지 못했다면, 다른 형식의 책을 시도해보자. 무엇보다 부모가 신나서 읽어주는 책은 대체로 아이들도 즐거워한다.

아이가 관심을 보이지 않는다면, 흥미를 보일 만한 대안을 찾아보는 노력이 필요하다. 귀여운 동물이 등장하는 창작동화 형식도 좋다. 《까까똥꼬 시몽》 시리즈처럼 토끼가 주인공인 창작동화에서 시작해 토끼의 생태가 나오는 자연 관찰책으로 확장해도 된다.

자연 관찰책, 어떻게 시작할까?

자연 관찰 독서는 가볍고 즐겁게 시작하는 것이 중요하다. 처음에는 삽화와 의성어, 의태어가 포함된 단순한 책으로 시작해도 좋다. 동식물의 특징이 간단히 표현된 보드북도 훌륭한 출발점이다.

책 내용이 간략하더라도 부모가 읽어주며 설명을 덧붙이면 책은 훨씬 풍성해진다. 예를 들어, "이 새가 우는 소리, 들어볼까?" 하며 음원을 찾아보거나 "이 나무 아래엔 어떤 동물이 살고 있을까?"라고 질문하며 아이의 상상력과 관찰력을 키울 수 있다.

아이의 관심과 수준에 맞춰 점차 실사 세밀화, 교과 연계 정보, 자연 보호의 가치가 담긴 책으로 확장하면, 호기심이 지속적으로 자극되고 탐구심이 더욱 커질 것이다.

자연 관찰책을 고를 때는 활용도를 살펴보자. CD나 오디오북이 제공되는지, QR코드나 앱을 통해 추가 콘텐츠를 활용할 수 있는지 확인하면 좋다. 이런 도구가 있으면 부모가 직접 읽어주지 않아도 아이가 스스로 책을 펼쳐보는 계기가 된다.

또한 자연 관찰책은 글밥이 많지 않아 한글을 막 배우는 시기에도 유용하다. 읽기 연습을 하면서도 자연과 친숙해지는 경험을 쌓을 수 있기 때문이다.

추천 도서

- **《놀라운 자연》**
  실사와 세밀화가 조화를 이루며, 정보량이 풍부하여 학습 효과가 높은 시리즈다. 사진 퀄리티와 내용의 깊이가 뛰어나 자연 관찰책의 대표작으로 손꼽힌다.

- **《자연이 소곤소곤》**
  실사 중심의 생생한 표현이 돋보이며, 이야기하듯 친근한 서술로 아이들의 집중력을 끈다. CD, QR코드, 앱을 이용한 부가 콘텐츠가 제공되어 활용도가 높다. 정보의 깊이와 확장 활동이 차별화된 고품질 자연 관찰책이다.

- **《자연이랑》**

간결한 문장과 귀여운 삽화로 구성되어 있어 아이들이 친근하게 느낄 수 있는 시리즈다. 이야기 중심의 자연 관찰책이며, 확장 활동 자료도 충실하다.

- 《생생 자연다큐》
  실사와 세밀화가 조화를 이루며, 동요와 생태 동영상 등 다양한 영상 자료와 연계된 학습 효과가 뛰어나다. 자연의 생태를 시각적으로 잘 전달하는 시리즈다.

- 《땅친구 물친구》
  세밀화 중심으로 구성된 이야기 형식의 자연 관찰책이다. 정서적 접근과 적절한 정보량으로 자연 관찰을 처음 접하는 아이들에게 적합하다.

- 《한살이 자연 관찰》
  생명의 탄생과 성장 과정을 쉽게 이해할 수 있도록 담은 시리즈다. 영국 Quarto사의 아동 브랜드 QED 원작으로, 아이들에게 생명의 순환을 자연스럽게 가르쳐준다.

- 《생생 자연 관찰》
  실사와 세밀화가 조화를 이루며, 다양한 주제와 접근 방식을 제공하는 시리즈다. 블루래빗 토끼펜으로 다양한 음원을 들을 수 있어서 아이들이 스스로 흥미를 느낄 수 있다.

2-2
가치관을 세우는 명작동화

세계 명작동화는 오랜 세월 사랑받아온 이야기로, 각 문화권에서 전해 내려온 교훈과 통찰을 담고 있다. 《오즈의 마법사》, 《미운 오리 새끼》, 《인어 공주》처럼 어린이와 성인 모두에게 널리 읽히는 작품들이 대표적이다. 명작동화는 재미있는 이야기이자 아이들에게 중요한 삶의 가치를 전하고, 상상력과 창의력을 키우는 데 큰 역할을 한다.

유아기에 명작동화를 읽는 것은 아이의 언어 발달에 많은 도움을 준다. 이 시기 아이들은 언어를 빠르게 습득하며, 다양한 문장 구조를 이해하고 익힌다. 명작동화 속에는 풍부한 어휘와 다채로운 표현이 포함되어 있어, 아이들은 이를 통해 언어 감각을 자연스럽게 키울 수 있다. 예를 들어, 《오즈의 마법사》는 모험과 용기, 우정을 다루며, 이러한 이야기들은 아이들이 긍정적인 가치관을 형성하고 문제 해결력을 기르는 데 도움을 준다.

또한 명작동화는 윤리적·도덕적 교훈을 전달한다. 많은 명작동화는 선과 악의 대립 구조를 바탕으로 하고 있는데, 이를 통해 아이들은 옳고 그름을 구분하고 정의로운 행동의 중요성을 이해하게 된다. 《미운 오리 새끼》에서는 차이를 받아들이고 자기 자신을 찾아가는 과정이, 《인어 공주》에서는 사랑과 희생의 의미가 강조된다.

동화를 읽으며 아이들은 주인공에 감정을 이입한다. 다양한 인물과 사건을 통해 자신의 감정을 투영한다. 기쁨, 슬픔, 분노, 두려움과 같은 감정을 경험하고 표현하는 방법을 배운다. 자연히 아이의 감성이 발달한다.

명작동화를 선택할 때는 아이의 나이와 관심사, 발달 단계를 고려해야 한다. 너무 어려운 주제나 복잡한 이야기는 이해하기 어려울 수 있다. 쉽게 접근할 수 있는 책을 선택하는 것이 중요하다. 특히 그림이 포함된 동화책은 이야기의 이해를 돕고, 아이의 흥미를 높이는 데 효과적이다.

좋은 명작동화를 고르는 방법은, 첫째, 아이가 이해하기 쉬운 언어와 문장으로 쓰여진 책을 고른다. 둘째, 그림이 매력적이며 이야기와 조화를 이루는지 확인한다. 간혹 그림 따로 글 따로 노는 책들이 있다. 아이들은 그림을 읽는다는 점을 명심한다. 셋째, 아이가 흥미를 느낄 주제를 담고 있는 책을 선택한다. 이렇게 선별된 동화책은 아이의 언어능력, 상상력, 도덕적 사고 발달에 큰 도움이 된다.

세계 명작동화에는 시간이 증명한 가치가 있다. 이 책들은 아이들이 올바른 가치 판단을 할 수 있도록 기초를 다져준다. 유아기에 명작동화를 꼭 읽어야 하는 이유다.

초등 저학년: 아직은 부모의 손길이 필요하다

초등학교 1~2학년은 아이의 읽기 능력이 본격적으로 발달하는 시기다. 이때 부모의 관심과 지원이 아이의 문해력과 독서 습관 형성에 큰 영향을 미친다. 많은 부모가 '이 시기에 읽기 독립을 해야 하지 않을까?' 하는 고민을 한다. 하지만 이 시기는 아이들이 독서 정서와 학습 정서를 형성하는 중요한 시기다. 책을 읽는 습관을 자연스럽게 들이고, 스스로 책을 찾는 것이 더 중요한 목표다.

아이의 읽기 수준을 파악하자

아이마다 글을 읽는 속도와 이해력은 다르다. 어떤 아이는 빠르게 글을 읽고 이해하지만, 어떤 아이는 그림을 보며 상상하는 걸 더 좋아한다. 부모가 해야 할 첫 번째 일은 우리 아이의 읽기 수준을 정확히 파악하는 것이다. 옆집 아이가 줄글을 술술 읽는다고 조바심을 낼 필요는 없다. 초등 저학년 시기에는 부모의 관심만으로도 읽기 능력이 크게 향상될 수 있다.

초등학교 1~2학년은 받아쓰기를 통해 한글 맞춤법과 띄어쓰기 등 기초적인 국어능력을 익힌다. 이 시기의 아이들은 글자를 읽을 때 의미보다 음가(소리)에 집중하는 경우가 많다. 따라서 글자를 해독하는 데 많은 에너지를 쓰게 되므로, 책을 혼자 읽는 것이 쉽지 않다.

이때 부모가 너무 어려운 책을 주면 아이는 부담을 느낀다. 예를 들어, 글밥이 많은 동화책을 주었을 때 "이거 너무 어려워!"라고 말하면 부모는 실망할 수도 있다. 그러나 아이 수준에 맞춘 책을 주면 "엄마! 나 혼자 다 읽었어!"라고 자랑스럽게 외친다. 이 작은 성공 경험이 아이의 독서 자존감을 키운다.

아이에게 '만만한' 책을 준비하자

읽기 초반에는 부담 없이 읽을 수 있는 책을 선택하는 것이 중요하다. 글밥이 적당하고 그림이 풍부한 책이 아이에게 자신감을 심어준다.

- 《사계절 웃는 코끼리》 시리즈
- 《병만이와 동만이 그리고 만만이》 시리즈
- 《호야토야의 옛날이야기》 전집

이런 책들은 글밥이 적당하고, 내용이 친숙해 아이들이 쉽게 접근할 수 있다. 아이가 읽기에 만만한 책을 준비한다.

읽어주는 독서, 왜 필요할까?

많은 부모가 '아이 스스로 읽게 하는 것'을 목표로 삼는다. 그러나 초등 1~2학년 시기에는 엄마가 읽어주는 시간이 훨씬 더 중요하다. 이 시기에는 소리 내어 읽어주는 음독의 효과가 크다. 아이가 그림책을 보고 엄마와 함께 소리 내어 읽으면, 음운 인식(소리와 글자의 연결 능력)이 향상되고, 어휘력도 확장된다.

음독이 효과적인 시기는 이때뿐이다. 초등 중학년이 되면 엄마가 시킨다고 따라 하지 않는다. 따라서 초등 저학년 시기에 부모가 읽어주는 습관을 꾸준히 들이는 것이 중요하다.

읽어주는 과정에서 아이는 부모와의 유대감을 형성한다. 하루 10분만 읽어주더라도 독해력과 어휘력이 크게 향상된다. 이때, 엄마의 말투와 감정 표현이 중요하다. 등장인물의 목소리를 변형하면서 극적인 장면에서는 목소리 톤을 조절하면 아이의 집중력이 높아진다.

매일 같은 시간에 읽기 습관을 들이면 아이의 독서 습관이 자연스럽게 형성된다. 부모와 아이가 번갈아 읽거나 한 문장씩 나눠 읽는 것도 좋은 방법이다.

읽기 독립을 돕는 '책 고르기' 전략

초등 저학년은 읽기 독립의 과도기다. 아이가 엄마의 도움 없이 스스로 책을 읽기 시작하는 시기다. 이때는 글밥이 많지 않고 이해하기 쉬운 책을 고르는 것이 좋다.

- 오디오북 활용하기: 아이에게 먼저 오디오북을 들려주고, 친숙해진 후 책을 함께 읽는다. "너 이 이야기 알지?" 하며 자연스럽게 유도하면 아이의 흥미를 높일 수 있다.
- 익숙한 이야기 선택하기: 들어본 이야기라면 부담 없이 책을 펼칠 가능성이 크다.
- 쉬운 책부터 시작하기: 그림이 많고 글밥이 적은 책을 선택하면 아이가 책 읽기를 즐길 수 있다. 작은 성공 경험이 독서 자신감을 키운다.

1~2학년 독서 로드맵

초등학교 입학 전, 아이들은 한글을 어느 정도 읽을 수 있어야 한다. 이 기초 단계가 수업을 따라가는 데 필수적이다. 맞춤법이나 띄어쓰기의 완벽함이 중요한 것이 아니라, '읽는 경험' 자체를 늘리는 것이 핵심이다.

- 1학년 여름방학 전: 기본 글자들을 읽을 수 있어야 한다.
- 1학년 2학기 겨울방학: 혼자서 책 읽는 습관을 들이는 시기다. 매일 10~20분씩 책을 읽는 연습을 한다.
- 2학년 1학기: 문장이 긴 그림책에 도전하는 시기다. 처음에는 한 페이지에 한두 문장이 있는 책부터 시작하고, 점차 문단을 이루는 책으로 확장한다.
- 2학년 2학기: 긴 그림책을 읽고, 읽은 내용을 한 문장으로 요약하는 연습을 한다. 이 과정에서 아이들은 정보를 처리하고 자신의 생각을 정리하는 능력을 키운다.

이 로드맵을 따라가면 아이들은 자연스럽게 독서 습관을 형성하고, 읽기 독립을 준비할 수 있다.

추천 도서

- 《고양이 해결사 깜냥》 시리즈
- 《내 멋대로 ○○ 뽑기》 시리즈
- 《똥볶이 할멈》 시리즈

- 《문해당당》 전집
- 《강아지 똥》, 《엄마 까투리》, 《황소 아저씨》 등(권정생 작가 동화)

《똥볶이 할멈》은 글밥이 많아 처음엔 부담스러울 수 있다. 이때 오디오북을 활용해 먼저 들려주고 책을 읽게 하면 접근이 쉬워진다. 《초등 필독서 문해당당》 같은 명작 고전 전집도 오디오북을 활용하면 어렵지 않게 읽을 수 있다.

3-1
단어의 보물창고 전래동화

전래동화는 유치원 시기에 처음 접하는 경우가 많다. 하지만 초등학교 1~2학년에도 전래동화를 반복해서 읽으며 다양한 어휘, 의성어, 의태어를 익히는 것이 중요하다. 전래동화는 재미있는 이야기일뿐더러 어휘의 보물창고다. 이 이야기들을 통해 아이들은 일상에서 접하기 어려운 단어를 자연스럽게 익힌다. 일부러 설명을 듣지 않으면 이해하기 어려운 어휘도 많다.

교육열이 높은 지역에서는 영어유치원을 다닌 아이들이 많고, 해외 거주 경험이 있는 경우도 흔하다. 실제로 서울의 한 사립초 기준으로 1학년 학생의 약 삼분의 일이 영유아기에 해외에서 교육받았다. 이러한 환경에서 자란 아이들은 전래동화 속 우리말 어휘가 생소할 수 있다. 독서 수업을 진행하다 보면, 아이들이 전래동화에 등장하는 단어를 낯설어하는 경우가 많다. 심지어 전래동화 자체를 혼동하기도 한다.

예를 들어, 《심청전》과 《토끼전》을 혼동하는 아이가 의외로 많다. 이유를 물어보면, "둘 다 물과 관련된 이야기가 있어서"라고 답한다. 비슷한 요소가 등장하기 때문에 혼동하는 것이다. 엄마, 아빠 세대에게 익숙한 이야기라도 아이들에게는 생소할 수 있다. 접한 적이 없으면 모를 수밖에 없다.

다음은 예시 단어들이다. 할머니 세대는 대부분 알고 있고, 부모 세대는 대략 짐작할 수 있는 단어들이다. 하지만 우리 아이들은 직접 경험하거나 설명을 듣지 않으면 알기 어렵다. 그렇기에 전래동화를 꾸준히 읽는 것이 더욱 중요하다.

📖 전래동화 속 전통 어휘

부지깽이, 괭이, 호미, 낫, 도롱이, 키, 절구, 공이, 지게, 멍석, 지게미, 돌절구, 돌확, 바늘, 가마솥, 작두, 디딜방아, 방아, 절굿공이, 이엉, 돌칼, 돌도끼, 아궁이, 무쇠솥, 솥뚜껑, 고무신, 옷고름, 동정, 짚신, 도포, 치마저고리, 가마, 상여, 곡소리, 워낭소리, 옹기, 장독, 움막, 흙집, 온돌, 우물, 돼지우리, 외양간, 광, 고팡, 된장독, 김치독, 시렁, 보릿고개, 다듬잇돌, 풀무질, 방앗간, 수숫대, 쌀뒤주, 화전, 간벌, 엿치기, 부뚜막, 대청마루, 다락방, 우렁각시, 노적가리, 들일, 들녘, 둔덕, 골짜기, 오솔길, 울력, 구럭, 구름다리, 고드름, 서리, 이슬, 연못, 물레방아, 새끼줄, 청사초롱, 장승, 솟대, 흙벽, 대들보, 서까래, 기와, 초가지붕, 사립문, 행랑채, 툇마루, 고래, 문갑, 이음새, 벽장, 살창, 비녀, 소반, 교자상, 연지, 곤지, (이하 단위) 말, 되, 홉, 섬, 가마, 줌, 모, 복, 사발, 자, 척, 촌, 리, 보, 간, 장, 평, 마지기, 데기 전래동화에는 그림이 함께 실려 있어 아이들은 초가집이나 기와집 같은 전통 가옥을 자연스럽게 접하게 된다. 또한 아궁이에 장작을 넣고 불을 때면 온돌이 달궈지면서 방에 뜨끈한 '아랫목'과 차가운 '윗목'이 등장하는 장면도 있다.

요즘에는 아궁이를 사용하는 집을 보기 어렵다. 아랫목과 윗목의 개념 역시 아이들에게는 낯설 수 있다. 이때 책을 함께 읽는 부모가 부연 설명을 해주면, 아이들은 내용을 더 생생하게 이해할 수 있다.

현재 교과서는 통합 교과 과정으로 운영되며, 3학년부터 영어 검정 교과서에 전래동화와 명작동화 장면이 포함된다. 이를 통해 아이들은 스토리텔링을 직접 구성해보는 경험을 하게 된다.

3학년 영어 교과서의 한 장면이다. 댕기 머리를 한 두 아이가 나무 위에 올라가 있고, 아래에서 호랑이가 올려다보는 그림이 있다. 이걸 보고 《해와 달이 된 오누이》 이야기를 떠올려야 한다.

제목이 주어지지 않는다. 아이들이 그림만 보고 스토리를 상상하도록 유도한다. 그리고 그 내용을 영어로 표현하는 것이 영어 수업의 한 과정이 된다. 배경지식이 없다면 영어를 잘해도 이야기를 풀어내기란 쉽지 않다.

또한 전래동화에는 교훈적 내용과 다양한 의태어, 의성어, 속담, 관용 표현이 풍부하게 담겨 있다. 과거에는 할머니, 할아버지와의 대화를 통해 자연스럽게 익힐 수 있었던 '귀가 얇다', '발이 넓다', '손이 크다' 같은 관용 표현이 이제는 별도로 학습해야 하는 개념이 되었다. 하지만 전래동화를 읽으면 이러한 표현을 자연스럽게 습득할 수 있다. '이까짓 표현들을 뭘 학습까지 하나?' 하며 경시했다가는 중학교 때 큰코다친다. '손을 내밀다'가 '도움을 준다', '눈을 감다'가 '어떤 일을 모르는 척하다'라는 의미라는 걸 모르는 아이가 태반이다.

전래동화는 고학년으로 올라갈수록 고전소설 학습과 연결된다. 전래동화를 통해 익힌 어휘는 이후 《춘향전》, 《심청전》, 《흥부전》 같은 고전소설로 이어지는데, 중·고등학교 국어 교과 과정에서도 활용된다. 저학년 때부터 전래동화를 꾸준히 접하면, 이후 스토리를 쉽게 이해하고 주요 개념을 파악하는 데 도움 된다.

3-2
우리 역사를 읽는 첫걸음,
삼국유사와 삼국사기

《삼국유사》·《삼국사기》는 유아기부터 읽어줘도 좋을 만큼 흥미롭고 신비로운 이야기가 가득하다. 늦어도 초등 저학년에는 꼭 읽기를 추천한다. 이 시기는 아이들의 상상력과 호기심이 풍부하다. 아이들은 《삼국유사》·《삼국사기》의 신화적 매력에 푹 빠져 마음에 깊은 인상을 남길 수 있다.

《삼국유사》·《삼국사기》는 우리나라 고대 역사와 전설, 그리고 문화적 뿌리를 이해하는 데 훌륭한 시작점이다. 고구려, 백제, 신라의 건국 신화와 영웅들의 이야기는 우리 민족의 역사를 흥미롭게 알려준다. 사람이 알에서 태어난다는 황당한 이야기, 나라를 평안하게 만든 신비로운 피리의 이야기는 아이들의 상상력을 자극하는 데 충분하다.

《솔루토이 삼국사기 삼국유사》,《길트기 삼국유사》같은 전집은 유아기부터 시작해 초등 저학년이 읽기에 적합하다. 권당 글밥이 많지 않아 부모가 마음만 먹으면 한 주 안에 충분히 함께 읽을 수 있다. 초등 3~4학년이라면,《그림으로 보는 삼국유사》도 추천한다.

《삼국유사》·《삼국사기》의 배경지식은 고전문학을 배울 때도 도움 된다. 화랑 죽지랑의 이야기를 알고 있는 아이는 '모죽지랑가'라는 향가를 접할 때, '죽지랑을 사모하는 노래'라는 의미를 쉽게 이해한다. 반면, 배경지식이 없으면, '모∨죽지랑∨가'를 '모죽∨지랑가'라고 제목부터 잘못 읽기도 한다.

또한 처용을 알고 있으면 '처용가'를 배울 때, 그 배경과 상징을 쉽게 이해하며 고전문학을 더 깊이 있게 받아들일 수 있다. 이러한 배경지식은 중·고등학교에서 배우는 문학의 이해를 돕고, 학습의 흥미를 높여준다.

《삼국유사》·《삼국사기》는 흥미로운 역사적 서사를 담고 있으며, 역사 문해력을 키우는 데도 중요한 역할을 한다. 역사 문해력은 역사적 맥락과 문화적 의미를 이해하는 능력이다.《삼국유사》·《삼국사기》를 통해 아이들은 우리나라의 과거를 배우며, 역사적 사고력을 키울 수 있다.

그뿐만 아니라, 이 책들에는 역사적 사건 기록 외에 오늘날에도 적용할 만한 교훈과 가치가 있다. 가족의 사랑과 희생, 지혜와 용기, 공동체의 중요성과 같은 이야기들은 아이들이 올바른 가치관을 형성하는 데 도움을 준다.

《삼국유사》·《삼국사기》는 전설 속의 옛날이야기 이상으로 아이들에게 우리 민족의 이야기를 들려주는 일이며, 자연스럽게 역사와 문화를 이해하는 첫걸음이 되게 한다. 이 책들을 사회과 지식으로 접하는 것은 너무 늦다. 아이들이 어릴 때부터 우리 역사 속 이야기들을 친숙하게 경험하도록 도와주자.

초등 중학년:
100쪽짜리 책을 넘어라

2024년부터 우리나라에서는 '책임교육학년제'가 시행되고 있다. 여기서 '책임교육학년'은 초등학교 3학년과 중학교 1학년을 의미한다. 초등 3학년과 중등 1학년을 책임 학년으로 지정한 이유는 이 시기가 학습과 성장에 중요한 전환점이 되기 때문이다.

초등 3학년은 읽기, 쓰기, 셈하기를 기반으로 본격적인 교과 학습이 시작되는 단계다. 저학년 때 통합교과로 배우던 국어, 수학, '바슬즐(바른 생활, 슬기로운 생활, 즐거운 생활)'이 사회, 과학, 영어 등으로 세분화된다. 이 시기에 기초 학력을 탄탄하게 다지지 않으면 학습 격차가 벌어질 가능성이 크다. 이를 막기 위해 책임 학년제에서는 언어, 수리, 디지털 과목을 집중적으로 교육하는 것이 핵심이다.

'책임교육학년'이라는 개념이 적용되는 초등 3학년 시기, 부모의 마음도 변화한다. 아이들이 스스로 놀이를 찾고, 놀이터에서 부모의 도움 없이 시간을 보낼 만큼 성장했음을 느낀다. 독서도 마찬가지다. 아이가 글밥이 많은 책을 읽는 듯 보이면서도, 실제로 어느 정도 이해하고 있는지는 확신하기 어렵다.

부모들은 '이제 읽어줄 만큼 읽어줬다'고 생각하며 잠자리 독서를 졸업하고 싶어질지도 모른다. 하지만 아직 그럴 때가 아니다. 아이가 "엄마, 저리 가" 하며 밀어낼 때까지, 부모는 곁에서 한 권이라도 더 읽어주는 것이 중요하다. 부모의 독서 습관이 아이의 학습 태도와 직접 연결되는 시기이기 때문이다.

초등 3학년, 음독(소리 내어 읽기)을 멈추면 안 돼

초등 1~2학년 때는 학교에서 기초 한글 학습과 받아쓰기를 배우며, 아이들이 비교적 자연스럽게 소리 내어 읽기를 한다. 하지만 3학년이 되면, 읽기 유창성과 관계없이 소리 내어 읽기를 거부하는 경우가 많아진다.

글을 제대로 이해하는 아이들은 문장을 자연스럽게 끊어 읽는다. 반면, 의미를 정확히 파악하지 못하는 경우 문장을 엉뚱한 곳에서 끊거나, 문맥을 고려하지 않고 기계적으로 읽는다. 글이 길어질수록 조바심이 나서 눈으로만 대충 훑고는 "다 읽었다"고 하는 경우도 생긴다.

그러나 소리 내어 읽으면 눈과 목소리가 함께 움직이며 텍스트를 따라가고, 이 과정을 통해 이해의 순환이 이루어진다. 반대로 묵독 (눈으로만 읽기)을 하면 텍스트가 머릿속을 스쳐 지나가면서 제대로 이해되지 않을 가능성이 크다. 눈의 속도가 사고의 속도와 일치하지 않는다. 읽었다는 착각에 빠진다. 착각 독서다.

어른들도 글이 잘 이해되지 않을 때 소리 내어 읽어보라고 조언한다. 소리 내어 읽기는 부끄러운 일이 아니라, 내용을 깊이 이해하기 위한 중요한 훈련이다. 물론 묵독이 필요한 시점도 있지만, 3학년은 아직 음독을 놓을 때가 아니다. 책을 읽을 때 한두 페이지 정도는 반드시 소리 내어 읽도록 습관을 들여주자. 아이의 읽기 능력과 이해력을 반드시 키워준다.

3~4학년 독서 로드맵

3학년이 되면 아이들은 본격적으로 100쪽이 넘는 중편 동화에 도전하게 된다. 100쪽을 읽어내는 경험이 있느냐 없느냐가 이 시기의 가장 중요한 과제다. 학교에서는 모든 아이에게 100쪽짜리 책을 읽는 훈련을 시킬 수 없다. 이 역할은 가정에서 담당해야 한다.

지금 아이가 100쪽이 넘는 책을 읽는다고 해서 자만할 필요는 없고, 반대로 조금 늦다고 해서 조급해할 필요도 없다. 아이가 긴 글을 읽고 소화하는 힘이 부족하다면, 독서량이 충분하지 않은 것이다.

그럴 때는 부모가 함께 읽어주는 것이 답이다. 아이 옆에서 책을 함께 읽으며 100쪽 이상의 독서를 경험하게 해야 한다.

100쪽을 읽어내는 힘이 생기면 200쪽, 300쪽 이상의 책도 자연스럽게 도전할 수 있다. 이 시점에서는 비문학, 역사, 세계 명작 고전 등의 징검다리 도서를 차근히 도입해야 한다. 초등 중학년 시기는 그림의 비중이 줄고 텍스트가 많아지는 독서 전환기다. 페이지마다 화려했던 그림이 사라지고, 본격적으로 글 중심의 책을 만나게 된다. 이 과정에서 아이들은 심리적인 부담을 느낄 수 있다. 따라서 그림 없이 글만으로도 재미를 느끼고, 글 속에서 상상의 여지를 발견하는 경험이 필요하다.

3학년 겨울방학까지는 긴 글을 통독하는 연습을 꾸준히 해야 한다. 이 과정이 상위권 학습으로 가는 발판이 된다. 독서가 학업 성취도와 깊이 연결되어 있기 때문이다. 독서의 영향력을 승마에 비유하면, 문해력이 탄탄한 아이는 고등학교에 가서도 능숙한 기수처럼 말 위에서 자유롭다. 풍경을 감상하며 달릴 여유가 있다. 반면 문해력이 부족한 아이는 말에서 떨어지지 않으려 안간힘을 쓰기에 바쁘다. 쉽게 읽느냐, 글자를 해독하느라 버둥거리느냐는 결국 초등 시기의 독서 습관에서 갈린다.

4학년 겨울방학 무렵이 되면, 독서 습관이 잘 형성된 아이들은 300쪽 이상의 장편 동화도 읽을 수 있다. 책이 두꺼워질수록 아이는 '이렇게 긴 책도 읽을 수 있다'는 성취감을 느끼게 된다. 부모는 이를 독려하며 아이가 흥미로워하는 장르를 중심으로 글밥을 점차 늘려

가는 것이 중요하다.

속담, 관용어, 사자성어 학습

초등 중학년에는 속담, 관용어, 사자성어 초등 필수 어휘 3종 세트 학습을 슬슬 시작한다. 스며들듯 익히면 쉬운데, 공부로 하려면 어렵다. 그래서 단계별 '초등 필수 어휘 3종 세트'를 강조하고 있다. 이 표현들을 제대로 이해하면 문학의 문맥은 쉽게 파악할 수 있다. 속뜻을 모르면 글이 어렵게 느껴진다. 관련 도서나 학습 자료를 활용할 때, 문제를 푸는 것보다는 예문을 충분히 읽고 활용하자.

속담과 관용어는 다음과 같이 직접 문장으로 만들어보는 게 가장 좋다.

'윗물이 맑으면 아랫물이 맑다더니, 형이 잘하니까 동생도 덩달아 잘하네.'

'천 리 길도 한 걸음부터라잖아. 처음부터 잘할 순 없으니 차근차근 시작하자.'

'할머니가 피땀 흘려 농사지어 보내주신 콩이니 감사하게 먹자.'

'우리 아들 발도 넓네. 놀이터마다 모르는 사람이 없구나.'

'이야기가 너무 웃겨서 모두 박장대소했어.'

'이 책만 읽으면 똑똑해지고 용돈도 받고, 일석이조잖아.'

사회 · 과학 지식책 읽기의 중요성

흥미와 관계없이 사회·과학 지식책도 읽어야 한다. 이야기책만 많이 읽는다고 문해력이 전반적으로 향상되는 것은 아니다. 각 교과에서 요구하는 어휘력은 해당 분야의 독서를 통해 길러진다. 따라서 특정 장르에 치우치지 않고, 다양한 분야의 책을 접하는 것이 중요하다.

아이마다 독서 수준은 다르다. 3학년 때 100쪽을 읽으면 이상적이지만, 절대적인 기준이 될 수는 없다. 시간이 걸리더라도 초등학교 졸업 전까지 최소 150쪽 이상의 책을 꾸준히 읽을 수 있도록 목표를 조정하며 독서를 이어가야 한다. 아이의 독서 수준을 꾸준히 살피는 것이 중요하다. 결국, 교과서를 읽어내는 힘도 독서에서 비롯된다.

추천 도서

- **《좋은책 어린이 저학년 문고》 시리즈**
  입학 준비용으로 많이 구매하지만, 2학년 후반에서 3학년 초반쯤 되어야 읽기에 적절하다. 책 읽기는 즐거워야 지속성을 가질 수 있다.

- **《문해당당》**
  고전 명작을 통해 문해력을 기를 수 있도록 각 작품의 주제를 질문으로써 그 핵심을 찾아가도록 구성했다. 저학년에 오디오북으로 접했다면, 이제는 스스로 읽을 시기다. 특히 《잃어버린 세계》, 《로숨의 유니버설 로봇》, 《타임머신》, 《플랫랜드》, 《허풍선이 남작의 모험》은 주제에서 현대사회의 이슈를 연결할 수 있고, 내용도 무척 흥미롭다.

- 《초등학생을 위한 세계 명작》 시리즈

  일본 만화 같은 겉표지에 속지만, 원작을 일본에서 편역하고 다시 번역한 작품이다. 번역 수준이 독해력에 큰 영향을 줄 정도는 아니며, 다양한 작품을 접할 수 있어서 세계 명작에 대한 마중물 역할을 한다.

- 《몽실 언니》

  전쟁과 가난 속에서도 동생들을 돌보며 삶을 개척하는 몽실의 이야기가 세대를 뛰어넘어 감동과 희망을 전한다.

- 《오세암》

  시처럼 아름다운 운율이 느껴지는 동화로, 깊은 산속 옹달샘 같은 정서를 담고 있다.

- 《마당을 나온 암탉》

  애니메이션으로 더욱 유명해진 작품으로, 아이들은 재미있게 읽고 부모는 감동을 느끼게 된다.

- 《배추흰나비 알 100개는 어디로 갔을까?》

  배추흰나비의 한살이를 통해 생태계의 원리를 입체적으로 이해하도록 돕는다.

- 《초등 필수 백과》

  부담 없이 읽으며 지식을 쌓을 수 있는 책으로, 흥미로운 정보들이 책장을 계속 넘기게 만든다.

- 《그림으로 보는 한국사》

  한국사를 처음 배우는 초등학생들을 위한 역사 입문서이다.

4-1
위인전 읽기, 아이들의 자기계발서

위인전은 유치원과 초등 저학년 때부터 읽는 장르다. 그전에 위
인전을 접하지 않았다면, 늦어도 초등 3학년 시기에는 반드시 읽어
야 한다. 왜 위인선을 읽어야 할까?

어른들은 스스로의 습관을 바꾸고 싶을 때, 더 나은 사람들의 노
하우를 배우기 위해 자기계발서를 읽는다. 아이들도 마찬가지다. 초
등 3~4학년 시기는 호기심과 역할 모델에 대한 동경이 한창 피어나
는 시기다. 이때 아이들은 누군가를 멋지다고 느끼고, "나도 저렇게
되고 싶다"며 꿈꾸기 시작한다. 위인전은 바로 이 시기에 적합한 책
이다. 위인들의 삶을 읽으며 아이들은 마음속에 반짝이는 동경의 씨
앗을 심고, 꿈의 방향을 잡아간다. 쉽게 말해, 위인전은 아이들의 마
음에 '나도 할 수 있어!'라는 엔진을 장착하는 책이다.

그렇지만 아이들이 스스로 위인전을 꺼내 읽기는 쉽지 않다. 요
즘 아이들이 선호하는 책들은 보통 흥미 위주의 만화책이나 자신이

176

좋아하는 과학, 사회, 역사 관련 책들이다. 따라서 부모가 적극적으로 권해야 하지만, 단순히 "읽어라"라고만 하고 방치해서는 안 된다. 함께 읽고 이야기 나누는 과정이 중요하다.

위인전과 인물전

위인전은 역사적으로 큰 업적을 남긴 인물들의 삶을 다룬다. 세종대왕이나 간디처럼 긍정적인 면을 강조하며, 아이들에게 "나도 저 사람처럼 되고 싶다!"는 동기를 부여한다. 그러나 때때로 지나치게 완벽하게 묘사되어 현실감이 떨어질 수 있다.

반면, 인물전은 성공뿐만 아니라 실패와 단점까지 조명하며 좀 더 현실적인 시각을 제공한다. 예를 들어, 스티브 잡스의 인물전은 그의 천재성과 함께 성격적 결함과 갈등까지 다뤄 아이들이 '저 사람도 실수하면서 배웠구나' 하고 깨닫게 만든다.

두 책 모두 아이들에게 중요한 가치를 전달한다. 위인전은 목표와 도전을, 인물전은 성장과 배움을 강조한다. 특히 인물전에서는 인물의 갈등과 인간적인 한계를 좀 더 깊이 들여다볼 수 있다. 이를 통해 아이들은 노력과 실패의 의미를 이해하고, 현실적인 교훈을 얻으며 자신만의 길을 찾아가는 힘을 기르게 된다.

위인전을 읽는 적기와 방법

위인전을 읽기 좋은 시기는 유치원부터 초등학교 3학년 즈음이다. 초등학교 5학년 때 한국사를 배우기 시작하는데, 역사는 결국 사람들의 이야기이기 때문에 인물에 대한 기본 정보가 있어야 흐름을 이해하기 쉽다.

유치원, 초등 저학년 때는 '과거의 시점'을 이해하는 능력이 부족하다. 어제, 오늘, 내일도 헷갈려하는 시기이므로 역사적 사건을 연대순으로 이해하기 어렵다. 따라서 이 시기에는 위인의 주요 업적 중심으로 접근하는 것이 효과적이다. 키워드로 한다면, 세종대왕은 훈민정음, 이순신 장군은 거북선만 연결할 줄 알아도 훌륭하다.

3학년부터는 시대적 배경과 함께 설명하면 아이들이 더 잘 이해할 수 있다. "임진왜란이 조선 시대에 일어났어. 그때 일본이 쳐들어왔는데 이순신 장군이 나라를 지켰지"처럼 확장하면, 인물이 역사적 사건과 자연스럽게 연결된다. 위인전은 역사를 스토리로 즐기게 만드는 첫 단추다.

또한 위인전을 통해 아이들은 도전정신과 책임감을 배운다. 초등학교 4학년 2학기 국어 교과서에는 '본받고 싶은 인물을 찾아봐요', 6학년 1학기 국어 교과서에는 '인물의 삶을 찾아서'라는 단원이 있다. 아이들은 다양한 인물들의 삶을 탐구하고 가치관을 배우는 활동을 한다. 위인들의 삶은 결코 성공의 연속이 아니라는 점, 실패를 극복하는 과정에서 배울 점이 더 많다는 걸 깨달으면 된다.

어떻게 읽으면 좋을까?

1 주말 루틴으로 만들기

일주일에 한 권씩, 부모와 아이가 함께 읽는 시간을 정해보자. 아이가 스스로 읽기 힘들다면 부모가 읽어주는 것도 좋은 방법이다. 글밥이 적은 그림책 위인전부터 시작해서 점차 긴 텍스트로 넘어가면 부담을 줄일 수 있다.

2 연계 독서 활용하기

위인전에는 보통 부록으로 관련 지식이 제공된다. 이를 활용하면 인물의 일대기를 입체적으로 이해할 수 있다. 예를 들어, 이순신의 생애를 알고 나면 《난중일기》가 더 의미 있게 다가오고, 김구를 알면 《백범일지》의 역사관을 깊이 이해할 수 있다. 한용운을 읽고 〈님의 침묵〉, 윤동주를 읽고 〈서시〉와 〈별 헤는 밤〉을 낭독해보는 것도 좋은 경험이 된다.

부모도 아이와 함께 위인전을 읽으며 새로운 영감을 발견하는 시간을 가져보자. 1년에 50권을 읽는다고 해서 모든 인물이 아이에게 영향을 줄 필요는 없다. 단 한 명이라도 아이의 가슴을 뛰게 한다면, 그걸로 충분하다.

위인전과 인물전은 출판사마다 강조하는 가치와 서술 방식이 다르다. 같은 인물이라도 다양한 출판사의 책을 읽으면 더 깊이 있는 독서를 할 수 있다. 도서관에서 다양한 전집을 살펴보고, 아이가 흥미를 가지는 인물부터 시작하는 것이 좋다.

추천 도서

- 《솔루토이 위인전, 인물전》
- 《꿈담 인물 그림책》
- 《인물 세미나》
- 《쫑알이 위인》

4-2
삼국지, 재미있게 읽는 법

'삼국지를 세 번 이상 읽은 사람과는 상대하지 말라.'

이는 《삼국지》가 얼마나 깊이 있고, 사고력을 키우는 책인지 보여준다. 《삼국지》는 고전 중에서도 최고 반열에 오른 작품이다. 역사적, 문화적 가치를 담고 있으며, 아이들에게 평생 잊히지 않을 귀한 자산이 된다.

그러나《삼국지》를 접해보지 않은 부모들은 방대한 분량과 복잡한 인물 관계 때문에 아이들에게 너무 어렵지 않을까 걱정한다. 맞다. 어렵고 복잡하다. 하지만《삼국지》가 고전으로 자리 잡은 데는 이유가 있다. 시대를 넘어 끊임없이 재해석되며, 아이부터 어른까지 즐길 수 있도록 다양한 버전으로 출판된다. 접근 방식을 조금만 바꾸면, 아이들에게도 충분히 재미있고 흥미로운 책이 된다. 이 기회에 부모와 아이가 함께 읽어도 좋다.

초등학교 3~4학년이면《삼국지》를 접하기에 적당하다. 이 시기 아이들은 이야기에 몰입하고 영웅 서사에 매료되기 쉽다.《삼국지》는 한 번 빠지면 헤어나기 어렵다고 한다. 매력적인 영웅과 깊이 있는 전략이 어우러진 이야기는 상상력과 사고력을 자극한다.《삼국지》속 인물을 따라가며 자연스럽게 고사성어와 역사적 배경을 익히게 된다.

다만, 아이마다 취향과 속도가 다르다.《삼국지》에 관심을 보이지 않는다고 조급해할 필요는 없다. 학습만화이든 줄글이든,《삼국지》의 매력에 빠지는 경험 자체가 중요하다. 모든 아이가 이 이야기를 좋아할 필요는 없다. 씨앗을 심듯 이야기를 들려주면 된다. 싹이 트는 데는 시간이 걸린다. 느긋하게 기다리자. 나도《삼국지》는 고등학생 때 처음 읽었다.《삼국지》에서 가장 유명한 고사 두 개를 보자.

첫째, '도원결의(桃園結義)'다. 유비, 관우, 장비가 복숭아나무 아래에서 의형제를 맺고 나라를 구하기로 맹세한 장면이다. 우정과 의리를 상징하는 이 이야기는 협력과 팀워크의 가치를 가르친다. 아이들은 친구들과 놀이할 때도 서로를 존중하고 협력해야 한다는 교훈을 얻을 수 있다.

둘째, '삼고초려(三顧草廬)'다. 유비가 제갈공명을 모시기 위해 그의 초가집을 세 번이나 찾아가는 이야기다. 인재를 존중하고 목표를 이루기 위해 끈기 있게 노력해야 한다는 메시지를 전한다. 아이들은 이 이야기를 통해 인내심과 더불어 사람을 존중하는 리더십을 배울 수 있다.

《삼국지》속 고사성어는 생생하다. 이야기를 통해 자연스럽게 체득되며, 교과서에서 배우는 내용과도 연결된다. 배경지식이 풍부할수록 학습은 더 흥미로워지고, 자신감도 생긴다.

이를테면《삼국지》속 '도원'이라는 단어는 동양에서 이상향을 뜻한다. 조선 시대 화가 안견의 '몽유도원도' 제복에도 등장한다.《삼국지》에서 배운 '도원'이라는 개념이 역사와 예술로 확장된다. 고전은 이런 연결고리가 많다. 꼬리에 꼬리를 무는 상식이 풍부해진다.

《삼국지》를 쉽게 접하게 하는 방법

아이에게《삼국지》를 읽힌다고 글씨가 빽빽한 열 권짜리 책을 내밀 수는 없다.《삼국지》가 길고 복잡하다는 사실은 부모만 알면 된다. 아이에게는 미끼만 던지면 된다. 미끼를 물고 긴 이야기 속으로 들어갈지, 미끼만 먹고 도망칠지는 아이에게 달렸다. 이제 미끼를 공개한다.

1 애니메이션〈삼국지 최강무장전 삼국연의〉 활용

EBS에서 방영된 52부작 애니메이션〈삼국지 최강무장전 삼국연의〉는《삼국지》의 주요 내용을 흥미롭게 담아냈다. 전투 장면과 영웅들의 서사가 생생하게 그려져 있어, 이야기에 빠져들기에 좋은 작품이다. 현재 EBS에서는 방영이 종료되었지만, 유튜브에서 영상을 찾아볼 수 있다.

이 애니메이션은 무협 만화 같은 거칠고 투박한 그림이 특징이다. 남성적인 느낌이 강하게 드러난다.《삼국지》이야기를 이미 알고 있는 아이들은 더욱 몰입하게 되고, 처음 접하는 아이들도 중국이라는 낯선 배경에 흥미를 느낄 수 있다.

처음에는 영웅들의 화려한 등장과 의형제 장면이 눈길을 끈다. 이후 이야기가 깊어지면서 전투 전략과 인물 간 갈등에 매료된다. 애니메이션은《삼국지》의 방대한 내용을 쉽게 접할 수 있는 좋은 출발점이다.《삼국지》의 매력을 조금이라도 느끼게 되면, 이후 책을 읽을 때 배경지식이 큰 도움이 된다.《삼국지》는 한 번 빠지면 쉽게 벗어나기 어렵다는 말을 실감하게 될 것이다.

2 연령별 맞춤형 책 선택

《삼국지》를 권할 때는 아이의 연령과 독서 수준에 맞는 버전을 선택하는 것이 중요하다. 다행히《삼국지》는 다양한 버전으로 출간되어 있어, 부담 없이 재미있게 접할 수 있다.

아이가 학습만화 형식의《삼국지》를 이미 읽었다면, 원작과 어떻게 다른지 함께 살펴보는 것도 좋은 방법이다. 만화는 흥미를 끄는 데 적합하지만, 이야기의 본질이 간소화되거나 변형되기도 한다. 대부분의 학습만화는 책 뒷부분에 원작과 차이점이나 관련 정보를 추가로 실어놓는다. 아이와 함께 이 부분을 읽으며 이야기를 보완하면 《삼국지》에 대한 이해가 더 깊어진다.

《삼국지》의 진정한 매력을 느끼려면 결국 원작에 가까운 버전으로 점차 확장하는 과정이 필요하다. 처음에는 쉽고 재미있는 버전으로 시작하되, 점진적으로 원작에 가까운 책을 접할 기회를 마련해주자. 마중물을 부었으면 콸콸 쏟아지는 《삼국지》의 진짜 매력에 흠뻑 빠져봐야 하지 않겠나.

추천 도서

- **《열 살, 삼국지를 만나다》**

  초등 3~4학년 이하를 위한 동화책이다. 《삼국지》의 핵심 요소를 동화 속에 녹여 등장인물과 주요 사건을 자연스럽게 접하도록 구성했다. 아이들이 《삼국지》라는 고전에 흥미를 느끼게 하는 데 좋은 입문서다.

- **《교원 소설 삼국지》**

  초등 고학년과 중학생을 위한 24권짜리 전집이다. 《삼국지》를 좀 더 쉽게 접할 수 있도록 구성되어 있다. 권 수는 많지만 각 권의 내용이 비교적 짧아 부담 없이 읽을 수 있다. 삽화와 일러스트가 풍부해 이야기를 쉽게 이해할 수 있는 것도 장점이다. 특히, 《삼국지》의 역사 유적지 탐방 사진으로만 구성된 별책은 오랫동안 독자들 사이에서 인기다. 《삼국지》 속 이야기와 실제 역사의 연결을 생생하게 경험할 수 있다. 본격적으로 《삼국지》를 읽기 시작하려는 아이들에게 추천한다.

• 《고정욱의 삼국지》

고정욱 작가가 초등 고학년과 청소년을 위해 원작의 방대한 내용을 쉽고 간결하게 재구성했다. 장황한 부분은 생략하고 중요한 사건과 인물에 초점을 맞췄다. 《삼국지》를 처음 접하는 아이들도 부담 없이 읽을 수 있다. 책 중간마다 등장하는 '고 박사님의 여기서 잠깐' 코너는 《삼국지》 속 배경지식을 쉽게 설명해준다. 간략한 중국 지도도 포함되어 있어 공간적 이해를 돕는다.

내 경우, 초등생 아들의 겨울방학 미션북으로 이 책을 선택했다. 학습만화 《글로벌 만화 삼국지》를 좋아하는 아이가 줄글 삼국지로 넘어가는 데 적합하다고 판단했다. 주석이 친절하게 달려 있어 어려운 어휘와 개념을 쉽게 이해할 수 있고, 두께 덕분에 완독했을 때 성취감도 크다. 읽는 과정을 따뜻하게 응원해주자.

• 《설민석의 삼국지》 1, 2

초등 고학년부터 《삼국지》 입문 독자에게 적합하다. 방대한 《삼국지》 이야기를 현대적인 감각으로 쉽게 풀어냈다. 주요 사건과 인물들을 간결하게 정리해 입문자들이 부담 없이 읽을 수 있도록 구성했다. 장마다 등장인물 소개, 관계도, 전투 상황을 시각적으로 표현한 지도가 포함되어 있어 이해를 돕는다. 다만, 원작의 깊이와 복잡성을 축약한 만큼 심층적인 내용까지 담지는 않았다. 원작의 무게감보다는 쉽게 다가갈 수 있는 입문서를 찾는 독자에게 추천한다.

3 가족 독서 활동

《삼국지》는 아이들과의 대화가 줄어드는 시점에 가족 독서 활동을 시작하는 좋은 계기가 된다. 어른들에게도 쉽지 않은 《삼국지》를 함께 읽으며 부모 역시 도전과 성장을 경험할 수 있다. 꼭 완역본을 읽어야 한다는 부담을 가질 필요는 없다. 중요한 것은 아이와 같은 책을 읽고 이야기를 나누는 것이다.

《삼국지》에 빠져본 부모라면 아이에게 도전의식을 심어주는 것도 좋은 방법이다. "아빠도 예전에 삼국지 좋아했어. 이문열(또는 황석영, 요시카와 에이지 등) 삼국지를 읽으면 또 다른 재미가 있을 거야" 하며 독서의 확장을 유도한다. 안 넘어와도 본전치기다.

《삼국지》는 가족이 함께 나눌 이야기가 무궁무진하다. 인물이나 사자성어를 맞추는 퀴즈를 내거나 무료 삼국지 퀴즈 앱을 활용해도 좋다. 독후 활동으로도 활용할 수 있다.

"만약 내가 조조라면 어떻게 했을까?" 같은 상상 게임이다. 아이들은 《삼국지》 속 인물을 더 깊이 이해하고, 부모와 함께 고민하며 소통하는 기회를 얻게 된다. "유비는 왜 관우, 장비와 도원결의를 맺었을까?" 같은 질문도 좋다. 역사적 배경을 탐구하며 교과 지식과 연결할 수도 있다.

《삼국지》에 빠진 아이들은 역할 놀이에도 몰입한다. 박스로 청룡언월도, 장팔사모 같은 무기를 만들어 놀기도 한다. "너는 유비, 나는 관우" 하며 형제애를 다지는 모습이 미소를 짓게 만든다.

특히 제갈공명을 좋아하는 큰아이는 가끔 달무리 진 하늘을 보며

"하늘을 보아하니 내일은 비가 올 거예요" 하며 공명 흉내를 내곤 한다. 그럴 때면 "우리 집엔 천문을 보는 아들이 있어서 일기예보가 필요 없네"라고 장난스럽게 받아친다.

《삼국지》는 한 번 읽고 끝내는 책이 아니다. 제갈공명의 지략, 조조의 결단력, 유비의 인내심을 보며 다양한 문제해결 방식을 배울 수도 있다. 방대한 서사와 복잡한 인물 관계는 여러 번 되새기며 배울수록 가치가 커진다. 《삼국지》를 읽으며 아이들과 대화하는 시간이 늘어나고, 그 과정에서 문해력과 사고력이 자라는 것을 체감할 수 있다. 도원결의, 삼고초려, 칠종칠금 같은 고사성어를 이해하며 어휘력과 배경지식이 쌓인다. 또한 《삼국지》는 중국 역사와 문화를 배우는 좋은 통로다. "왜 그때는 나라 간에 연합과 배신을 반복했을까?" 같은 질문을 던져보자. 과거와 현재를 연결해 사고하는 힘을 기를 수 있다. 아이가 "역시 배신은 나쁜 거야!"라고 결론 내린다면, "그럼 조조 입장에서 생각해볼래?"라고 되물어보자. 생각의 깊이를 더할 수 있다.

《삼국지》를 읽으면서 대화하고, 대화 속에서 웃음과 배움이 자연스럽게 따라온다. 정말로 '삼국지를 세 번 이상 읽은 사람과는 상대하지 말라'라는 말이 괜히 나온 것이 아니다. 삼국지를 통해 나눌 수 있는 대화와 상상의 폭은 생각보다 훨씬 넓다.

4-3

그리스·로마 신화, 왜 읽어야 할까?

《삼국지》와 함께 초등 3, 4학년 독서 문해력을 높일 책으로 단연 그리스·로마 신화를 권한다. 《삼국지》가 동양적 가치와 복잡한 인간관계를 탐구하도록 돕는다면, 그리스·로마 신화는 서양 문화의 뿌리를 익히고 상상력을 자극하며 사고력을 키우는 데 좋다.

요즘 아이들은 학습만화나 쉽게 각색된《그리스 로마 신화》시리즈를 많이 본다. 접근하기 쉽지만, 가능하면 줄글 그림책을 추천한다. 신들의 관계가 복잡해 보이지만, 책 뒷편에 실린 신 계보와 주요 신 설명을 보며 이야기를 정리할 수 있다. 부모도 함께 보며 신화 속 흐름을 탐색해보자.

같은 신을 그리스식과 로마식으로 다르게 부르는 경우를 비교하면 읽는 재미가 커진다. 예를 들어, 제우스는 로마에서 유피테르, 헤라는 유노로 불린다. 문화권에 따라 신의 이름과 상징이 달라진다는 점을 알면 이해의 폭이 넓어진다.

그리스·로마 신화는 지구과학과도 연결된다. 태양계 행성의 이름은 신화에서 유래한 것이 많다. 목성(Jupiter)과 그 위성인 이오, 유로파, 가니메데, 칼리스토 역시 제우스와 관련된 인물들의 이름에서 따왔다. 신화는 고대인들이 자연을 이해하는 방식이었고, 오늘날에도 천문학과 지질학에 많은 영향을 주고 있다. 한 번쯤 들어본 인물이 많을수록 지구과학 영역도 막연하게 느끼지 않는다.

신화를 다룬 강의 영상이나 애니메이션도 쉽게 찾을 수 있다. 아이와 영상을 본 뒤 줄글 책을 함께 읽어보자. 영상은 정보를 빠르게 전달하지만, 책은 상상하고 사고하는 힘을 길러준다. "이 장면이 글에서는 이렇게 표현되었구나!"하며 연결해보면 문해력도 함께 자란다.

그리스·로마 신화의 매력은 이야기가 흥미로울 뿐 아니라 아이의 시야를 넓혀준다는 점이다. 신과 영웅 이야기는 서양 미술, 철학, 고전문학, 지구과학에도 영향을 끼쳤다. 루브르 박물관의 밀로의 비너스는 사랑과 미를 상징하는 아프로디테를 형상화한 작품이다. 르네상스 시대 화가들도 신화 속 장면을 즐겨 그렸다. "왜 제우스가 독수리로 변했을까?"같은 질문을 던지며 상징을 이해하면, 예술과 문화도 더욱 깊이 있게 볼 수 있다.

철학과 문학에서도 신화적 모티브가 활발히 녹아 있다. 플라톤과 아리스토텔레스는 신화를 활용해 철학을 전개했으며, 셰익스피어의 희곡에서도 신화적 요소가 자주 등장한다. 신화는 오늘날까지도 다양한 분야에 영감을 주는 원천이다. 윤동주의 시 〈간〉에도 신화 속 프로메테우스의 모티브가 차용되었다.

아이들이 한창 빠져 읽을 땐, 아이가 부모보다 훨씬 더 많은 내용을 알고 설명한다. 굳이 가르치려 하지 않아도 된다. 아이가 말하는 이야기에 호응하고 경청하면 그 자체가 큰 동기부여가 된다.

그리스·로마 신화의 모든 것을 한꺼번에 다 읽어야 할 필요는 없다. 유아기부터 짧은 이야기로 조금씩 접해도 좋고, 초등 중학년쯤 권해도 무리가 없다. 억지로 강요하지 않아도 엄마가 도서관에서 빌려와 흥미롭게 읽는 모습을 보여주면 아이는 자연스럽게 관심을 갖는다. 초등 고학년에 읽으면 세계사적 배경과 상징을 폭넓게 이해하는 계기가 된다.

초등 고학년:
이제는 진짜 독서를 시작할 때

초등 5~6학년이 되면 학습과 독서의 경계가 흐려지기 시작한다. 중학교 준비에 대한 압박이 커지면서 벌써 독서가 학습의 연장선처럼 여겨진다. 이 시기 아이들은 기본적인 학습 태도는 자리 잡은 상태다. 그동안 이야기책을 주로 읽어왔다면, 이제는 비문학 지식책도 읽어야 하고, 현대소설, 현대시, 고전문학에도 관심을 가질 시기다.

이야기책 vs. 지식책

책은 크게 이야기책(문학)과 지식책(비문학)으로 나눌 수 있다.

이야기책은 상상력을 자극하고 감정을 풍부하게 만든다. 소설이나 동화는 서사와 등장인물을 중심으로 전개되며, 읽는 동안 머릿속에 장면을 떠올리고 창의력을 키운다. 등장인물의 감정과 갈등을 따라가며 공감 능력과 사회성도 자연스럽게 확장된다.

문학에는 비유나 은유 같은 다양한 표현이 많아 언어적 감각을 키우는 데도 도움 된다. 무엇보다 재미있게 읽을 수 있어 독서 습관 형성에 적합하다. 그러나 학습으로서의 문학에는 효과적인 읽기 방법이 있다. 작품에 따라 한 글자씩 의미를 곱씹어야 할 때가 있고, 전체 흐름을 중시해야 할 때도 있다. 작가의 삶과 시대적 상황을 고려하며 감상하는 방식도 필요하다. 이러한 다양한 읽기 방법은 국어 교육 과정에서도 강조되는 부분이다.

반면, 지식책은 과학, 사회, 역사, 기술 등 다양한 주제를 다루며 비판적 사고력과 논리적 사고력을 길러준다. 실생활에 직접 활용할 수 있는 유용한 내용을 담고 있어 학습과 밀접한 연관이 있다.

특히 2028학년도 대학수학능력시험 개편안에서는 통합사회·통합과학이 새롭게 도입된다. 사회와 과학을 융합적으로 다루고 사고력을 평가하려는 취지다. 자연히 초등부터 사회·과학 독서에 대한 관심이 높아진다. 대입 준비뿐 아니라, 미래 사회에서 요구하는 논리적이고 융합적인 사고력을 기르는 데도 필수적이다.

사회·과학 영역의 비문학을 읽을 때는 핵심 어휘의 개념을 정확히 이해하는 것이 중요하다. 특히 사전을 활용해 단어의 뜻을 찾아보는 습관이 문해력 향상에 큰 도움이 된다. 종이 사전을 추천하지만, 네이버 사전을 활용해도 좋다.

사전을 찾으면 오류 없이 정확한 문장을 접할 수 있고, 다양한 단어의 뜻과 활용법을 자연스럽게 익힐 수 있다. 요즘에는 검색한 단어와 함께 동음이의어나 유의어도 제공되어 더 깊이 있는 탐구가 가능하다. 이렇게 학습하면 비문학 독해력이 탄탄해진다.

이 두 갈래의 책은 각기 다른 목적과 역할을 가진다. 이야기책은 감정과 상상력을 풍부하게 하고, 지식책은 사고력과 논리를 키운다. 두 영역의 균형이 중요하다. 각 과목에서 요구하는 어휘와 문해력의 차이가 있기 때문이다. 특히 초등 고학년 시기에는 비문학 독서의 비중을 절반 수준까지 끌어올려야 한다. 그래야 방대한 사회·과학 영역을 이해하고 다룰 힘이 길러진다.

5~6학년 독서 로드맵

초등 고학년이 되면 아이들은 300페이지 이상의 책에도 도전한다. 독서 습관을 꾸준히 유지해야 하며, 성인 문학에도 진입할 수 있는 시기다. 중등을 대비해 독해 문제집을 활용하며 독해 스킬을 키우고, 문단의 핵심 문장을 찾는 연습도 필요하다. 아래 초등 고학년의 독서 방향을 제시한다.

1 사회과학 영역

비문학 독서로 추천할 만한 도서는《선생님도 놀란 초등과학 뒤집기》시리즈다. 초등 교과과정을 분석한 스토리텔링 교과서로, 과학 개념을 쉽게 익히는 데 도움을 준다. '기본편'과 '완성편'으로 구성되어 있으며, 주제별 영상 강좌도 활용할 수 있다. 난도가 있는 편이므로, 시리즈 전체를 완독하기보다는 필요한 부분을 선택해 개념어를 익히는 것이 효과적이다.

한 초등학교에서는 한 학급에 이 책 전 권을 비치하고, 학생들이 매일 한 권씩 가져가 15~20분간 읽으며 수첩에 개념어를 정리하도록 했다. 아이들이 두 달 동안 40권을 읽은 후, 과학 단원별 핵심 어휘 개념을 정리하는데 유의미한 성과가 있었다.《선생님도 놀란 초등과학 뒤집기》의 완성편은 중등 과학까지 다루므로, 고학년이라면 기본편과 함께 읽는 것을 추천한다.

토론과 배경지식을 기르는 책으로는《토론왕》시리즈도 좋다.《뭉치 과학토론왕》,《뭉치 사회토론왕》등 사회과학 영역의 주요 토론 주제를 다룬다. 논술 학원에서 교재로도 활용된다. 배경지식과 논리적 사고를 동시에 키울 수 있어 유익하다.

2 고전소설 · 현대소설 영역

고전소설 읽기는 초등 고학년부터 시작해 중고등학교까지 꾸준해야 한다. 원전은 어휘가 낯설고 어려워 바로 읽기 어렵기 때문에, 먼저 윤문된 책(원전을 쉽게 풀어 쓴 책)으로 시작하는 것이 좋다. 고등학교에서 처음 고전소설을 접하면 어휘 장벽 때문에 이해가 어렵다.

고전소설을 접하기 쉽게 난이도에 따라 3단계로 나눠보았다.

- 1단계:《재미만만 우리 고전》시리즈 – 고전소설의 줄거리와 배경을 쉽게 풀어내 초등 저학년도 읽을 수 있다.
- 2단계:《눈으로 보는 한국 고전》전집,《재미있다! 우리 고전》시리즈 – 원전의 의미와 느낌을 살려 표현한 책으로, 난도가 다소 높아진다.
- 3단계:《국어시간에 고전읽기》시리즈 – 원전의 깊이를 더 많이 느낄 수 있는 책으로, 본격적인 고전 읽기에 적합하다.

단계적으로 읽으면 자연스럽게 고전소설을 익히고, 어휘 장벽을 넘는 데 도움 된다.

현대소설로는《선생님과 함께 읽는 ○○○》시리즈를 추천한다. 이 시리즈는 〈오발탄〉, 〈꺼삐딴 리〉, 〈수난이대〉, 〈동백꽃〉, 〈메밀꽃 필 무렵〉, 〈운수 좋은 날〉, 〈날개〉 등 한국 현대문학의 주요 단편 작품을 다룬다.

한국 현대소설은 일제강점기, 6·25전쟁, 민주화 운동 등 격변의 시대를 배경으로 한다. 인물은 입체적이고, 결말은 예상치 못한 방향으로 전개되는 경우가 많다. 따라서 시대적 배경을 이해해야 인물의 감정과 사고를 제대로 파악할 수 있다. 글자 그대로의 소설만 읽으면 인물의 행동과 말이 이해되지 않을 수도 있다.

《선생님과 함께 읽는 ○○○》시리즈는 배경지식을 친절하게 설명해 준다. '선생님과 함께 읽는' 느낌으로 시대적 맥락을 이해하며 깊이 있는 독서를 할 수 있도록 돕는다. 이처럼 체계적인 독서 로드맵을 따라가면 초등 고학년 아이들이 독해력을 키우고, 학습과 독서를 균형 있게 병행할 수 있다.

흥미를 끌어올리는 창작소설과 성장소설

초등 고학년 시기에는 학습과 무관해 보여도 아이가 흥미를 느낄 수 있는 창작소설을 권해주자. 아직 시간 여유가 있고, 무엇보다 재미있는 책을 읽어야 독서 습관을 유지하게 된다. 이런 책들은 흥미진진하기에 자연스럽게 속독이 가능하다. 글의 종류에 따라 읽기 방식을 달리하는 연습도 필요하다.

속독이 사고할 시간을 주지 않아 문해력에 도움이 안 된다는 의견도 있지만, 현실적으로 수능 국어만 봐도 제한된 시간 안에 긴 텍스트를 읽고 해석해야 하므로 속독 능력을 무시할 수 없다. 속독을 하면서도 중요한 내용을 놓치지 않는 연습이 필요하다. 가볍고 재미있는 책을 빠르게 읽는 과정에서 이런 훈련이 자연스럽게 이뤄진다.

예를 들어,《오백 년째 열다섯》시리즈는 단군신화, 삼국유사, 전래동화 같은 고전 이야기를 현대적으로 재해석한 책이다. 아이들은 이 시리즈로 역사와 신화를 재미있게 접할 수 있다.

초등 5~6학년은 사춘기에 접어들기 시작하기에 사춘기 관련 도서에도 관심이 많다.《사춘기 대 갱년기》·《우리가족은 덕질 중》,《사춘기 준비사전》·《사춘기 성장사전》등은 강요하지 않아도 아이들이 스스로 펼쳐볼 책이다.

성장소설도 초등 고학년에게 훌륭한 선택이다. 《구덩이 HOLES》,《아몬드》,《율의 시선》 같은 책은 또래 주인공에 감정 이입하기 좋다. 독서를 통해 자신의 감정을 돌아보는 기회를 마련하며, 성인 문학으로 가는 징검다리가 되기도 한다.

《셜록 홈즈》나 《해리 포터》 시리즈처럼 한 권을 시작하면 뒷이야기가 궁금해 손에서 놓을 수 없게 만드는 책들도 적극 추천한다. 예를 들어, 《프리워터》는 488쪽에 달하지만, 흡인력 덕분에 완독 후 큰 성취감을 맛볼 수 있다.

이 시기에는 쉽게 읽히는 성인 도서도 시도할 수 있다. 《불편한 편의점》,《알로하, 나의 엄마들》,《시간을 파는 상점》,《인어사냥》 등은 엄마와 함께 읽으며 대화를 나누기 좋은 책이다. 아이가 책과 함께 자라는 모습을 보며 독서의 힘을 다시금 느끼게 된다.

초등 5 · 6학년, 책 읽기의 갈림길에서

초등 고학년은 바빠진다. 읽고 싶은 책도 있지만, 읽어야 할 책도 많다. 비문학인 사회·과학부터 고전소설과 시, 현대문학, 그리고 재미로 읽을 소설도 빼놓을 수 없다. 하지만 학원 시간이 늘어나면서 독서 시간이 줄어드는 현실도 무시할 수 없다. 초등 5~6학년이 책을 놓아버리느냐, 계속 읽느냐의 갈림길이라고 한다. 허투루 흘릴 수 없다.

학원이 필요하다면 다녀야겠지만, 독서를 포기하면 더 큰 기회를 놓치게 된다. 문제집 풀기는 결과가 눈에 보이지만, 책을 읽는 동안 아이의 머릿속에서 일어나는 변화는 당장 드러나지 않는다. 그러나 수능 국어 5등급 이하 학생들의 문해력이 대부분 초등 5~6학년 수준에서 멈춘 사례가 많다는 점을 떠올리면, 이 시기의 독서가 얼마나 중요한지 알 수 있다.

한번은 큰아이가 이렇게 말했다.

"엄마, 나는 가끔 심심할 때 책장을 훑어봐. 그러다 안 읽은 책이 보이면 꺼내. 혹시 너무 재미있고 내가 딱 좋아하는 내용인데 그냥 못 보고 지나친 게 있을까 봐."

이 말을 듣고 아이에게 '심심할 시간'을 돌려줘야겠다고 느꼈다. 책은 여유가 있어야 눈에 들어온다. 그리고 초등, 아직은 여유가 있다.

5-1
학습만화만 읽는 우리 아이, 괜찮을까?

학습만화만 읽는 우리 아이, 괜찮을까? 고민스럽다. 아이가 줄글 책을 읽지 않으니, '학습'이라는 타이틀이 붙은 만화책이라도 보게 하자는 마음에서 학습만화를 허용한다.

먼저 학습만화가 무엇인지 살펴보자. 학습만화는 교과 학습과 관련된 내용을 만화 형식으로 풀어낸 책이다. 지금의 초등 독서 시장에서 학습만화가 차지하는 비중은 매우 크다. 학교 도서관이나 교실에도 학습만화가 비치되어 있어 아이들은 이미 손쉽게 학습만화를 접한다. 역사나 과학 분야에서 베스트셀러가 많아서 재미와 학습 효과를 함께 얻을 수 있다는 인식이 퍼져 있기 때문이다. 그러나 학습만화가 진짜로 공부에 도움이 되는지, 오히려 방해되는지에 대해서는 여전히 의견이 갈린다.

학습만화가 인기가 많은 이유는 출판사, 부모, 아이 세 주체의 이해관계가 맞아떨어지기 때문이다. 출판사는 책 판매를 위해 학습만화의 장점을 홍보한다. 2019년 기준《마법천자문》,《서바이벌 만화 과학상식》시리즈는 각각 1,000만 부를 돌파,《Why?》시리즈는 무려 2,000만 부를 넘겼다. 출판계 불황에서 학습만화는 단비다.

부모는 아이가 책을 읽는 모습을 보며 안도감을 느낀다. 아이도 재미있는 스토리를 따라가며 학습 효과가 있는 듯한 만족감을 얻는다. 이렇게 이해관계가 일치하니 학습만화의 인기가 높아질 수밖에 없다.

학습만화의 장점도 분명하다. 어려운 교과 내용을 쉽게 풀어주고, 아이의 호기심을 자극해 학습 주제에 관심을 갖도록 하며, 이해 속도가 빨라지게 돕는다. 실제로 학습만화를 본 아이가 어려운 역사나 과학 용어를 척척 말하는 모습을 볼 때가 있다. 하지만 학습만화는 교과서를 대신할 만한 절대적인 수단은 아니다.

학습만화의 가장 큰 한계는 교과 내용을 만화로 구성하는 과정에서 창작 요소가 개입된다는 점이다. 예를 들어, 역사 만화에는 타임

슬럼이나 판타지적 설정이 들어가기도 하는데, 아이가 이 설정을 실제 사실로 혼동하기도 한다. 역사적 사실을 정확히 전달해야 할 책에 허구적 요소가 섞이면 학습 효과를 해칠 수 있다.

전문가들도 학습만화가 '보조수단'으로 쓰일 때는 긍정적이지만, 주된 학습 도구가 되면 문제라고 지적한다. 교과서 대신 학습만화만 보려는 경향이 생기기 쉽다는 것이다. 왜 그런가? 교과서를 읽을 때 우리의 뇌는 '읽기 → 인지 구조화 → 이해 → 지식 습득' 네 단계를 거치지만, 학습만화는 '읽기 → 이해 → 지식 습득' 세 단계로 끝나는 일이 많다. 즉, 인지 구조화 과정이 생략되므로 덜 피곤하게 느껴지고, 결과적으로 교과서를 기피하게 될 수 있다.

또한 학습만화는 깊이 있는 학습으로 이어지지 않는 경우가 많다. 예를 들어, 학습만화로《삼국유사》내용을 접한 아이가, 그 후 줄글로 된《삼국유사》를 다시 읽으려 하지 않는 사례가 생긴다. 이미 알게 된 내용을 굳이 또 읽을 필요가 없다고 여기는 것이다.

더불어 학습만화를 즐겨 보던 아이가 고학년이 되면 만화 자체의 재미에 빠져 웹툰이나 애니메이션으로 관심이 옮겨가는 경우도 흔하다. 아이가 보는 만화책이 '학습만화'인지, 아니면 단지 '만화'인지를 부모가 구분할 필요가 있다.

그래서 학습만화의 장점을 활용하고, 단점을 최소화하기 위해서는 원칙을 세워두자. 먼저 책 읽기에 서툰 아이는 학습만화보다 그림 동화책을 먼저 접하게 한다. 그림 동화책은 그림은 보조 수단이고 텍스트가 중심이지만, 만화책은 그림이 주축이고 텍스트가 보조 역할이라 사고력 향상에 큰 차이가 생길 수 있다.

독서 습관이 이미 잡힌 아이에게는 학습만화를 보완 수단으로 활용하는 것이 효과적이다. 예를 들어, 교과 내용을 공부한 뒤 복습용으로 읽거나, 긴 학습 시간 뒤 잠시 쉬는 시간에 보는 식이다. 학습만화가 제대로 보조 역할을 하려면 부모의 지도와 관심이 필요하다. 교과서나 일반 텍스트 독해 능력이 제대로 갖추어지지 않은 상태에서 학습만화만 읽으면, 아이는 텍스트를 통해 사고력을 확장하기 어렵게 된다.

학습만화가 독서에 포함되는지 묻는다면, 관점에 따라 다르다. 그러나 사고력을 기르는 '사고형 독서'라고 보기는 어렵다. 휴식과 힐링에 가까운 독서로 이해하면 된다. TV를 보거나 유튜브 영상을 보는 것과 크게 다르지 않다는 의견도 있다.

독서는 텍스트 줄과 줄 사이의 여백 속에서 사고와 상상을 키우는 행위이지만, 학습만화는 이미 텍스트가 그림으로 시각화되어 있어 상상력을 발휘할 여지가 적기 때문이다.

그럼에도 학습만화는 이미 학교와 가정 곳곳에 깊이 들어와 있어서 보지 않을 수 없다. 잘 활용하는 게 답이다. 부모가 학습만화의 장단점을 이해하고 '어떻게, 어느 시점에, 얼마나' 보여줄지 고민해야 한다. 어려운 주제를 조사하거나, 부족한 지식을 짧은 시간 안에 보완해야 할 때 학습만화를 사용하는 것이 가장 효율적이다.

예를 들어, 과학 교과에서 새로운 개념을 배우는 데 어려워하거나, 역사 인물을 조사 또는 시대적 흐름을 빠르게 훑고 싶을 때도 마찬가지다.

수능 만점자들이 한결같이 "교과서 중심으로 공부했다"라고 말하는 점을 떠올리자. 공부에도, 독서에도 왕도란 없다. 텍스트를 꾸준히 읽고 이해하며 사고를 확장하는 과정이야말로 아이에게 큰 자산이 된다.

5-2
세계문학과 인문 고전, 언제 시작할까?

초등 고학년 필독 도서 목록에서 세계 명작과 인문 고전은 빠질 수 없다. 2천 년 넘게 전해진《논어》와《맹자》, 출간 후 50년 넘게 판타지소설의 고전으로 자리 잡은《나니아 연대기》까지 선택할 수 있는 범위가 다양하고 방대하다.

이런 고전은 시대를 초월하는 힘이 있다. 과거 인물들의 지혜와 성찰이 그대로 담겨 있어서 세대를 거쳐 꾸준히 영향을 미친다. 그래서 많은 부모가 초등 고학년 시기에 세계문학과 인문 고전을 접하게 하고 싶어 한다. 독서력이 쌓인 아이들에게는《네버랜드 클래식》,《비룡소 클래식》,《위즈퍼니 세계 명작》,《위즈퍼니 인문고전》같은 시리즈를 추천한다.

세계 명작은 기본적으로 재미있다. 오랜 세월 사랑받아온 이유가 있다. 깊이 있는 사고력과 풍부한 어휘력을 길러주는 귀한 책이기도 하다. 예를 들어, 《피터팬》,《이상한 나라의 앨리스》,《피노키오》 같은 작품은 이미 익숙한 이야기이기에 완역본을 읽으며 비유와 은유를 자연스럽게 이해할 수 있다. 그 과정에서 문해력이 한 단계 성장한다.

제임스 매튜 배리의 《피터팬》에는 모험 이야기 이상의 의미가 있다. 그는 어린 시절 형을 잃고 '어른이 되지 않는 아이'라는 상징적 캐릭터를 만들었다고 한다. 런던의 한 공원에서 다섯 형제자매와 교감하며 이야기를 구체화했고, 그 아이들이 고아가 된 뒤에는 직접 입양까지 했다.

이 작품 속 문장을 하나 살펴보자.

'여러분이 아침에 일어나 보면, 잠들 때 가졌던 심술이나 나쁜 욕심은 작은 조각으로 접혀 마음속 맨 아래 칸으로 내려가 있을 것이다. 그리고 예쁜 생각들은 바로 꺼내 입을 수 있도록 반듯하게 펴져 맨 위 칸에 놓여 있을 것이다.'

이 문장에는 시각적인 은유가 담겨 있다. 나쁜 감정을 접어두고 좋은 생각을 꺼내 입는 과정을 '서랍'이라는 구체적 이미지를 통해 보여주기 때문이다. 감정을 서랍의 안팎으로 구분해 표현한 이 설정은 아이들이 자연스럽게 감정을 조절하도록 돕고, 어휘력과 감각적 사고도 확장시킨다. 특히 완역본은 원작의 문장미와 언어의 깊이를 그대로 살려 초등 고학년의 어휘력 성장에도 효과적이다.

그러나 분량이 부담스럽다면 무작정 시작하기보다 쉬운 책부터 읽도록 한다. 초등 저학년에 적합할 만한《초등학생을 위한 세계 명작》시리즈 같은 짧은 글밥의 시리즈를 활용해 독서량을 늘리는 방법도 있다.

낯선 인물과 심오한 주제를 다룬 인문 고전은《서울대 선정 인문 고전 60선》이나《How so?》시리즈 같은 학습만화로 입문할 수도 있다. 이런 책들은 인문 고전에 대한 부담을 덜어주고, 친숙한 방식으로 접할 기회를 제공한다.

고전 독서는 선택의 폭이 넓다. 학습만화부터 완역본까지 단계별로 접근하면 아이가 자연스럽게 도전할 수 있다. 요즘엔 부모와 함께하는 고전 독서 모임도 있다. 초등학교 학부모 독서 모임이나, 지역 도서관 프로그램, SNS상에서도 '부모와 아이가 함께하는 인문 고전 독서 모임'을 어렵지 않게 찾아볼 수 있다.

이들 모임에서는 유치원생도 읽을 수 있는《어린이 사자소학》이나《명심보감》부터 시작해, 고학년이 되면 필사와 낭독을 병행하며 독서의 깊이를 더할 수 있다.

고전은 긴 세월을 거쳐 살아남은 만큼 시공간을 초월하는 가치가 있다. 과거 인물들의 지혜가 담겨 있어 후세에도 지속적인 영향을 미친다. 인류가 2천 년 이상 가치를 인정해온 학문이기에 직접 읽지 않으면 그 통찰을 온전히 누릴 수 없다.

초등 시기에 접하는 고전 독서는 인문학적 사고력을 익히는 가장 쉬운 길이자, 사고와 경험의 폭을 넓히는 든든한 발판이 된다. 부모가 함께 시작하면 언제든 가능하니, 초등 5~6학년 무렵부터 차근차근 출발점을 마련해보자.

한 작품을 읽고 나서는 멈추지 말고 관심을 확장해보자. 조지 오웰의《동물 농장》을 읽었다면, 이 작가의 또 다른 작품《1984》를 이어서 찾아보자. 사회 비판적 메시지를 더 깊이 이해할 수 있다. 아이들 스스로 역사, 철학, 문학 고전의 계연성을 파악하는 건 쉽지 않다. 부모, 선생님의 지도가 도움이 된다. 초등 고학년에 소화하기 어렵다면 중등 시기로 넘기자.

억지로 강요하지 말고 쉬운 책부터 읽어 성취감을 느끼게 돕다 보면, 자연스럽게 다음 단계로 나아간다. 사춘기가 본격적으로 시작되기 전에 인문학 기반을 다져보자. 가족과 함께 토론하며 성장하는 시간이 된다면 더욱 의미 있을 것이다.

6

중학생:
독서와 학습의 컬래버레이션

중학교 독서는 학습의 기초다. 구조적 사고와 분석력을 키우는 도구가 되기 때문이다. 초등학교 때 독서 정서를 충분히 형성하지 못했다면, 중학생 시기에 독서는 '취미'가 아니라 '학습'의 일부로 인식할 수밖에 없다.

요즘 중학생들의 독서 실태는 심각하다. 한 조사에 따르면, 중학교 3학년 중 48%가 '거의 책을 읽지 않는다'고 응답했다. 이유로는 '인터넷·스마트폰이 더 재미있어서'(34%), '인터넷에서 필요한 정보를 모두 얻을 수 있다고 생각해서'(26%), '학원과 사교육으로 시간이 부족해서'(21%) 등이 꼽혔다.

우려되는 점은 독서와 함께 발달해야 할 전두엽이 제대로 자극받지 못한다는 점이다. 뇌과학자 정재승 교수에 따르면, 책을 읽을 때 전두엽이 가장 활성화되며 오디오북 청취나 동영상 시청 때보다 훨씬 높은 수준을 보인다고 한다. 전두엽은 창의적 사고와 문제해결 능력, 자기 조절력의 핵심 기관이다. 중학생 시기에 폭발적으로 성장해 고등학교 초반에 거의 완성되므로, 이 시기는 바로 독서 발달의 '두 번째 골든타임'이다.

중학생, 독서 실력이 결정되는 때

그래서 중학생은 독서를 멈출 수 없다. 오히려 초등보다 이해의 폭이 커졌다. 인문·사회·과학 분야 책을 두루 읽으며 지식과 경험을 쌓고 교양을 넓힐 때다.

감사하게도 우리나라엔 10대 눈높이에 맞춰 인문 고전을 재편집한 책이 많다. '10대를 위한' 키워드를 적극 활용하길 권한다. 《10대를 위한 정의란 무엇인가》, 《10대를 위한 사피엔스》, 《10대를 위한 공정하다는 착각》, 《10대를 위한 요즘 경제학》, 《10대를 위한 돈으로 살 수 없는 것들》 등이 그 예다. 유발 하라리의 《사피엔스》는 그래픽 노블 《사피엔스: 그래픽 히스토리》로 접해도 훌륭하다.

중학생쯤 되면 '초딩 시절' 학습만화에도 흥미가 떨어진다. 머리를 식힐 때는 SF, 추리, 판타지, 무협, 로맨스 같은 장르소설도 괜찮다. 무엇보다 책은 재미있어야 한다. 그래야 페이지가 술술 넘어가고, 속독 능력도 자연스럽게 자란다. 이미 고전 반열에 오른 장르 문학 작품도 많다.

이를테면, 추리소설의 고전《셜록 홈즈》, 클레어 매킨토시의《나는 너를 본다》, 히가시노 게이고의 작품들은 베스트셀러로 자리 잡았다. 판타지소설로는《나니아 연대기》,《반지의 제왕》,《해리 포터》시리즈 등이 있어 취향에 맞춰 골라 볼 수 있다.

SF소설은 재미를 넘어 미래를 상상하는 힘을 기르게 한다. 세계적으로 주목받는 테슬라의 일론 머스크 역시 어린 시절부터 SF소설에 심취했다. 아홉 살 때 브리태니커 백과사전을 읽을 정도로 독서광이었고, 하루 10시간 넘게 SF를 읽으며 상상력을 키웠다. 그가 즐겨 읽었다는 아이작 아시모프의《파운데이션》, 더글러스 애덤스의《은하수를 여행하는 히치하이커를 위한 안내서》등은 여전히 인기가 많다.

머스크가 SF에서 영감을 얻어 미래를 개척했듯, 지금 읽는 책이 인생에 어떤 변화를 가져올지는 아무도 모른다. 책은 지식을 넘어 새로운 가능성을 여는 열쇠가 될 수 있다.

한국 현대 단편소설

국어 학습에 직접적으로 연관된 필독서다. 초등 고학년 시기에는 선택 사항일 수 있지만, 중학교부터는 필수다. 고등학교 때까지도 꾸준히 읽는다.

시간이 흐를수록 소설 한 편을 온전히 읽기가 어려워질 수 있다. 그래서 대표적인 현대 단편소설을 꼭 읽어봐야 한다. 긴 글이 부담스러운 학생도 적응력을 키울 수 있고, 중학교 시기에 익숙해지면 고등학교에서 현대소설을 어려워하지 않는다.

현대소설은 당시 시대적 배경을 모르면 난해할 수 있다. 일제강점기나 6·25전쟁 직후를 다룬 소설에는 요즘과 다른 상황이 흔히 나오고, 방언이나 작가 특유의 문체 때문에 고전보다 더 어렵게 느껴지기도 한다.

이럴 때는 시대별로 작품을 읽기를 권장한다. 《중고생이 읽어야 할 한국 단편소설 50》에는 개화기부터 현대까지 작품이 정리되어 있어 흐름을 따라 읽기 좋다. 어려운 용어마다 친절한 해설이 달려 있고, 작품마다 인물 관계도를 보면 내용 정리가 훨씬 수월하다.

교과서 읽기를 도와주는 책

초등에서 중학교로 올라가면서 가장 큰 벽은 교과서 어휘 변화다. 한 연구에 따르면, 중학교 교과서 어휘량과 난도는 초등학교 교과과정에 비해 가파르게 올라간다. 예를 들어, 사회 교과서는 초등 6학년에서 중학교 1학년으로 넘어가면 어휘량이 3~5배 늘고, 전문 용어도 15% 정도 증가한다. 과학 교과서는 문장 구조가 복잡해지고, 중학교 1학년 영어 교과서는 문장 길이와 난도가 초등 6학년보다 2배 이상 높아진다.

교과서가 어려워지다 보니 요약 학습지에만 의존하는 경우가 많다. 빈칸 채우기나 핵심 개념 정리에 집중하다 보면, 전체 문장을 처음부터 끝까지 읽는 경험이 부족해진다. 결국 핵심 단어만 외워서 알았다고 착각하지만, 실제로는 맥락을 놓쳐 국어 시험이나 수능형 지문 해석에서 곤란을 겪게 된다.

우리나라 초·중·고 교육과정은 긴밀하게 연결되어 있다. 중학교에서 각 과목의 개념을 제대로 이해하고, 교과서를 직접 읽고 정리하는 과정을 익혀야 고등학교 심화 학습이 가능해진다. 아래 책들은 교과서 개념 이해를 돕고, 중고등학교 고전 필독서를 쉽게 접할 수 있도록 도와준다.

추천 도서

- **《SKY 입시생 중등 필독서》**
  교과서 읽기의 중요성을 강조한다. 교과서에 실린 25편의 작품, 비문학·고전문학 25편도 함께 담았다.

- **《공부가 쉬워지는 청소년 문해력 특강》**
  국어, 사회, 과학, 역사의 핵심 개념어를 익히도록 돕는 학습 사전이다.

- **《만만한 독서》**
  제대로 된 책 읽기 방법을 6단계 레벨업 전략으로 설명한다. 책에 흥미를 잃은 청소년과 성인에게도 유용하다.

- **《사춘기를 위한 문해력 수업》**
  문해력 향상'이라는 목표가 생각만큼 어렵지 않다는 자신감을 준다.

- **《사회교과 문해력을 높이는 개념어 교실》**
  사회를 암기 과목으로 여기지 않도록 핵심 단어와 개념 136가지를 이야기 형태로 다룬다.

- **《명문대 필독서 365》**
  고전부터 예술까지 12개 분야로 분류된 365권 필독서에 대한 서평을 담은 책으로, 부담 없이 참고할 수 있다.

중학생 시기엔 '읽어내는 힘'을 확실히 길러야 한다. 문해력, 독해력, 국어력 등 그 이름이 무엇이든, 깊이 있는 독서를 실천하는 게 핵심이다. '입시만을 위해 책을 읽는다'는 뜻이 아니다. 독서력은 언제든 강력한 무기가 된다. 입시만 놓고 봐도 국어능력은 결정적이다. 명심하자. 읽어야 산다.

중등 국어 교과 씹어먹기

국어 공부에 대한 의견은 크게 두 가지로 나뉜다. 국어는 모국어이므로 따로 공부하지 않아도 된다는 주장과, 국어도 학습하면 실력이 향상된다는 주장이다. 두 의견 모두 일리가 있다. 언어는 끝없이 익혀야 하는 영역이지만, 교과서 속 국어는 학습을 통해 체계적으로 접근해야 한다. 국어를 잘하면 우리말로 설명하는 다른 모든 과목 즉 사회, 과학 과목의 이해도도 덩달아 높아진다.

중학교 때 고등 국어를 끝내고, 이후 다른 과목에 집중한다고 하는 학생들도 있는데, 이런 방식은 현실적으로 맞지 않다. 언어는 매일 꾸준히 학습하는 것이 가장 효과적이기 때문이다. 방대한 분량 앞에서 막막해지지 않도록, 중학생이 국어를 효과적으로 학습하는 방법을 소개한다.

중등 국어는 네 가지 핵심 영역을 점검해야 한다. 국어 개념어 정리, 문법 이해, 기본 한자어 및 사자성어 암기, 고전 시가와 현대시 100편 학습이다. 이 네 가지를 익히면 어느 학군에서도 국어 내신을 따라가는 데 무리가 없다. 중학교 3학년 겨울방학까지 마무리하면 고등학교 진학 후 학습 부담을 줄일 수 있다.

국어 공부는 교과서에서 시작한다. 국어 자습서를 활용해 시험 범위에 포함되지 않은 부분까지 학습하는 것이 중요하다. 실제로 학교에서는 여러 이유로 교과서 전체를 샅샅이 배우지는 않는다. 간단히 훑고 지나간 단원이 중요하지 않다는 것은 아니다. 시험에 나오지 않아도 필수 개념이 많아, 이를 놓치면 고등학교에서 어려움을 겪을 수 있다.

국어 개념어 정리

국어 개념어는 《중학 국어 기초 완성》 교재가 괜찮다. 예비 중학

212

생에게 맞춰졌지만, 고등 기초가 부족한 학생도 빠르게 기본기를 다질 수 있다.

이 책에서 문학 영역은 '기초 튼튼 핵심 이론'을 꼼꼼히 익히면 된다. 시, 소설, 수필, 희곡, 시나리오까지 다섯 가지 갈래가 포함되어 있으니 이 부분을 집중적으로 살펴보면 좋다. '실력 쑥쑥 확인 학습'과 비문학 영역은 생략해도 무리 없다.

이 교재에는 기초 문법도 들어 있으니 놓치지 말자. 문법은 이론과 확인 학습을 함께해야 한다. 각 영역을 마친 뒤 제공되는 테스트지로 곧바로 실력을 점검하면 효율적이다. 예를 들어 시 영역을 공부했다면, 시 테스트지로 이해의 정도를 확인하면 된다.

중등 문법 이해

문법 학습에는 《쑥쑥 중학 국어 문법》 교재를 추천한다. 문법 기초가 약한 고등학생에게도 알맞을 정도로 체계적이다.

문법을 공부할 때는 문제 풀이보다 개념 파악을 먼저 해야 한다. 문제는 나중에 풀어도 괜찮다. 품사를 공부할 땐, 아홉 가지 품사가 무엇인지, 각 품사가 어떤 의미를 갖는지 내 입으로 풀어낼 수 있어야 한다. 명사는 사물이나 사람 이름을 나타내고, 대명사는 명사를 대신한다는 개념을 머릿속에 잡는다. 무작정 외우기보다 스스로 개념을 설명해보는 방식이 좋다.

한자어 및 사자성어 암기

계속 강조하는 부분이다. 어휘력은《국어 1등급 어휘력》같은 베스트셀러가 도움 된다. 이 책에서 한자어와 사자성어 파트만 집중하자. 여유가 된다면 나머지도 살펴보면 좋다. 사자성어는 중학교 때 익혀두면 고등학교에서 유리하다.

이 책을 공부할 때는 문제를 풀기보다 해설을 꼼꼼히 읽어야 한다. 예를 들어 '봉착(逢着)'이라는 어휘를 볼 때 '만날 봉(逢)'과 '붙을 착(着)'이라는 한자를 파악하고, '어떤 상황에 맞닥뜨림'이라는 의미를 자연스럽게 연결해 이해하는 방식을 권장한다.

사자성어도 같은 방법으로 공부한다. 마이동풍(馬耳東風)을 예로 들면, '말 마(馬)', '귀 이(耳)', '동녘 동(東)', '바람 풍(風)'이라는 한자를 뜻부터 익힌 뒤 '말의 귀에 동풍이 스쳐 지나간다'는 직역을 통해 '남의 말을 귀담아듣지 않는다'는 의미까지 확장해야 한다.

고전시가, 현대시 100편 학습

다른 문학 갈래보다 고전시가와 현대시는 미리 학습해두면 좋다. 일부 학교는 고등학교 시험에서 외부 지문을 시험 범위와 상관없이 내는데, 이때 현대시나 고전시가가 자주 나온다.

고전시가는 시조와 가사를 먼저 잡아두면 도움 된다.《EBS 국어 독해의 원리 – 고전시가》로 익힐 수 있다. 현대시는 같은 시리즈의 '현대시' 파트에서 100편을 읽어두면 안정적이다. 잘 이해되지 않는 단원은 EBSi 무료 강의를 참고하면 좋다.

기출 모의고사 풀이

중등 국어를 끝낸 뒤 더 깊이 학습하고 싶다면, 고등학교 1학년 3개년 기출 모의고사를 풀어보길 권한다. EBSi에서 무료로 다운받을 수 있다. 맞힌 문제와 틀린 문제를 모두 살펴보고, 제시문을 한 줄씩 따라가며 이해하는 훈련을 하면 고등 국어가 한결 수월해진다. 내신뿐 아니라 수능 기초까지 든든해진다.

6-1
전자책 vs. 종이책,
어떤 균형이 필요할까?

스마트폰과 태블릿을 능숙하게 다루는 중학생이 늘면서, 부모들의 걱정도 함께 커지고 있다. 아이가 "전자책을 보고 있어요"라고 말해도 혹시 게임이나 SNS에 빠져 있는 건 아닌지 의심부터 든다. 2000년대 초반 전자책이 처음 등장했을 때 "종이책 시장이 곧 사라진다" 하는 예측이 많았지만, 20여 년이 지난 지금은 전자책과 종이책이 서로 다른 장점을 살려 공존하고 있다. 그럼에도 디지털 기기를 통한 독서가 아이들 습관과 사고력에 미치는 영향에 대한 논란은 계속되는 중이다.

독서 방법을 두고도 의견이 다양하다. '반드시 종이책으로 읽어야 한다'는 전통적 주장부터 '이제는 전자책과 오디오북이 대세'라는 디지털 흐름까지, 독서를 어떻게 접근해야 할지에 대한 논쟁은 끝이 없다. 누군가는 "한 번에 한 권만 읽어야 한다"고 하고, 또 누군가는 "여러 권을 동시에 병행하는 게 더 효율적이다"라고 말한다. 혼란스러운 상황 속에서 부모들은 우리 아이에게 어떤 독서법이 가장 적합할지 고민한다.

나 역시 책을 좋아하는 사람으로서 여기에서는 전자책과 종이책을 둘러싼 논란을 넘어 독서의 본질을 함께 살펴보고자 한다. 결론부터 말하면, 상황에 맞춰 선택하면 된다.

왜 책을 읽어야 할까? 독서의 가치는 지식을 쌓는 데 그치지 않는다. 책은 길을 잃었을 때 방향을 알려주는 나침반이 되고, 우리가 생각하지 못한 관점을 제시하며 사고를 넓히기도 한다. 어떤 책은 고민에 꼭 맞는 해결책을 주고, 또 어떤 책은 단 한 문장으로 생각을 송두리째 바꾸기도 한다.

이런 점을 떠올리면, "종이책이 더 좋다" 또는 "전자책이 더 효율적이다" 하는 논쟁은 그리 중요하지 않게 느껴진다. 핵심은 어떤 형식이든 책을 통해 무엇을 배우고, 어떻게 삶에 적용하느냐다.

종이책 vs. 전자책: 무엇이 더 좋은가?

내 생각은 간단하다. 책의 형식은 목적과 상황에 따라 결정하면 된다. 종이책은 페이지를 넘기는 즐거움을 주고, 독자가 글을 읽으면서 생각을 정리하기에 좋다. 일부 교수는 "종이책이 독자에게 주도적 태도를 갖게 한다"고 말한다. 읽는 속도를 조절하며 중간마다 생각을 정리할 수 있다는 점이 큰 장점이다.

반면 전자책은 휴대성과 접근성이 뛰어나다. 교과 내용이 어려운 아이에게 실험 영상을 보여주거나 운전, 집안일 등을 하면서 오디오북을 함께 듣는 방식으로도 독서를 이어갈 수 있다. 이런 점이 전자책이 가진 장점이다.

하지만 긴 텍스트나 심도 있는 내용을 다룰 때는 차이가 생길 수 있다. 2023년 12월, 스페인 발렌시아대학교에서 45만 명을 대상으로 실시한 연구에 따르면, 종이책을 읽을 때 전자책보다 텍스트 이해력이 6~8배 더 높았다고 한다. 정보가 많거나 글의 순서가 중요한 텍스트를 종이책으로 읽을 때 학습 효과가 컸다.

내러티브 형식의 글은 종이책·전자책 간 큰 차이가 없었지만, 추상적인 주제나 길고 복잡한 글에서는 종이책 독자가 더 높은 이해도를 보였다. 그래도 독자가 어떤 독서 태도를 갖추느냐에 따라 결과가 달라질 수 있다. 가벼운 힐링용 책과 비판적 사고가 필요한 책은 읽는 방식이 다를 수밖에 없다.

초등 시기에는 종이책으로 시작해 사고력 발달을 돕고, 이후 전자책을 병행하며 활용 폭을 넓히는 방법을 권장한다. 중학생 이상이라면 텍스트 성격과 목적에 따라 종이책과 전자책 중 어느 쪽을 고를지 스스로 판단할 수 있어야 한다.

종이책과 전자책 모두 장점이 있다. 어떤 형식을 택하든 긍정적이고 유익한 독서 경험을 만드는 일이 중요하다.

독서의 본질: 글을 읽는 즐거움과 유용함

종이책과 전자책 중 무엇이 나은지를 두고 고민하는 건, 독서의 본질을 놓치는 일일 수 있다. 독서가 정보를 찾고 학습하는 데만 초점을 둔다면, 형식 논쟁은 끝없이 이어진다.

가장 좋은 독서법은 '읽어서 즐거움과 유익함을 경험하는 것'이다. 무언가를 읽으며 느끼는 설렘과 깨달음, 예상치 못한 감동이야말로 독서의 중심이다. 이런 경험이 없다면, 아무리 "독서가 중요하다"고 말해도 책을 읽고 싶을까?

사람들은 독서를 강조하면서도 '왜 독서가 중요한가'라는 질문에는 충분히 답하지 않는다. 그저 "학업에 좋다, 뇌가 발달한다, 사고력이 자란다" 같은 이유만 든다. 하지만 독서를 통해 얻을 수 있는 것이 100이라면, 학업적 이점은 1이나 2에 지나지 않는다. 그 대부분을 포기한 채 1 혹은 2만 얻자고 독서를 강요하면, 아이는 평생 책을 멀리할 가능성이 크다. 그 결과 학업적 이점조차 잃게 될 위험이 있다.

독서는 단순한 학습 도구가 아니라, 아이에게 평생의 스승이자 친구가 될 활동이다. 아이가 특정 주제에만 집착해 책을 보더라도 걱정할 필요는 없다. 책의 종류나 형식보다 중요한 것은 아이가 글을 좋아하고 책을 즐기는지 여부다. 한 분야의 책만 몰두하더라도 시간이 흐르면 자연스레 독서 폭과 깊이가 확장된다.

독서의 본질을 이해한다면, 자녀의 독서 습관을 지도할 때 몇 가지를 기억해야 한다.

첫째, 책의 형식에 얽매이지 않는다. 종이책, 전자책, 오디오북 등 매체는 다양하다. 중요한 것은 특정 형식을 강제하지 않고, 아이가 '읽는다'는 행위를 즐기도록 돕는 일이다.

둘째, 권장 도서를 강요하지 않는다. 읽히고 싶은 책이 많아도, 평소 책을 안 읽던 아이가 갑자기 독서에 빠질 가능성은 크지 않다. 스마트폰과 미디어에 익숙한 아이에게 독서는 낯설 수 있다. 책은 몇 권 읽고 끝내는 게 아니라, 평생 곁에 두는 습관이므로 충분한 시간이 필요하다.

셋째, 독서는 가족 간 대화의 주제가 될 수 있다. 아이에게 책을 억지로 읽히면 거부감만 커진다. 대신 부모가 먼저 책 이야기를 꺼내고, 느낀 점을 솔직히 전하면 아이도 대화에 참여한다. 이렇게 책이 가족의 관심사가 되면, 독서는 재밌는 활동이라는 인식이 자란다.

넷째, 독서의 다양성을 인정한다. 어떤 아이는 만화책만, 또 어떤 아이는 동물책만 볼 수도 있다. 아이가 좋아하는 분야에서 시작해 점차 다른 주제로 넓혀가는 게 좋다. 초등 시기에는 독서 정서를 긍정적으로 형성하는 게 핵심이다. 책이 즐겁다고 느껴야 중등 이후에도 습관이 이어진다.

　다섯째, 부모의 역할이 중요하다. 부모가 책을 좋아하면, 아이도 자연스럽게 책을 향한 호감을 갖는다. 가족이 함께 책을 읽고 생각을 나누다 보면, 독서는 학습을 넘어 가족을 하나로 잇는 시간이 된다.

　세계적인 투자자 워런 버핏은 다양한 매체의 텍스트에서 깊은 통찰을 얻는 것으로 잘 알려져 있다. 그는 매일 5시간 이상 독서를 통해 경제 신문, 사업 보고서, 잡지 등에서 양질의 정보를 흡수하며, 때로는 500페이지 이상의 글을 소화하기도 한다.

　어린 시절부터 책과 친숙했던 버핏은 "지식은 복리처럼 쌓인다"라고 말하며, 단순한 정보 수집을 넘어 다양한 텍스트를 연결해 새로운 아이디어를 도출하는 독서의 가치를 강조한다. 이는 매체의 형식에 상관없이 모든 텍스트가 고유의 의미와 가치를 지니고 있음을 보여준다.

　종이책과 전자책 중 무엇이 더 좋은지는 본질적 문제가 아니다. 학생이 책 하나를 집중해서 읽어야 한다면 종이책을 우선 추천한다. 반대로 짬 시간을 활용하거나 책의 일부만 발췌해서 본다면, 전자책이 유용하다. 상황에 맞게 병용하자.

6-2
사춘기는 기다림이 '약'

지금 아무리 독서 로드맵을 이야기하고, SKY 진학 꿀팁을 줄줄이 풀어낸들 전혀 들리지 않는 사람이 있다. 사춘기 아이를 둔 엄마다.

어린 왕자의 이런 구절이 있다.

'어른들은 누구나 처음에는 어린이였다. 하지만 그것을 기억하는 어른은 별로 없다.'

요즘은 이 말을 사춘기 청소년들에게 대입해 생각하곤 한다. 우리도 사춘기를 겪었지만, 내 아이의 사춘기를 어떻게 받아들이고 대응해야 할지 막막하기만 하다.

초등학교 때의 사춘기가 폭풍이라면, 중학교 사춘기는 쓰나미다. 사춘기 아이와 대립 중인 엄마에게는 아무리 좋은 책과 교육 정보도 무용하다. 아이는 대화를 단절하고 돼지우리 같은 방으로 쌀쌀맞게 들어가버린다. 엄마는 그런 아이의 뒷모습을 쓸쓸히 바라볼 뿐이다.

사춘기의 감정 기복은 아이 스스로도 통제하기 어려울 정도로 예측 불가능하다. 엄마가 뭘 아느냐며 대거리라도 하면 감사한 일이다. 대부분은 묵언 수행을 한다. 답답한 엄마는 억지로 대화를 시도하며 아이를 끌어내려 한다.

"도대체 왜 말을 안 하니?"

다그치기 시작하면 결국 혼자만 잔소리를 늘어놓게 된다. 대화의 악순환이다. 아이와 엄마의 말은 발신지가 멀다. 주파수가 맞지 않는다. 서로 닿지 않는 말로 상처만 주고받는다. 주파수가 맞을 때까진 시간이 필요하다.

사춘기 아이는 부모의 울타리에서 벗어나고 싶어 한다.

'나는 누구인가?'

존재의 의미와 불확실한 미래를 고민하며, 완벽하다고 믿었던 부모의 단점과 약점도 보인다. 아이는 출구를 찾는다. 친구관계에서 해답을 구하기도 하고, 스마트폰에 파묻혀 작은 화면 속에 매몰되기도 한다.

엄마는 그런 아이의 모습이 답답하고 화가 난다. 하지만 엄마가 해야 할 일은 아이의 모습을 있는 그대로 받아들이는 것이다. 아이가 스스로 스마트폰 밖의 현실에서 더 가치 있는 것들을 발견할 때까지 기다릴 수밖에 없다. 자신의 시간이 허비되고 있음을 깨닫는 과정이 필요하다.

사춘기는 자기 내면의 목마름을 해결하기 위해 스스로 물을 찾으러 다니는 시기다. 책이 가까운 아이는 책을 찾는다. 늦은 밤, 터벅터벅 집으로 돌아와 부엌에 앉아 조용히 책장을 넘기는 엄마의 모습을 아이는 결코 허투루 보지 않는다. 사막에서 만난 오아시스 같은 한 권의 책이 아이의 인생을 마주 보게 한다.

《이토록 공부가 재미있어지는 순간》은 공부의 가치를 깨닫게 해주는 책이다. 나는 이 책을 참 좋아한다. 모든 공부에는 이유가 있다는 걸 알려준다. 그 진솔한 사실을 우리 아이가 꼭 알았으면 좋겠다.

사춘기가 오기 전이라면 엄마가 아이에게 좋은 구절을 찾아 읽어 줘도 좋다. 설령 엄마가 읽어준 구절이 아이 마음에 파고들지 못해도, 귓가를 스치는 바람이었어도 의미 있다고 생각한다. 나는 밥상머리에서 종종 이 책을 읽어주었다.

하지만 사춘기라면 아이 보이는 곳에 툭 던져둬라. 집어 들고 말고는 아이 몫이다. 아이를 믿고, 함께 기다려본다.

나도 내 아이의 사춘기는 어렵다. 지독히 어려운 숙제 맞다. 하지만 중요한 것은, 아이가 반드시 돌아온다는 믿음이다. 그러기에 아이가 보지 않더라도 엄마는 책을 놓지 말아야 한다. 아이들은 부모의 모습을 끊임없이 관찰하고 있다.

엄마는 사춘기 아이를 이해하기 위해《중학생, 기적을 부르는 나이》를 읽어보는 것도 좋다. 마음이 너무나 힘들다면《아낌없이 주는 나무》,《꽃들에게 희망을》,《어린 왕자》,《엄마 까투리》같은 동화를 다시 펼쳐보자. 동화는 따뜻하다. 엄마에게 위로가 된다. 아픈 마음을 어루만져준다. 우리 같이 기다리자.

7

고등학생:
전공 적합성 강화를 위한 선별적 독서

수능 공부는 문해력 향상을 위한 가장 확실한 방법

　대한민국의 고등학생은 곧 수험생이다. 책 읽을 시간이 없다고 하지만, 교과서도 책이다. 대한민국에서 가장 뛰어난 석학들이 연령에 맞는 어휘로 필수적인 주제를 정제된 문장으로 설명한 것이 교과서다. 교양 있는 시민으로 성장하기 위해 알아야 할 내용을 기초부터 심화까지 유기적으로 구성했다. 가장 검증된 책이라고 할 수 있다. 교과서를 제대로 읽는 것이 기본이다.

　슬프게도 대한민국에는 수학과 영어보다 국어를 못하는 사람이 많다. 문해력 부족이 심각한 이유다. 지난 4년간 수능 국영수 만점자

비율을 보면, 영어는 절대평가로 90점 이상이면 1등급을 받지만, 국어와 수학의 만점자 비율을 비교하면 수학이 훨씬 많다.

연도별, 과목별 수능 만점자(단, 영어는 1등급 기준)

항목	2022년도	2022년도	2024년도	2025년도
국어	28명	371명	64명	1,055명
수학	2,702명	934명	612명	1,52명
영어	2,780명	34,830명	20,843명	28,587명

문해력이 낮다는 것은 결국 국어를 잘 못한다는 뜻이다. 교과서 읽기도 독서다. 고등학생이 가장 집중해서 읽어야 하는 것이 교과서다. 수능 만점자들의 단골 멘트, "교과서 위주로 공부했어요" 하는 말은 빈말이 아니다.

문해력은 다양한 글, 특히 처음 접하는 글을 빠르고 정확하게 이해하는 능력이다. 현실적으로 보면, 수능 국어 기준 상위 11%인 2등급 이상이 문해력이 뛰어난 학생들이다. 수능 국어는 시, 현대소설, 수필, 연극, 고전소설 같은 문학뿐만 아니라 법, 경제, 철학, 과학, 통계 등 다양한 비문학을 포함한다. 제한된 시간 내에 이 글들을 이해하는 것이 문해력의 척도다.

그러나 실제로 수능 국어 2등급 이상을 받는 학생은 10%에 불과하다. 나머지 90%는 특정 유형의 글에서 어려움을 겪는다. 성인들도 마찬가지다. 소설을 읽는 데는 문제가 없지만, 전자 제품 설명서를 읽으면 이해가 어렵거나, 반대로 설명문은 잘 읽히지만 문학 작품의 문맥을 짚지 못하는 경우가 있다. 많은 사람이 겪는 문해력 문제다.

결국 문해력을 높이려면 모든 글을 같은 방식으로 읽는 것이 아니라, 유형에 맞게 달리 읽는 법을 익혀야 한다. 문학은 문맥적 의미를 파악하고 숨겨진 뜻을 유추하는 것이 중요하다. 반면, 비문학은 사전적 정의를 정확히 이해하고 논리적 전개를 따라가는 것이 핵심이다. 다행히 수능 공부 자체가 문해력을 높이는 가장 확실한 방법이다. 수능 국어를 제대로 공부하면 문해력은 자연스럽게 향상된다.

진공 적합성 강화를 위한 독서

고등학생이 여유롭게 독서할 시간은 부족할 수 있다. 하지만 독서의 재미를 아는 학생은 틈틈이 책을 읽는다. 대학 입시를 앞둔 학생에게 독서는 전략적인 무기가 된다.

2024년부터 학생부 독서 활동 기재가 폐지되었지만, '교과 세특(교과 세부능력 및 특기사항)'과 '창의적 체험활동(창체)'에서는 여전히 독서 기록이 가능하다. 뭘 읽었는지 기록하는 독서록이 아니라, 독서를 통해 어떤 활동을 했는지가 훨씬 더 중요하다. 2025년부터 고교학점제가 도입되면서 독서와 독후 활동은 전 교과와 학업, 진로를 연결하는 핵심 요소가 된다.

입시에서 독서는 전략이 되어야 한다. 어차피 읽어야 한다면 도움 되는 책을 읽어야 한다. 특히 대학 입시에서는 전공 적합성이 중요한 평가 요소다. 전공 적합성이란 특정 전공과 관련된 지식, 경험, 관심사가 지원 학과와 얼마나 맞는지를 의미한다. 같은 성적의 학생들이 몰릴 경우, 대학은 전공 적합성이 높은 학생을 선호한다.

예를 들어, 공대 지원자가 생활기록부에 《엔트로피》나 《공학이란 무엇인가》 같은 책을 읽었다고 기록하면 해당 분야에 대한 꾸준한 관심을 보여줄 수 있다. 현재 독서 기록에는 책 제목과 저자만 남길 수 있지만, 교과 세특이나 담임 교사의 종합평가에서 독서를 통한 학과 준비도를 충분히 드러낼 수 있다. 좋아하는 물리학자의 저서를 읽고, 그의 생애가 담긴 영화를 본 경험까지 기록된다면, 수시 전형에서 큰 강점이 된다.

효율적인 독서 전략을 세우려면 참고할 만한 가이드도 있다. 《명문대 필독서 365》는 인문, 철학, 문학, 사회과학, 수학, 예술 등 12개 분야에서 현직 교사들이 추천한 책 365권의 서평으로 구성되었다. 이 책은 두 권으로 되어 있는데, 워크북에는 학생부 관리에 유용한 가이드를 제공한다. 책을 읽을 때 어떤 부분에 집중해야 하는지 파악할 수 있고, 진로 특기 사항과 교과별 세특 예시도 함께 확인할 수 있다. 학종과 정시를 대비해 학생부를 전략적으로 관리하는 데 도움된다.

이런 자료들을 활용하여 반드시 찾아야 할 것은 '나만의 책', '나만의 독서 목록'이다. 이 목록이 우리 아이의 정체성을 드러내 줄 수 있어야 한다. 읽어야 하는 인문 고전은 많다. 마이클 샌델의 《정의란 무엇인가》, 제레드 다이아몬드의《총균쇠》, 유발 하라리의《사피엔스》, 칼 세이건의《코스모스》, 장 지글러의《왜 세계의 절반은 굶주리는가?》등 소위 알려진 인문서들은 대한민국 입시 시장에서 너무 많이 소비되었다. 한번 읽어보길 권한다. 내용을 알고 있으면 더없이 좋지만, 나만의 비밀 무기로 삼기에는 식상할 수 있다.

전통적인 인문 고전들이 이미 대다수 수험생에게 널리 읽혔다. 대입을 준비하는 고등학생이라면 필요한 책을, 필요한 방식으로, 전략적으로 읽어야 한다. 지망 대학 홈페이지에는 전공별 필독서를 찾을 수 있다. 이를 참고해 입시에 좀 더 체계적이고 전략적으로 접근하자.

7-1
다독 못한 우리 아이,
국어력 회복법

고등학생 중 독서로 문해력을 높이겠다는 사람은 없다. 문해력이 필요한 이유는 당장 학습이 어렵기 때문이다. 문해력이 부족하면 교과서 내용을 온전히 이해하기 어렵다.

독서는 아이 스스로 해야 한다. "책을 읽어라"해도 읽지 않고, "책을 읽지 마라"해도 읽을 나이다. 다독(多讀)과 다회독(多回讀)의 장점은 분명하다. 독서와 학습은 밀접하게 연결되어 있으며, 읽는 힘을 무시할 수 없다. 하지만 대입만 놓고 봤을 때, 독서가 직접적인 성적 향상과 연결된다고 단정하기란 어렵다. 독서와 학습에 상관관계는 있지만, 인과관계가 없다. 결국 공부할 때 집중해서 지식을 체계화, 구조화하는 과정이 필수적이다. 독서가 부족하다면, 독해라도 해야 한다.

국어력 부족을 해결하는 실질적인 방법

1 중학교 교과서 다시 읽기

중학교 교과서, 특히 과학과 사회 교과서를 다시 읽게 하는 것이 좋다. 고등학교 교과서로 넘어가기 전에 중학교 교과서를 읽고 내용을 정리하는 연습이 필수다. 중학교 교과서는 비교적 쉽고 간결하지만, 과학과 사회 과목의 개념어는 고등학교 공부와 직접 연결된다.

실천 방법
- 주 2회, 30분씩 '교과서 읽기 시간'을 만든다.
- 하루에 사회 교과서 2페이지, 과학 교과서 2페이지를 소리 내어 읽는다.
- 읽고 끝내지 않고, 중요한 개념어에 밑줄을 긋고 자신의 말로 해석하는 연습을 한다.

추가 연습

- 교과서 '대단원 마무리' 문제를 스스로 풀게 한다.
- 틀린 문제는 다시 교과서를 찾아보며 '왜 틀렸는지' 설명하게 한다.
- 빈칸 채우기에서 벗어나 핵심 내용을 A4 용지에 자신의 말로 정리하는 요약 노트를 작성하게 한다.

처음에는 귀찮지만, 일주일만 해보면 자신이 아는 것과 모르는 것이 명확해진다.

2 '5분 스키밍-스캐닝 훈련'으로 지문 읽기 능력 키우기

수능 국어에서는 1000자 이상의 긴 지문을 빠르게 읽어야 한다. 한줄 한 줄 정독하려면 시간이 부족하다. 이를 해결하려면 스키밍과 스캐닝 훈련이 필요하다.

- 스키밍(Skimming): 전체적인 흐름과 주제를 파악하기 위해 빠르게 읽는 기술이다.
- 스캐닝(Scanning): 필요한 정보만 골라내는 방법으로, 특정 키워드를 찾아내는 능력이다.

실천 방법

- 하루 1지문 읽기 실습을 한다.
- 국어 문제집, 신문 기사, 뉴스 기사 등 1,000자 내외의 글을 준비한다.
- 5분 안에 내용을 파악한 후 '이 글의 핵심 주장은?', '글의 흐름은

어떻게 전개됐는가?'를 정리하게 한다.

- 처음에는 5분이 짧다면 10분으로 늘려도 괜찮다.

효과적인 읽기 전략

- 문단의 첫 문장과 마지막 문장에 집중한다.
- 대부분의 지문은 첫 문장에서 주제를 제시하고, 마지막 문장에서 결론을 내린다.
- 첫 문장과 마지막 문장을 중심으로 읽고, 나머지는 보충하는 방식으로 접근한다.

이런 연습을 반복하면 문해력은 물론, 시험에서 지문을 빠르게 이해하는 능력도 향상된다. 꾸준한 실천이 핵심이다.

3 지문 구조 파악 훈련: 접속사와 연결어 찾기

국어 지문은 논리적 구조에 따라 문장이 연결된다. 하지만 많은 학생이 '게다가', '반면에', '하지만' 같은 접속어를 주목하지 않고 지나친다. 접속어를 찾는 것만으로도 글의 구조를 절반 이상 이해한 셈이 된다. 접속어는 글의 전환점을 알려주는 신호등과 같다.

실천 방법

- 접속어 하이라이팅 훈련: 지문을 읽을 때 '하지만', '따라서', '그럼에도 불구하고' 같은 연결어에 색깔 펜으로 밑줄을 긋는다. 이를 통

해 지문의 흐름을 쉽게 파악할 수 있다.

• 기출문제를 활용한 구조 분석: 기출 지문을 읽으며 각 문단의 주제 문장에 별표를 표시하고, 그 문단이 어떤 역할(배경 설명, 주장, 예시 등)을 하는지 정리하는 연습을 한다.

꾸준히 독서하면 배경지식과 문해력이 자연스럽게 자란다. 하지만 책 읽을 짬이 없는 고등학생에게는 현실적 대안이 필요하다. 중학교 교과서 읽기, 5분 스키밍 훈련, 접속어 찾기 훈련 같은 구체적인 연습 방법을 실행하자. 공부법에 잘만 적용해도 능력은 충분히 향상될 수 있다.

읽기 능력은 성인이 되었을 때 스스로 텍스트를 찾고, 음미하며, 즐기는 힘이 된다. 아이를 책 읽는 사람으로 키우려는 목적은 시험 문제 몇 개를 더 맞히게 하려는 게 아니다. 읽기 능력은 삶을 주도적으로 살아가는 힘이다. 우리 삶의 어느 순간에도 읽는 일이 빠질 수 없다. 새로운 직업에 적응하고, 복잡한 계약서를 해석하며, 사회적 이슈를 비판적으로 바라보는 힘도 여기에서 비롯된다.

부모의 역할은 길잡이다. 구체적으로 어떻게 해야 하는지 알려주어야 한다. 아이들은 빠르게 변한다. 국어 실력이 늘면 다른 과목 성적도 자연스럽게 오르는 '도미노 효과'가 일어난다. 교과서 읽기는 지금 시작하면 된다.

다독의 시기를 놓쳤다고 낙담할 필요는 없다. 하지만 읽지 않고는 결코 실력을 쌓을 수 없다. 노력하면 변하고 성장한다.

7-2
부모의 역할:
실패해도 괜찮다고 말해주는 힘

고등학생 자녀를 둔 부모님께 전하고 싶은 이야기다. 머릿속으로는 이미 알고 있어도, 누군가 대신 말해줘야 새삼 가슴에 와닿는 때가 있다. 지금이 바로 그 순간일지 모른다.

고등학교 3년은 아이가 어른이 되어가는 길목이다. 대입을 준비하든 사회로 나아가든, 자신만의 길을 찾는 특별한 여정이다. 이 시기에 아이들은 공부 방식부터 진로까지, 자신을 끊임없이 탐색한다. 그래서 그렇게 많은 양의 공부를 요구받으면서도 그 무게를 버텨내는지도 모르겠다.

고등학생에게 정말 필요한 말은 하나다.

"끝까지 해보자. 중간에 흔들려도 괜찮으니, 절대 포기하지 말자."

아이들은 "올해 재수하면 불리하다" 같은 말에 겁먹는다. 하지만 언제나 재수생이 있었고, 필요한 상황이면 하면 된다. 어른이라면, 1년이 인생을 뒤흔들 만큼 긴 시간은 아니라는 걸 알지 않나.

오히려 "이번이 마지막이야", "실패하면 끝" 같은 말들이 아이들을 더 불안하게 만든다. 이미 흔들리고 있는 아이들에게는 독이 될 뿐이다. 부모의 말 한마디는 아이 인생에 큰 영향을 준다. 어떤 말은 아이를 벼랑 끝에 세우고, 어떤 말은 든든한 이정표가 된다.

실패해도 괜찮다는 말의 진짜 의미

"실패해도 괜찮아"라고 한다고 해서, 아이가 대충해도 된다고 생각하는 건 아니다. 이 말은 '엄마, 아빠가 전적으로 널 믿는다'는 메시지다. '결국 해낼 거라고 믿는다'는 확신을 전한다. 아이들은 그 믿음을 외면하기 어렵다. 믿어주는 사람이 있을 때, 더 열심히 해내고 싶어지는 법이다.

한 고등학생은 "부모님이 실패해도 괜찮다고 했을 때, 처음엔 믿기지 않았다"면서도 진심이라는 걸 알게 되자 오히려 더 힘이 났다고 했다. 사람이라면 누구나 자신을 믿어주는 누군가의 기대를 저버리고 싶지 않아 한다.

어른들도 상사의 믿음을 느낄 때 더 열심히 일한다. 아이도 똑같다. 게다가 아이는 '부모님에게 인정받고 싶다'는 마음이 더 크다.

나 역시 성적이 오르지 않아 불안했고, 목표 대학에 갈 수 있을지들 걱정이었다. 그렇지만 어머니의 "성적이 어떻든, 어느 대학에 가든 넌 내 딸이야" 하시는 말에 마음이 한결 편해졌다. 앞만 보고 나아갈 동력을 얻었다.

얼마 전 만난 학부모는 "실패해도 된다고 했더니, 아이가 스스로 공부하기 시작했다"며 놀라워했다. 아이가 공부하는 이유가 자신의 꿈, 비전도 있지만 부모에게 인정받고 싶은 마음이 크기 때문이다.

자기 존재에 대한 확신이 생기는 순간, 공부는 자신의 의지로 이루어진다. 성공의 반대말은 실패가 아니라 포기다. 부모가 "실패해도 좋으니 계속 가보자"라고 말하는 것은 아이가 결국 성공으로 가는 긴 여정을 허락하는 셈이다.

고3 입시생의 부모는 이 말을 내뱉기가 정말 쉽지 않다. 부모 역시 '실패하면 어쩌지?' 하는 두려움이 마음 한구석에 남아 있기 때문이다. 하지만 아이에게 정말 필요한 건 '끝나지 않는다, 다시 시작할 수 있다'는 희망이다.

고등학교 3년 동안 단 한 번도 실수하지 않는 일은 불가능하다. 차라리 실패도 해보고, 그 실패를 극복하는 과정에서 아이 스스로 강해질 수 있다. 어쩌면 1등과 꼴찌가 긴 인생에선 별 의미 없을 수도 있다. 지금은 최선을 다해 후회 없이 달려보는 경험이 더 중요하다. 그리고 정말 후회 없이 자신의 모든 것을 쏟아부었을 때는 결과에 겸허할 수 있다. 중간에 흔들려도 괜찮다. 길을 잃어도 괜찮다. 끝까지 가보면 된다.

그리고 부모는 기다리면 된다. 아이를 끝까지 믿고 지켜보자, 묵묵히.

Reading

literacy

Chapter 5

교과 연계 독서 &
문해력 향상 비법

1

교과를 읽는 힘,
단계별 주제 독서

'마태효과(Matthew Effect)'라는 말이 있다. 우리말로는 '부익부 빈익빈'이다. 즉, 부자는 더욱 부유해지고 가난한 사람은 더욱 가난해진다는 의미다. 이 개념은 미국의 저명한 사회학자 로버트 머튼(Robert Merton)이 성경 '마태복음' 25장 29절에서 착안해 처음 사용했다고 한다.

아이들이 교과서를 읽는 모습을 지켜보면, 마태효과가 그대로 적용된다는 생각이 든다. 교과서를 잘 읽는 아이들은 기본적으로 그 안에 담긴 어휘를 잘 이해한다. 어휘력이 풍부하면 자연스럽게 문해력이 따라오고, 교과서를 쉽게 읽을 수 있으니 집중력도 높아진다.

교과서에 집중하는 능력은 아이들의 학습에서 매우 중요하다. 우리의 학창 시절만 돌아봐도 모든 선생님이 다 강의에 출중하지는 않았다는 걸 알 수 있다. 특히 중학교 이후에 과목별 선생님의 지도 방식은 제각각이다.

그러나 문해력이 뛰어난 아이는 어떤 방식으로 설명하든 잘 이해한다. 교과서를 이해하는 기본적인 힘이 있기 때문이다. 이게 선순환이다. 선생님 무슨 설명을 어떻게 해도 이런 아이들은 잘 받아먹는다.

결국 교과서를 읽고 이해하는 힘이야말로 학습을 단단하게 다져주는 핵심이다. 이 힘이 제대로 갖춰지면 선순환이 온전히 이뤄진다. 그래서 유·초등 시절부터 다양한 분야의 책을 읽어온 아이가 유리하다. 풍부한 배경지식을 바탕으로 교과서를 대하기에 이해력이 높을 수밖에 없다.

교과서는 한정된 지면에 학년별 수준에 맞춘 학습 어휘로 방대한 내용을 담는다. 이 때문에 어휘가 매우 함축적이고, 학년이 올라갈수록 그 정도가 더 깊어진다. 예를 들어, 초등학교 5학년 사회 교과서는 우리나라 역사를 다룬다. 한 학기 동안 선사시대부터 대한민국 근현대사까지 빠르게 훑으며, 핵심 내용을 한두 줄이나 한 단락에 압축해 전한다.

이때 역사에 대한 배경지식이 풍부한 아이는 짧은 문장 한 줄을 수백 장, 수천 장의 내용으로 확장해 이해한다. 교과서에 담긴 함축적 어휘를 얼마나 이해하고 확장하느냐가 학습의 깊이를 결정한다.

유아, 초등 시기의 다독은 부모의 손품과 발품이 필수다. 부모의 가이드대로 전 분야의 도서를 고르게 접할 수 있는 거의 유일한 시기라 해도 과언이 아니다. 초등학교 3~4학년만 돼도, 부모가 권하는 책을 아이가 쉽게 수용하지 않는다.

많은 부모는 "우리 아이는 ○○만 좋아한다"라며 걱정하지만, 이때는 아이가 독서 취향이 어떤지 유심히 살펴야 한다. 여러 종류의 책을 읽어본 뒤 좋아하는 분야를 발견한 것인지, 아니면 특정한 책에만 노출되어 자연스럽게 취향이 고착된 것인지 확인해야 한다.

초등 고학년이 되어 독서 취향이 생겼다면, 오히려 감사할 일이다. 취향이 있다는 건 그만큼 책을 즐겨 읽는다는 뜻이니까. 반면, 미디어·게임·영상에만 빠진 아이가 좋아하는 책이 한 권이라도 있다면, 그 책을 소중히 여겨 독서를 더 넓혀갈 기회로 삼아야 한다.

그러나 모든 분야의 책을 고르게 접하게 하려면 현실적 어려움도 뒤따른다. 단행본만 여러 권 사도 비용이 만만치 않고, 부모도 사람인지라 취향 따라 책을 고르다 보면 아이의 독서 영역이 한쪽으로 치우치기도 한다.

이럴 때는 독서 환경을 조성할 때 다양성을 고려해야 한다. 여러 주제와 분야가 골고루 담긴 책을 선택하거나, 도서관 등 공공 자원을 적극 활용해 부담은 줄이면서 폭넓은 독서를 유도할 수 있다. 아이들에게 책을 언제, 어떻게 접하게 해주느냐에 따라 독서 폭과 깊이가 달라질 수 있다는 점을 명심해야 한다. 결국 부모로서 현명한 선택을 하는 것이 중요하다.

나는 유아와 초등학생 아이들에게 전집 독서, 시리즈 독서를 추천한다. 전집은 주제와 내용을 폭넓게 다루어 독서 습관을 형성하고 지적 호기심을 자극하기에 좋다.

우리나라 1호 영재로 알려진 푸름이 아빠 최희수 씨도 아이가 초등학교에 입학하기 전까지 오직 책으로만 육아했던 일화로 유명하다. 그는 전집 독서의 장점을 강조하며 말했다.

"전집은 그중 10%만 읽어도 성공한 겁니다."

전집은 짜임새 있는 체계 속에 다양한 내용을 담고 있어, 아이가 한 주제를 깊이 파거나 새로운 분야를 자연스럽게 접할 기회를 준다. 전집 독서는 단순히 많은 책을 한꺼번에 읽는 것이 아니다. 다독의 기반을 닦고, 차곡차곡 배경지식을 쌓아 학습의 기초를 다지는 과정이다.

체계가 잘 갖춰진 전집을 단행본으로 일일이 찾아 구성하는 일은 훨씬 더 큰 노력이 든다. 비용을 아낄 수 있는 것도 아니다. 이럴 때는 중고 책이나 전집 대여 플랫폼을 활용해보는 것도 좋다.

전집은 풍부한 자본과 인력이 있는 대형 출판사에서 출간한다. 같은 주제를 다양한 시각으로 풀어낼 글 작가와 그림 작가를 동시에 섭외할 수 있기 때문이다. 요즘 전집은 책 속 텍스트뿐 아니라 북시네마·오디오북 등 멀티미디어 콘텐츠로 확장되어, 아이에게 더 폭넓은 독서 경험을 선사한다.

하지만 이 점은 분명하다. 책이 책장에 꽂혀만 있으면, 없는 것이나 마찬가지다. 독서가 중요하다는 걸 알면서도 부모가 시간적 여력

241

이 충분치 않다면, 유료 독서 프로그램을 활용하는 것도 하나의 방법이다.

아이들의 독서 환경을 마련할 때는 언어·사회·수학·과학·예술 등 다양한 영역의 책을 균형 있게 갖춰야 한다. 언어 감각을 자극하는 창작동화 등은 도서관에서 자주 빌려 다독하는 것을 권장한다. 반면 사회·과학·지식 분야의 책은 두고두고 몇 년 동안 읽을 수 있으므로 집에 갖춰두는 편이 좋다.

많은 부모가 유아기에는 독서에 관심을 갖다가 아이가 자라면서 언제 어떻게 단계별 독서를 유도해야 할지 몰라 시기를 놓치곤 한다. 아이는 곧 초등학생이 되는데 집 안에는 아직도 유아용 책만 가득한 경우다. 나도 큰아이가 초등학교 3~4학년 무렵, 집안에 유아용 책뿐이라는 사실을 깨달았다. 동생이 둘이나 더 있어 그 책들을 돌려 보긴 했지만, 정작 큰아이에게 맞는 수준의 책이 부족하다는 걸 알고 나서야 급히 책들을 재구성했다. 적절한 시기에 글밥과 난이도가 맞는 책을 제시해야, 아이의 어휘력이 정체되지 않고 학년별 교과 이해도 쉽게 이뤄진다.

그렇기에 아이의 독서 수준을 꾸준히 살피고, 학년에 맞춰 단계적 독서를 권유하는 일이 중요하다. 독서 단계에 절대적인 기준은 없지만, 보통 같은 주제의 책을 고를 때 아이 연령보다 2년 아래 단계와 2년 위 단계의 책을 함께 준비하면 효과적이다. 무엇보다 부모가 내 아이의 독서 수준을 정확히 파악하는 것이 핵심이다.

다음은 연령별로 권장되는 도서 영역 예시다. 특정 책을 명시하지는 않았으니, 우리 아이의 연령과 독서 상황을 고려해 골고루 읽히고 있는지 점검해보면 된다.

연령대	권장 도서 영역 / 주제	특징	부모가 참고할 점
영아기 (0~3세)	• 기초 그림책 • 감각체 (촉감·소리·색깔 등) • 간단한 창작동화	• 텍스트보다 이미지·소리·촉감에 집중 • 시각·청각·촉각 등 감각 발달이 주된 목표 • 의성어·의태어·반복적 표현 활용	• 부모와 함께 소리 내어 읽으며 애착 형성 • 일상 루틴에 책 읽는 시간 포함 • 지나치게 많은 책보다 자주 반복해서 읽을 수 있는 책 중심으로 구성
유아기 (4~7세)	• 전래동화, 명작동화 • 창작동화, 생활동화 • 기초 지식책(쉽게 풀어낸 과학·동물·식물 등)	• 문장 길이가 조금씩 늘어나며 이야기 구도가 다양 • 상상력과 호기심을 자극하는 주제 선호 • 인물·교훈적 이야기 (전래동화, 명작동화)로 사고력과 공감 능력 발달	• 아이가 좋아하는 주제를 중심으로 선택 • 부모와 함께 인물·줄거리에 대해 대화 • 간단한 독후 활동(그림 그리기, 역할놀이 등)으로 흥미와 이해도 높이기
초등 저학년 (1~2학년)	• 창작동화, 생활동화 • 짧은 역사·과학 입문서 • 위인전, 동시	• 글밥이 점차 늘어나고 문장 구조가 복잡해짐 • 기초적 역사·과학 지식 소개 • 위인전을 통해 도전·성취 등 긍정적 가치관 형성	• 아이 수준보다 살짝 높은 책을 제시해 도전 욕구 유도 • 낭독과 묵독을 병행하며 독서 습관 형성 • 교과 내용과 연계해 흥미를 높이고, 토론이나 발표 기회 제공

연령대	권장 도서 영역 / 주제	특징	부모가 참고할 점
초등 중학년 (3~4학년)	• 위인전, 명작동화(축약본) • 역사·과학 입문서 (교과 연계심화) • 사회·문화·지리 등 기초 인문 지식 • 사고력·추리 동화, 학습만화	• 호기심 영역이 확장됨에 따라 다양한 주제 수용 가능 • 어휘와 개념이 더 깊어지며 글밥도 늘어남 • 위인전·명작동화로 역사·문화적 배경 이해	• 교과 학습과 적극 연계 (역사, 과학 등) • 독서 노트 작성·간단한 발표 ·토론으로 사고력·표현력 키우기 • 아이 흥미, 관심사 파악해 학습만화도 적절히 활용
초등 고학년 (5~6학년)	• 깊이 있는 역사·과학· 인문·사회 도서 • 명작 소설(축약본에서 원본으로 확장) • 고전소설, 현대소설, 현대시 • 논리·토론형 동화, 비문학 자료	• 추상적 개념과 비판적· 논리적 사고 발달 • 중학교 교과 내용의 기초를 쌓는 시기 • 소설·시 등 문학 영역을 폭넓게 접하며 독해력· 글쓰기 능력 양화	• 관심 분야 파악 후 심화 독서로 연결 • 독후감, 토론, 발표 등 자기 표현 기회 확대 • 서점이나 도서관 프로그램 (독서 동아리 등)을 적극적 으로 활용해 폭넓은 독서 경험 제공
공통 고려 사항	• 다양한 주제·난이도의 책을 균형 있게 선택 (독서 편식 예방) • 2년 아래 단계와 2년 위 단계의 책 함께 제시	• 아이 흥미와 학습 수준 조화를 위해 유연하게 조정 • 집, 도서관, 전자책 등 다양한 독서 환경 제공	• 부모와 함께 대화하며 독후 활동 진행 • 아이 스스로 책을 선택하도록 기회 부여 • 정해진 독서 시간 또는 자유 독서 시간을 적절히 분배 • 독서 뒤엔 칭찬과 격려로 동기부여

역사를 깊이 있게 읽는 법

　역사는 과거를 암기하는 학문이 아니다. 역사는 과거를 통해 현재를 이해하고, 미래를 계획하는 힘을 길러준다. 하지만 초등학생에게 역사를 가르치는 일은 생각보다 쉽지 않다. 특히 초등 5학년 2학기부터 본격적으로 다루는 한국사는 약 70만 년에 이르는 방대한 시간을 포함하고 있어, 학생뿐 아니라 부모와 교사 모두에게 부담이 된다. 역사를 효과적으로 학습하려면 아이의 발달 단계에 맞는 학습법과 문해력을 길러주는 전략이 필요하다.

역사 이해와 문해력의 관계

문해력은 글을 읽고 이해하는 것을 넘어, 텍스트 속 의미를 파악하고 이를 자신의 사고와 연결하며 확장하는 능력이다. 역사 공부에서도 문해력은 필수적이다. 교과서에 나오는 사건과 인물은 단순히 나열된 정보가 아니라 맥락과 인과관계를 담고 있기 때문이다. 그러나 문해력이 낮은 아이는 이런 맥락을 파악하지 못하고 사실만 외우다가 역사를 흥미 없는 과목으로 여기기 쉽다.

교과서에서 '조선 건국'을 다룰 때 역사 문해력이 높은 아이는 맥락적 사고를 할 수 있다. "왜 고려 말에 사회 혼란이 심했을까?", "왜 신흥 세력이 새 왕조를 원했을까?" 같은 질문을 던지며 사건의 배경과 원인을 생각한다. 반면, 역사 문해력이 낮은 아이는 흐름을 잡지 못한다. 배경지식의 부족과 직결된다. '조선은 이성계가 세웠다'는 사실만 외우고 만다. 이런 차이는 역사 공부의 흥미와 깊이에 큰 영향을 미친다.

문해력을 강화하기 위해서는 초등 시기부터 아이가 교과서 내용을 입체적으로 이해할 수 있는 다양한 자료와 활동을 제공해야 한다. 학년별 발달 단계에 맞춰 역사를 흥미롭게 접근할 수 있는 학습법이 필요한 이유다.

학년별 효과적인 역사 공부법

역사 공부는 아이의 발달 단계에 따라 접근 방식을 달리해야 한

다. 문해력을 키우는 데 적합한 활동과 전략도 학년에 따라 달라진다.

1~2학년 흥미 중심의 이야기 접근
1~2학년 아이들은 시공간 개념이 발달하지 않아 과거와 현재를 명확히 구분하거나 사건의 순서를 이해하기 어렵다. 이 시기에는 인물과 사건 중심의 이야기로 역사를 접하는 것이 효과적이다. 단군왕검 이야기나 이순신 장군의 업적처럼 흥미로운 소재를 활용해 동화처럼 들려주는 방식을 추천한다. 역사적 내용을 다룬 그림책이나 학습만화도 좋은 도구가 된다. 이 과정에서 "단군은 왜 나라를 세웠을까?" 같은 간단한 질문을 던지면 사고가 더욱 활발해진다.

또한 아이들이 배운 내용을 나만의 인물 수첩이나 사건 수첩에 정리하거나, '한국을 빛낸 100명의 위인들', '조선의 왕' 같은 역사 노래를 활용해 암기하도록 돕는 것도 흥미를 높이는 방법이다. 이 시기의 목표는 역사에 대한 흥미를 키우고 배경지식을 쌓는 것이다.

3~4학년 시간 개념 도입과 맥락 이해
3~4학년이 되면 아이들은 현재와 과거를 구분하고, 사건의 시간적 흐름을 이해하는 능력이 발달한다. 이 시기부터는 연표를 활용해 사건의 순서를 정리하며 역사의 흐름을 파악하도록 지도하는 것이 중요하다.

삼국 시대의 전쟁을 '한강 유역을 차지하기 위한 싸움'으로만 기억하는 것이 아니라, 한강 유역이 지닌 지리적·경제적 이점을 함께 이해하도록 도와야 한다. 전쟁이 일어난 배경과 이유를 파악하면, 사건을 개별적인 사실로 외우는 것이 아니라 흐름 속에서 이해할 수 있다. 역사는 맥락 없는 사건의 나열이 아니라, 인과관계로 이루어진 흐름이라는 점을 알려주는 것이 중요하다.

이 단계에서 아이들은 사건과 인물을 연결하고, "왜 이런 일이 일어났을까?" 같은 질문을 통해 원인과 결과를 파악해야 한다. 마인드맵을 사용해 주요 사건을 시각적으로 정리하거나 다양한 자료를 비교하며 비판적으로 읽는 연습도 권장한다.

5~6학년 통사적 학습과 깊이 있는 분석

5~6학년은 시대 흐름과 사건의 인과관계를 이해할 수 있는 시기다. 이때는 역사의 큰 맥락을 파악하며 사건 간의 관계를 분석하고, 역사적 사건이 현대에도 어떤 의미를 지니는지 깊이 생각하도록 유도하는 통사적 학습이 중요하다.

예를 들어, '삼정의 문란'을 살펴볼 때 조선 후기의 혼란에서 멈추지 말고, 그 시기가 백성들의 삶에 어떤 영향을 미쳤고, 사회 구조에 어떤 변화를 가져왔는지 함께 탐구할 수 있다. 역사에서 접하게 되는 용어는 대부분 한자어다. 따라서 각 한자어가 의미하는 바를 정확히 이해해야 한다.

• '삼정'이란 무엇인가? 삼정은 전정(토지세), 군정(군포), 환곡(빈민 구제 곡물 대출)을 말하는데, 이는 조선 후기 농민들의 삶과 직접 연결

된 세 가지 주요 제도다. 삼정의 본래 목적과 이상적인 운영 방식을 설명함으로써 학생들이 그 역할을 제대로 이해하도록 돕는다.

- '문란'이란 무엇인가? 삼정의 부패로 인해 제도가 어떻게 백성들에게 고통을 주었는지 함께 살핀다. 과도한 세금 부과, 군포 징수의 불공정성, 환곡제도의 악용 등이 백성에게 끼친 피해를 구체적으로 설명해 당시 농민들의 고통을 상상하게 한다.

- 인과관계 분석: 삼정의 문란은 백성들의 삶에 극심한 고통을 가져왔고, 이는 농민 봉기 같은 사회적 불안으로 이어졌다. 예를 들어 홍경래의 난이나 임술민란은 이러한 사회적 불만이 폭발한 결과였음을 강조한다.

- 현대와의 연결: 삼정의 문란을 통해 '공정한 세금제도와 사회복지는 왜 중요한가?'를 생각해보고, 현재의 문제와 연결해 사고를 확장하도록 한다. 역사를 과거의 사건으로만 보지 않고, 오늘날 제도와 정책을 성찰하는 기회로 삼는다.

- 토론 주제 제안: '삼정의 문란이 없었다면 조선 후기 농민 봉기는 발생하지 않았을까?', '현대사회에서 공정한 제도를 유지하려면 무엇이 필요할까?'

이러한 활동은 학생들이 역사적 사건의 원인과 결과를 깊이 탐구하고, 이를 현대의 관점에서 재해석하는 능력을 기르는 데 도움을 준다. '삼정의 문란'은 당시 조선 사회의 구조적 문제를 파악하고, 제도 변화의 과정을 통해 오늘날에도 시사점을 찾도록 안내하는 좋은 예시가 된다.

이 단계에서는 사건과 인물을 비교하고 대조하면서 비판적 사고를 키울 수 있다. 영화나 드라마 같은 시청각 자료를 활용해 역사적 배경을 시각적으로 이해하되, 허구와 사실을 구분하는 비판적 문해력을 함께 길러주는 것도 중요하다.

그리고 역사를 공부하는 고학년 아이라면, 이 세 가지를 꼭 유념해야 한다. 첫째, 쓰면서 공부하기다. 둘째, 다양한 자료를 함께 활용하기다. 셋째, 역사 용어의 한자 뜻을 파악하며 공부하기다.

초등학교 5학년 담임만 5년째 맡아온 한 선생님과 인터뷰했을 때, 손으로 쓰지 않는 아이들의 가장 흔한 문제는 이미 알고 있는 내용을 글로 옮기지 못한다는 점이라고 했다. 예를 들어, 고조선의 '단군왕검'을 답안에 적어야 할 때 '단군왕건', '당근왕검', '당군왕검' 같은 잘못된 표기가 특히 많다고 한다. "아는 문제인데 실수로 잘못 썼어요"라고 해도 결국 틀린 건 틀린 것이다.

또 역사는 그림, 지도, 도표, 사진 등 시각 자료를 통해 시대상을 이해하는 일이 중요하다. 초등학교 5학년 사회 교과서나 중·고등학교 역사 교과서를 보면 한 시대를 설명할 때, 글과 함께 다양한 도표와 사진이 실려 있다. 이런 자료를 주의 깊게 분석하는 능력은 역사 공부에 필수적이다.

마지막으로, 한자로 된 역사 용어를 공부할 때는 한자의 뜻을 파악하면 훨씬 쉽게 용어를 익힐 수 있다. 예를 들어, '문신'은 글(文)로 임금을 보좌하는 신하를 뜻하고, '무신'은 무(武)로 임금을 보좌하는 신하를 말한다. '봉기'는 '벌 봉(蜂)'에 '일어날 기(起)'를 합친 단어여서 벌 떼처럼 한꺼번에 일어났다는 의미다. 비록 한자를 정확히 쓰지 못하더라도 그 뜻을 이해하면 역사 어휘를 훨씬 수월하게 받아들일 수 있다.

전략 독서를 통한 확장

역사 공부를 교과서 내용만 반복하는 데 그치지 않고, 주제별로 폭넓은 자료를 접해 지식을 확장하는 일이 필요하다. 초등학생에게는 교과서를 기본으로 삼아 다양한 활동을 시도하는 것을 권장한다.

항목	설명	추천 대상
역사동화 읽기	초등 저학년에게 이야기 형식을 통해 역사적 사건과 인물을 쉽게 이해하도록 돕는 방법	초등 저학년
역사 학습만화 읽기	학습만화를 통해 사건의 흐름과 인물 간의 관계를 시각적으로 파악하며 흥미를 유발	초등 저학년 및 중학년
한국사, 조선왕조실록 읽기	학습만화적 요소가 없는 역사책(스토리텔링 형식)을 통해 역사 자체를 깊이 있게 학습	초등 중학년 및 고학년
다양한 자료 읽기	신문 기사, 다큐멘터리, 그림책 등 다양한 자료를 비교하며 비판적 사고력과 역사적 관점을 가르는 방법	초등 중학년 및 고학년
박물관·유적지 방문	역사적 유물을 직접 보고 체험하며 사건의 맥락과 의미를 생생하게 이해	초등 모든 학년

역사를 배우는 초등 시기에는 아이들이 흥미를 잃지 않도록 배려하고, 역사 속 이야기를 통해 문해력을 자연스럽게 키워주는 것이 좋다. 교과서를 넘어 다채로운 자료와 활동으로 입체적으로 역사를 익히게 하면, 아이의 문해력뿐 아니라 비판적 사고력과 삶의 태도에도 긍정적인 변화가 올 것이다.

추천 도서

- **《용선생의 시끌벅적 한국사》 시리즈**
  초등 한국사 베스트셀러. 사진, 지도, 그림, 인포그래픽 등 시각 자료가 풍부하여 어린아이들도 쉽고 재미있게 읽을 수 있다. 흥미 유발, 학습에도 도움 된다.

- **《큰별쌤 최태성의 별별 한국사》 시리즈**
  중학교 가기 전에 한국사를 정리하기 좋다. 챕터마다 3분 정도의 최태성 선생님의 강의가 제공된다. 한국사 검정시험 기출까지 수록되어 있다.

- **《한국사 읽는 어린이》 시리즈**
  역사학자 3인이 쓴 정통 한국사. 시대별 전문가가 나눠 집필하여 내용이 전문적이고 깊이가 있다.

- **《어린이를 위한 하룻밤에 읽는 한국사》 시리즈**
  3권으로 한국사를 정리할 수 있다는 것이 최대 장점이다. 글자 크기가 다소 작고 글밥이 많은 대신, 삽화나 그림 자료가 적은 편이다. 호기심을 불러일으키는 각각의 주제로 전체 시대상을 아우르도록 서술한다.

- **《초등학생을 위한 핵심 정리 한국사》**

  한국사 내용을 1권으로 요약한 정리집. 한국사를 처음 접하는 아이들이 보기에는 내용이 간략하여 어려울 수 있다. 어느 정도 한국사를 공부한 후 한 권으로 복습하며 총정리 하기에 적합하다.

- **《역사 챌린지 어린이 조선왕조실록》 전집**

  조선 역사 500년의 흐름을 왕을 중심으로 풀어내는 역사 전집이다. 한국사 공부할 때, 주요 왕을 중심으로 하기 때문에 놓칠 수 있는 흐름을 정확히 잡을 수 있다. 책마다 활용할 수 있는 북쇼츠로 주요 사건을 이해할 수 있게 한다.

- **《그림으로 보는 조선왕조실록》 시리즈**

  초등 눈높이에 맞는 가장 쉬운 조선왕조실록이다. 실록 중 유익하고 중요한 내용을 가려 뽑아 재치 있는 그림으로 담아냈다.

- **《어린이를 위한 이순신의 바다》**

  이순신이 참여한 전투를 중심으로 조선의 바다와 조선을 지킨 이야기를 가장 생생하게 들려준다.

3

정치·경제를 읽으면
세상이 보인다

　정치와 경제는 우리 삶과 떼려야 뗄 수 없는 영역이다. 정치적 결정 하나, 경제적 변화 하나가 일상에 크고 작은 영향을 미친다. 예를 들어, 물가 상승이나 세금제도가 달라지면 가계 지출이 변하고, 교통법이나 교육 정책의 변화는 아이들의 학교생활을 바꾼다. 결국 정치와 경제는 우리가 매일 마주하는 현실 자체다. 이런 상황 속에서 자라는 아이들에게 정치와 경제를 이해하는 기본적인 안목은 매우 중요한 삶의 기술이다.

　초등학교 5학년 때 법과 인권을 배우고, 초등학교 6학년 때는 정치와 경제의 흐름을 다룬다. 시장과 가격, 기업과 생산, 가정 경제,

세금과 복지, 무역과 우리 경제, 민주주의와 민주 정치, 대통령과 행정, 국회와 입법, 법원과 사법, 지방 자치, 통일 한국의 미래 등이 그 예이다. 이 과정을 통해 아이들은 민주시민으로 자란다.

초등 고학년 교과서는 글의 양이 많고, 다루는 개념도 깊다. 정치·경제 개념은 사회 교과뿐 아니라 국어 비문학 지문에도 등장하므로 배경지식을 갖추는 게 좋다.

정치와 경제 분야에는 전문 용어가 많다. '민주주의', '자본주의', '국내총생산(GDP)', '재정 적자' 같은 단어들은 국어 비문학 독해에서도 자주 보인다. 이 용어들을 알면 독해 중에 막히지 않고 글의 흐름을 쉽게 이해할 수 있다.

정치·경제 관련 신문 기사나 정책 보고서를 읽는 경험은 국어 시간에 배우는 논설문, 기사문 같은 글 형식을 자연스럽게 익히게 한다. 비문학 독해 능력을 키우고 글의 구조를 파악하며 핵심을 요약하는 힘을 기를 수 있다.

정치·경제 사례를 활용하면 논리적이고 탄탄한 글쓰기를 할 수 있다. 예를 들어, '세금을 어떻게 사용하는 것이 공정한가?' 같은 주제를 다룰 때, 실제 사례와 경제 개념을 들어 설명하면 글의 설득력이 커진다. 정치·경제를 국어 활동과 연결하면 실생활에 더 가깝게 다가가므로 학습 동기가 높아진다. 예를 들어, "최저임금 인상이 우리 집의 생활에 어떤 변화를 가져올까?"라는 질문은 국어 글쓰기와 현실 문제를 이어주는 좋은 방법이다.

정치·경제 분야는 교과서보다 실제가 더 '다이내믹'하고 '버라이

어티'할 수 있다. 아이들과 뉴스를 함께 보며 대화하는 것도 살아 있는 정치·경제 교육이 된다.

예를 들어, 삼권 분립이 왜 필요한지 아이에게 얘기해 주면, 정치의 작동 원리를 조금씩 이해하게 된다. "법과 제도는 어떤 상황에서 움직이고, 사람들은 왜 투표로 대표를 뽑을까?" 같은 질문을 던져보는 것도 좋다.

경제도 마찬가지다. 아이가 새 운동화를 사고 싶어 하면 이렇게 이야기할 수 있다.

"운동화를 사려면 가격을 비교해보고, 꼭 필요한지 생각해봐야 해. 사고 나서 돈이 모자라면 다음에 필요한 걸 못 살 수도 있으니까. 이걸 '소비 우선순위'라고 해."

이런 대화를 나누면 아이는 소비에 대한 계획을 세우는 법을 배울 수 있다.

정치와 경제 문해력을 키우는 것은 사회과 지식을 머리에 입력하는 게 아니다. 아이들이 세상을 보는 넓은 시각을 기르는 과정이다. 이런 시각이 있으면 아이들은 주변 사회를 더 깊이 이해하고, 올바른 판단을 내리는 법을 배운다.

우리 아이들이 민주시민으로 성장하는 데 도움 될 도서는 다음과 같다.

초등학생을 위한 정치·경제 추천 도서

- 《선생님도 놀란 초등사회뒤집기》 '경제정치편'

- 《법 만드는 아이들》

- 《여기는 섬 배웁니다》 시리즈

- 《K탐정의 척척척 대한민국》 1~4권

- 《옥효진 선생님의 법과 정치 개념사전》

- 《초등학교 때 꼭 알아야 할 정치·경제 100》

- 《솔루토이 정치 경제》 전집

- 《눈으로 보는 정치 경제》 전집

- 《세금 내는 아이들》

- 《내 동생도 알아듣는 쉬운 정치》

- 《10대를 위한 정의란 무엇인가》

중·고등학생을 위한 정치·경제 추천 도서

- 《한국 정치의 결정적 순간들》

- 《민주화 이후의 민주주의》

- 《좌우파 사전》

- 《왜 세계의 절반은 굶주리는가?》

추가 학습 자료

- 정치 분야가 궁금하다면 유튜브 강의를 볼 수도 있다. 서울대 정치외교학부 강원택 교수의 '복잡한 한국 정치 한 번에 이해하기' 시리즈는 대학 강의를 기반으

로 주요 개념과 배경을 쉽게 설명해주기에 아이와 어른이 함께 시청하기 좋다.

- 경제 분야에서는 금융감독원 e-금융교육센터를 활용할 수 있다. 초·중고 학생용 금융 교육 콘텐츠가 무료로 제공되는데, '초등학교 슬기로운 생활금융', '금융 레벨업 카드게임' 등 다양한 자료도 내려받을 수 있다. 학년별 e-learning 영상이 있어서 자녀와 함께 금융 지식을 즐겁게 익히는 데 도움 된다. 예를 들어, 용돈이나 저축 이야기를 할 때 이 자료를 참고하면 세금 등 경제 개념을 더 쉽게 이해시킬 수 있다.

수학 문해력, 부모가 질문 하나로 키울 수 있다

초등 고학년으로 갈수록 아이들이 가장 어렵게 느끼는 과목 중 하나가 수학이다. 초등 저학년 시기에는 책 읽기에 집중하던 부모도, 아이가 초등 5학년쯤 되면 수학 공부에 더 많은 시간을 들이게 된다. 학원 수업이 늘고, 집에서 문제를 푸는 시간도 자연스레 길어진다.

수학은 중요하다. 수학이 대입의 당락을 좌우한다는 인식은 널리 퍼져 있다. 특히 수능 고득점자가 의대에 몰리는 현상 속에서 수학은 변별력 있는 과목으로 더 부각된다. 그래서 많은 학부모가 초등 고학년 무렵부터 본격적으로 수학 공부를 시작해야 한다는 압박을 받는다.

수학은 이전 학년의 개념이 탄탄하게 잡혀야 다음 단계를 배울 수 있는 계단식 학습 과목이다. 더하기를 이해해야 뺄셈을 배울 수 있고, 곱하기를 알아야 나누기에 도달할 수 있다. 간단한 사칙연산을 충분히 익혀야 여러 자릿수의 연산도 무리 없이 해결할 수 있다. 이렇게 기초가 튼튼해야만 수학에서 한 단계씩 앞으로 나아갈 수 있다.

그런데 아이들이 수학 문제를 어려워하는 이유가 단지 계산 능력이 부족해서만은 아니다. 크게 두 가지 원인이 있다. 첫째, 이전 개념이 충분히 숙지되지 않은 상태다. 둘째, 문제의 지문을 읽고도 내용을 이해하지 못해 풀이하지 못하는 경우다. 여기서 수학 문해력이 결정적인 역할을 한다.

수학 문제는 숫자와 기호만 제시하는 것이 아니라, 국어 텍스트를 통해 정보를 전달한다. 문해력이 부족한 아이는 글이 길어지면 읽기를 두려워한다. 문제를 보자마자 "이 문제에서 뭘 하라는 건지 모르겠어요!"라고 하소연한다. 수학 문제 풀이의 첫걸음은 문제를 끝까지 읽고 이해하는 능력이다. 글을 분석하는 기초 문해력이 떨어지면 수학 자체도 막히게 된다.

수학에서 문해력이 왜 중요한가?

부모는 아이가 문제 앞에서 애를 먹으면 당장이라도 힌트를 주고 싶어 한다. 아이가 손도 대지 않았는데 부모가 먼저 연필을 들고 풀이를 시작하려는 경우도 있다. 그러나 '물고기를 잡아주기보다 낚시하는 법을 알려주라'는 유대인의 지혜처럼, 아이가 문제를 스스로 읽고 이해하도록 돕는 과정이 꼭 필요하다. 아이 대신 시험장에 나갈 수는 없다. 한두 문제를 대신 풀어주는 것보다 서술형 문제나 문장제 문제를 직접 해결할 힘을 키워주는 편이 훨씬 중요하다.

문제를 해결하는 훈련: 읽기와 기다림

아이들은 긴 지문을 보면 쉽게 지레 겁을 먹는다. 읽지 않는다. "엄마, 이거 모르겠어요!" 하고 손을 놓아버리는 경우가 많다. 상당히 많은 아이가 그렇다. 모르는 문제를 내버려두고 있으면, '엄마가 알아서 도와주겠지' 하고 생각해버리기 때문이다. 이럴 때 부모는 이 한마디를 기억하자.

"다시 읽어봐."

먼저 "문제가 잘 이해되지 않니?"라고 현재 상태를 물은 뒤, "다시 한번 읽어봐"라고 권한다. 그리고 스스로 의미를 파악하도록 기다려준다. 이 기다림이 핵심이다.

아이가 다시 읽고 나서, "그래도 모르겠어요"라고 말할 수 있다. 답답해도 "한 번 더 읽어볼래? 수학 문제는 문제 속에 답이 다 들어 있단다" 하고 격려한 뒤 또 한 번 기다려준다. 수학은 문제를 스스로 풀어보려는 반복적인 시도가 쌓여야 실력이 자란다.

이 과정을 두세 번 반복했는데도 아이가 여전히 머리를 감싸 쥐

261

고 고민한다면, 이제 부모가 개입할 시점이다. 그렇다고 곧바로 문제의 답을 알려주기보다 문제에서 요구하는 개념을 다시 생각해보도록 도와줘야 한다.

수학만이 아니라 사회, 과학 등 모든 과목에서도 문해력은 필수다. 글을 이해하는 힘이 부족하면 문제를 제대로 해석하지 못하고 자신감을 잃기 쉽다. 수학 문제도 마찬가지다. 문제를 읽고 이해하는 과정에서 두려움을 느끼지 않도록, 생각이 멈추지 않도록 끊임없이 읽고 사고하는 반복 훈련이 필요하다.

수학 서술형 문제, 어떻게 접근할까?

수학은 국어에 비해 지문이 짧은 편이다. 게다가 문제 안에 '무엇을 구해야 하는지'가 분명히 제시되는 경우가 많다. 그렇기에 서술형 문제를 해결할 때도 간단한 질문 몇 가지로 글을 분석할 수 있다.

'이 문제에서 구하려는 것은 무엇일까?'

'주어진 조건은 무엇일까?'

이 두 가지 질문을 축으로 삼으면 긴 지문도 수학적 정보로 간단히 정리할 수 있다. 부모가 아이와 함께 문제를 분석하고 정리하는 방법을 익히면, 아이 역시 문제를 풀 때 이 질문을 스스로 떠올리는 훈련을 할 수 있다.

일례로, 초등학교 3학년 문제를 살펴보자.

사각형 ABCD는 네 각의 크기가 모두 같고, 변의 길이도 모두 같다. 이 도형은 어떤 도형인지 이름을 쓰고, 그 이유를 두 가지로 설명하세요.

먼저 '이 문제에서 구하려는 것이 무엇인가?'라는 질문을 던지면, 찾고자 하는 것은 '이 도형의 이름(정사각형)'과, 그것이 정사각형인 이유다. 다음으로 '주어진 조건은 무엇인가?'를 살펴보면, 네 각이 같고 변의 길이가 같다는 점이 핵심이다. 이렇게 문제를 분석하면 긴 글 속 정보가 눈에 들어오고, 어떻게 답을 전개해야 할지도 명확해진다.

수학 어휘의 한자적 의미와 문해력

도형 이야기가 나온 김에 주제를 조금 넓혀보자. 유치원에서 '세모', '네모'로 익히던 도형이 초등학교로 올라오면 삼각형, 사각형 같은 한자어로 변한다. 기본 문해력이 튼튼한 아이는 어렵지 않게 새로운 용어로 개념을 확장한다.

도형을 학습할 때, 아이들은 각 모양이 지닌 기본 조건을 익히고, 이름이 달라짐에 따라 어떤 조건이 어떻게 달라지는지도 함께 배운다. 예를 들어, 사각형은 네 변과 네 각을 가진 도형이다. 그중 모든 변과 각이 같은 것은 '정사각형', 네 각이 직각인 것은 '직사각형', 두 쌍의 대변이 평행한 것은 '평행사변형', 네 변이 모두 같은 것은 '마름모'처럼 세분화된다.

이렇게 도형 이름에 담긴 의미를 익히는 것은 언어적 사고와 수학적 사고가 만나는 경험이다. 아이들은 도형에서 규칙성과 일관성을 발견하고, 그것을 다른 개념으로 확장해간다.

특히 '정사각형'의 '정(正)'은 '바를 정'으로, 모든 변과 각이 똑같다는 뜻이다. 정삼각형, 정오각형처럼 '정'이 붙은 모양들은 대칭과 균형, 완전함을 담고 있다. 한자 뜻을 조금만 알아도 도형 개념과 언어적 의미가 동시에 연결된다.

이 과정을 통해 아이들은 '정'이 들어간 다른 단어(예: 정상, 정직, 정면)도 자연스럽게 떠올리며, 사고의 폭을 넓히게 된다. 수학 용어 대부분이 한자어라는 점도 의미가 크다. 합(合), 차(差), 각(角), 변(邊), 평행(平行), 대각선(對角線), 자연수(自然數), 정수(整數), 분수(分數), 소수(素數, 小數), 인수분해(因數分解) 등등 우리에게 익숙한 단어들이 모두 그렇다. 이전 세대에는 이런 말들을 무턱대고 외우기 급급했지만, 이제는 뜻까지 함께 살펴보며 이해도를 높일 수 있다.

아이가 새 개념을 배울 때 "네가 어떻게 이해했는지 한번 설명해봐"라고 제안하는 것도 좋은 방법이다. 스스로 설명할 수 있어야 그 개념을 제대로 터득했다는 뜻이다. 수학 용어의 한자적 의미를 곁들이면, 언어와 수학을 동시에 학습하는 기회가 된다.

질문으로 사고를 확장하는 힘

이는 수학뿐 아니라 모든 과목에서 유용하다. 기본 개념을 두고 아이에게 질문을 던지고, 아이가 직접 답을 찾아가도록 만드는 과정은 학습 효과가 크다. 좋은 질문은 아이들의 사고를 끌어내는 마중물 역할을 한다.

예를 들어, "이등변삼각형은 왜 그런 이름일까?", "정사각형과 직사각형은 어떻게 다를까?" 같은 질문을 하면, 개념과 개념을 연결하는 사고가 촉진된다.

AI 기술을 활용하는 시대에, 아이들에게 '5×6=30' 같은 연산 문제만 물어보는 것은 수학적 문해력을 키우는 데 큰 도움이 되지 않는다. 교육계 역시 '어떻게 하면 우리 아이들이 인간 고유의 창의적 역량을 키울 수 있을까?'를 고민 중이다. 2025년 디지털 교과서가 본격 도입되고, 초등학교에서 계산기 사용이 가능해지는 흐름도 같은 맥락이다. 기계적인 계산에 지나치게 에너지를 쏟기보다 창의적으로 사고하는 능력을 길러야 한다는 취지다. 물론 연산 능력을 완전히 배제할 수는 없지만, 문제를 많이 푼다고 해서 수학적 문해력이 자동으로 좋아지는 것은 아니다.

수학적 사고를 생활화하기 위해 부모가 아이에게 질문을 던져야 한다.

- 곱셈은 어떤 의미일까?
- 분수란 무엇일까?

265

- 3분의 1은 무슨 뜻이지?
- 왜 2÷5를 5분의 2로 표현할 수 있을까?
- 삼각형의 넓이가 (밑변×높이)÷2가 되는 이유는 뭘까?

이런 질문은 아이가 계산만 하는 게 아니라, 수학적 개념의 본질을 고민하도록 돕는다. "그건 공식이니까 외워야 해"라고 말하기보다는 그 공식이 어떻게 생겨났는지 생각하게 해주자.

스토리텔링 수학

초등학생 대상 설문조사에서 수학은 가장 어렵고 싫은 과목 1순위로 꼽힌다. "계산기가 있는데 왜 수학을 배워야 해?" 하는 반발도 이해된다. 하지만 우리의 삶에 수학이 빠질 곳이 있을까?

위 설문 결과를 해석하려면 확률과 통계가 필요하다. 우리가 쓰는 달력(연, 월, 일, 시, 분)도 시간 개념이며, 우유팩에는 길이와 부피 단위가 담겨 있다. 책상과 의자, 우리가 사는 집 역시 수학적 정보 없이는 설계가 불가능하다.

수학이 우리 삶 속에 녹아 있다는 사실을 아이들에게 알려주어야 한다. 수학의 본질은 '정의를 이해하고, 상황을 말, 식, 그림으로 표현하는 것'에 있다. 이 과정을 통해 사고가 깊어지고, 수학적 문해력이 향상된다. 생활 속 사례를 식으로 표현하고, 개념을 설명하는 경험이 필요하다.

수학에 이야기를 입히면 개념을 이해하는 데 도움 된다. 유아 시기에는 연산보다 수학동화를 읽어주자. 더불어 일상생활 속 수학 이야기를 만들어보는 것도 좋은 방법이다. 예를 들어 간식을 나눠 먹을 때 '분수' 개념을, 장난감을 정리할 때 '분류' 개념을 자연스럽게 접할 수 있다. 또한 요리하며 '계량'을, 쇼핑하며 '덧셈과 뺄셈'을 배울 수 있다.

이렇게 수학을 접하면 아이들은 수학이 어렵고 멀게만 느껴지는 과목이 아니라, 우리 삶에 필요한 실용적인 도구라는 것을 깨달을 수 있다. 아이들의 눈높이에 맞는 수학동화를 함께 읽고 수학에 대한 두려움을 좀 떨쳐보자.

📚 추천 도서

유아를 위한 수학동화 추천 도서
- 《똑똑 수학단추》 전집
- 《수학이 야호 그림책》 단계별 시리즈
- 《내 친구 수학 공룡》 전집
- 《웅진 꼬마 수학》 전집

초등학생을 위한 수학동화 추천 도서
- 《솔루토이 수학》 전집
- 《뭉치 초등 전 학년 수학동화》 시리즈
- 《수학도둑 수학동화》 시리즈
- 《개념씨 수학나무》 전집
- 《밝고 지혜로워지는 수학 이야기》

과학 문해력, 왜 중요할까?

수학 문해력이라는 말은 익숙하지만, 과학 문해력은 조금 낯설게 느껴진다. 왜 그럴까? 국어나 사회 같은 과목은 우리가 일상에서 쓰는 말을 사용하지만, 과학은 '수학'이라는 언어를 쓰기 때문이다. 숫자와 공식이 가득한 과학의 언어는 왠지 전문가만 이해할 수 있을 것처럼 느껴지기도 한다. 하지만 현실을 보자.

세상은 빠르게 변하고 있다. 키오스크 앞에서 한참 고민하는 어르신과 스마트폰을 능숙하게 다루는 아이들. 이 모습은 우리가 얼마나 빠르게 변화하는 기술 속에 살고 있는지를 보여준다. AI로 작동하는 가전제품, 학습 도구, 하루가 다르게 업데이트되는 스마트폰.

과학은 이미 우리 일상 속 깊숙이 들어와 있다. 새로운 기술이 등장하면, 그 기능을 익히기도 전에 더 발전된 버전이 나온다.

이제 과학 문해력은 선택이 아니라 필수다. 과학 문해력은 과학 정보를 이해하고, 활용하고, 비판적으로 사고하는 능력을 뜻한다. 이는 4차 산업혁명 시대를 살아가는 데 꼭 필요한 생존 기술이다.

과학적 태도와 학습의 본질

과학은 질문에서 시작된다. '왜?', '어떻게?', '무엇 때문일까?' 등등. 하지만 질문에서 끝나지 않는다. 과학은 탐구 계획을 세우고, 실험하고, 결과를 분석하며 문제를 해결하는 과정이다. 실패하고 다시 시도하며 답을 찾아가는 것, 이 과정 자체가 과학의 핵심이다.

우리 주변에서 흔히 보는 기술도 이런 과정을 거쳐 탄생했다. AI 로봇 같은 첨단 기술도 하루아침에 '짠!' 하고 등장한 게 아니다. 수많은 연구와 시행착오가 쌓였고, 그 과정에서 끊임없이 질문하고, 실험하고, 기록하는 일이 반복되었다.

과학 문해력은 바로 이런 과정을 읽어내는 힘이다. 단순히 결과만 받아들이는 것이 아니라, 그 기술이 어떤 원리로 만들어졌고, 어떤 문제를 해결하려 했는지 이해하는 능력이다. 그리고 그 힘이 있는 사람만이 변화하는 세상 속에서 주도적으로 살아갈 수 있다.

과학 문해력과 유아·초등학생의 학습

과학 문해력은 쉽게 말하면 과학적 사실과 현상을 읽어내는 힘이다. 그렇다면 유아와 초등학생은 어떻게 이 힘을 키울 수 있을까? 답은 간단하다. 과학을 재미있게 경험하는 것이다. 이 시기의 아이들에게 과학은 흥미와 호기심을 자극하는 놀이처럼 다가가야 한다.

첫째, 과학은 우리 주변에 있다. 아이들에게 과학은 일상에 늘 함께한다는 사실을 알려준다. "왜 물이 얼면 딱딱해질까?", "무지개는 왜 생길까?" 같은 질문으로 자연 현상을 과학적으로 탐구하는 계기를 만들 수 있다.

둘째, 질문이 과학의 시작이다. 호기심을 불러일으키는 질문을 던지는 것은 과학적 태도를 기르는 데 매우 효과적이다. 유아에게는 "왜 비눗방울은 동그랗게 될까?", "손전등 빛은 왜 어두운 방에서 퍼져 나갈까?" 같은 질문이 좋고, 초등학생에게는 "자석은 왜 쇠붙이에만 붙을까?", "얼음은 왜 물 위에 뜰까?" 같은 질문이 적합하다.

셋째, 놀이와 실험으로 배우게 한다. 아이들이 직접 체험하며 과학 원리를 깨닫도록 유도한다. 예를 들어, 유아에게는 색깔 물감을 섞으며 "색이 왜 바뀌었을까?"를 탐구하게 하고, 초등학생에게는 "풍선 로켓을 만들자!" 같은 실험을 통해 작용·반작용의 원리를 체험하게 할 수 있다.

넷째, 과학 용어가 어렵게 느껴지지 않도록 생활 속 사례와 연결해 익히게 하면 좋다. 예를 들어, "라면을 끓일 때 물이 끓어오르는 건 '끓음'일까, '증발'일까?", "샴푸 광고에서 나오는 'pH 균형'은 무슨 뜻일까?" 같은 질문을 던지면, 아이들이 익숙한 상황을 통해 자연스럽게 과학 용어를 익힐 수 있다. 또한 "젤리와 얼음은 둘 다 '고체'인데 왜 느낌이 다를까?", "안경을 쓰면 시야가 또렷해지는 건 '굴절'과 관련 있을까?" 같은 질문을 던지면, 일상에서 경험하는 현상을 과학 개념과 연결하며 용어의 의미를 쉽게 이해할 수 있다.

중학교 과학이 어렵다면

초등학교 때 과학을 흥미롭게 여겼던 아이들도 중학교에 들어가면 어려운 개념과 용어에 막혀 점차 과학에서 멀어지는 경향이 크다. 이는 과학 언어에 대한 이해가 부족하기 때문이다. 초등 시절 과학 문해력을 충분히 키우지 않으면, 중학교에서 점점 복잡해지는 과학 개념을 소화하기 어려워진다.

예를 들어, 중학교 화학에서 배우는 융해(融解)와 지구과학에서 등장하는 용융(熔融)의 차이를 명확하게 구분하는 것은 쉽지 않다. 질량과 무게의 개념도 마찬가지다. 일상에서는 "몸무게를 잰다"라고 하지만, 과학에서는 질량(kg)과 무게(N)를 구분해야 한다. 하지만 아이들은 질량과 무게가 같은 개념이라고 오해하기 쉽다.

증발과 끓음도 헷갈리기 쉬운 개념이다. 물이 점점 사라지는 것을 보고 "끓어서 없어졌다"라고 말하지만, 과학적으로는 증발과 끓음은 온도와 압력의 차이에 따라 다르게 정의된다. 또 기체와 증기의 개념도 어렵다. '뜨거운 물에서 나오는 하얀 김이 수증기다'라고 생각하지만 실제로 수증기는 눈에 보이지 않으며, 우리가 보는 것은 물방울이 떠 있는 미세한 액체 상태의 입자다.

과학 용어는 일상에서 비슷하게 쓰이지만, 과학적 개념으로 들어가면 다른 의미를 가지는 경우가 많아 아이들이 혼란을 겪기 쉽다. 이를 해결하려면 초등학교 때부터 용어와 개념에 익숙해지는 연습이 필요하다.

과학 비문학에 대한 흥미가 없다면, 학습만화 《WHY?》 시리즈 같은 책을 활용하는 것도 좋은 방법이다. 이 시리즈는 필수 개념들을 작은 글씨로 정리해두어, 자연스럽게 개념을 접하고 이해할 수 있도록 돕는다. 부담 없이 읽으며 과학 용어에 익숙해지는 과정은 이후 학습의 중요한 밑거름이 된다.

과학 문해력이 왜 필요할까?

과학 문해력은 과학적 사실과 정보를 분석하고, 이를 비판적으로 해석하며 실생활에 적용하는 능력이다. 개인의 삶뿐만 아니라 사회 발전과도 연결된다.

예를 들어, 숫자와 데이터를 해석하지 못하면 잘못된 정보에 쉽게 휘둘릴 수 있다. 한때 '살충제 계란' 사태가 전국적인 불안을 초래했다. 피프로닐이 검출되었다는 뉴스가 퍼지면서 독성 물질이 포함된 달걀을 먹어도 되는지에 대한 공포가 확산되었다. 그 결과, 소비가 급감했다.

피프로닐은 독성이 있지만, 위험성을 정확히 분석하는 과정 없이 불안만 커졌다. 당시 연구에 따르면, 체중 60kg의 성인은 하루 5.5개의 달걀을 평생 먹어도 안전하다. 유해한 영향을 받으려면 하루 246개 이상을 섭취해야 했다. 독 때문이 아니라, 배가 터져 죽는다. 달걀 하나에 포함된 양은 극히 미미하다는 말이다. 과학적 데이터를 제대로 해석했더라면 불필요한 공포를 느낄 필요도 없었다.

기사에서는 각종 데이터가 사실을 뒷받침하는 근거로 쓰인다. 데이터가 적합하고 적확한지를 판단하는 것은 독자의 몫이다. 무비판적으로 받아들여서는 안 된다. 과학 문해력은 정확한 정보를 바탕으로 판단하는 능력이며, 21세기에 꼭 필요한 역량이다. 유아기와 초등 시기부터 질문하고 탐구하며 실험하고 기록하는 과정에서 자연스럽게 길러진다.

과학을 어렵게 여기지 않고 세상을 이해하는 도구로 활용하면 더 쉽게 받아들일 수 있다. 과학 문해력이 높은 아이들은 정보에 휘둘리지 않고 논리적으로 사고하며, 일상에서 더 나은 선택을 할 수 있다.

5-1
AI 시대, 배경지식을 쌓는 법

요즘 아이들은 궁금한 것이 생기면 부모에게 묻기보다 스마트폰에 질문을 입력한다. AI 덕분에 즉각적인 답을 얻을 수 있지만, 함께 질문하고 대화하며 답을 찾는 시간이 줄어든 것은 아쉬운 일이다.

그러나 정보가 넘쳐나는 시대일수록 중요한 것은 빠른 검색 능력보다 정보를 이해하고 활용하는 능력이다. 방대한 AI 정보 속에서 핵심을 파악하고 맥락을 해석하는 능력은 탄탄한 배경지식에서 비롯된다.

배경지식이란 무엇인가?

예전에는 배경지식이 주로 교과서와 경험을 통해 쌓였다. 하지만 AI 시대에 지식과 정보를 알고 있는 것 자체를 그리 중요하지 않다. 모두에게 열려 있기 때문이다. 그렇기에 정보를 해석하고 연결하는 사고력이 더 중요한 가치가 되었다..

아이가 '기후 변화'를 검색하면 AI는 다양한 논문, 뉴스, 이미지를 보여줄 수 있다. 하지만 '기후 변화가 왜 중요한가?'를 깊이 이해하려면, 그 개념이 무엇인지, 과거에는 어떤 사례가 있었는지, 지금은 어떤 영향을 미치는지까지 알아야 한다.

AI는 언제든 새로운 정보를 찾아줄 수 있다. 하지만 그 정보가 진짜 중요한지, 어떻게 활용할지 판단하는 것은 사람의 몫이다. 기존 지식과 연결해 새로운 통찰을 얻으려면 배경지식과 사고력이 꼭 필요하다. 즉, AI가 정보를 제공하는 시대일수록 스스로 사고하는 능력이 더 중요해진다.

배경지식이 부족하면 AI가 제공하는 정보는 흩어진 조각들에 불과하다. 반면, 배경지식이 많을수록 맥락을 이해하고, AI의 정보를 효과적으로 활용할 수 있다. 연구 결과에 따르면, 배경지식이 풍부한 학생은 독해력 평가에서 평균 33% 더 높은 점수를 받는다고 한다.

따라서 정보가 많다고 해서 이해력이 좋아지는 것은 아니다. 배경지식이 있어야 의미를 파악하고 활용할 수 있다. 그리고 이 차이가 AI 시대의 학습 격차를 만든다.

AI와 배경지식 그리고 비판적 사고

AI가 제공하는 정보는 완벽하지 않다. AI가 생성하는 정보는 이미 존재하는 데이터를 학습한 결과물이다. 그 데이터 자체가 불완전하거나 편향되어 있다면, AI도 불완전한 정보를 제공할 수밖에 없다.

일례로, 직접 중국에서 개발했다는 AI '딥시크'를 테스트해보았다. 김치가 어느 나라 음식인지 묻자 한국어로 질문했을 때는 '한국'이라고 답했지만, 중국어로 질문하자 '중국'이라고 답했다. 독도가 어느 나라 땅인지 묻는 질문에서도 한국어로 하면 '한국'이라고 답했지만, 일본어로 질문하면 '일본'이라고 답했다.

AI의 답변에는 오류나 왜곡된 내용이 포함될 수 있다. AI는 데이터를 가공할 뿐 사실을 검증하거나 새로운 진실을 만들어내는 존재가 아니다. 따라서 아이들이 AI가 제공하는 정보를 무비판적으로 받아들이지 않고 검토하는 능력을 기르는 것이 중요하다. 이는 배경지식이 있을 때 가능하다.

예를 들어, AI가 '초콜릿은 건강에 좋다'고 답하면, 배경지식이 부족한 아이는 이를 그대로 받아들일 수 있다. 그러나 카카오 함량에 따라 건강에 미치는 영향이 다르다는 사실을 알고 있다면, AI의 답변을 비판적으로 분석하고 판단할 수 있다. 즉, 배경지식이 풍부한 아이가 AI 정보를 선별하고 판단하는 힘을 가진다.

배경지식과 문해력

배경지식은 아이의 문해력을 기르는 핵심 요소다. 읽은 내용을 이해하고 자신의 사고와 연결해야 하기 때문이다.

특히 우리나라 근대소설을 볼 땐, 등장인물의 행동을 이해하기 위해 사회적 맥락과 문화적 배경이 필요하다. 예를 들어, 아이가 염상섭의 《삼대》를 읽고 "왜 조덕기는 우유부단할까?"라고 묻는다면, 이는 성격 문제가 아니라 배경지식 부족에서 비롯된 질문일 수 있다. 조덕기가 식민지 조선에서 전통과 근대가 충돌하는 시기를 살아갔다는 점을 이해하면, 그의 고민과 갈등이 더욱 설득력 있게 다가온다. 즉, 등장인물의 행동을 깊이 이해하려면 시대적 맥락을 함께 고려해야 한다.

독서는 배경지식을 쌓는 가장 효과적인 방법이다. 그러나 최근 조사에 따르면, 초등학생의 주당 평균 독서 시간이 2010년 대비 40% 감소했다. 이는 배경지식을 쌓을 기회가 줄어들고, 문해력 저

하로 이어질 수 있다. 따라서 부모와 교사는 아이들이 책을 통해 다양한 맥락을 접하고 사고력을 확장하도록 적극적으로 독서를 독려해야 한다.

잡지를 활용한 배경지식 확장

하지만 긴 글을 부담스러워하는 아이들도 있다. 이럴 땐 잡지가 좋은 대안이 된다. 시사, 과학, 문학, 환경 등 다양한 정보를 쉽고 흥미롭게 전달하는 잡지는 아이들의 관심을 끌면서도 자연스럽게 배경지식을 넓혀준다.

짧은 기사, 생생한 이미지, 호기심을 자극하는 콘텐츠. 이런 요소들이 어우러져 아이들이 글을 읽는 즐거움을 경험하게 한다. 특히, 아이가 좋아하는 주제의 잡지를 구독하면 꾸준한 읽기 습관을 기를 수 있고, 관심 분야를 깊이 탐구하는 기회도 얻을 수 있다.

잡지는 정독이 아니라 흥미 위주의 읽기를 전제로 한다. 초등 저학년이 그림만 훑어보더라도 몇 년 후 다시 읽으며 내용을 깊이 이해할 수 있다. 특히 과학 잡지는 최신 기술이 상용화되기까지 시간이 걸리므로, 몇 년 전의 내용도 유용한 자료가 될 수 있다.

잡지를 구독했는데 아이가 흥미를 보이지 않는다면 몇 달째 비닐도 뜯지 않은 채 둘 필요는 없다. 아이와 다투지 말고 조용히 구독을 해지하면 된다. 이렇게 하면 집안의 평화도 유지할 수 있다.

- **〈고래가그랬어〉**
  초등 어린이를 위한 사회, 환경, 일상 이야기

- **〈과학소년〉, 〈어린이과학동아〉**
  과학 실험, 퀴즈, 체험 코너 포함. AI, 디지털 기술 관련 주제 포함

- **〈위즈키즈〉, 〈초등 독서평설〉**
  사회, 역사, 문학, 과학 등 다양한 교과 연계 정보 제공

- **〈National Geographic Kids〉**
  동물, 자연, 환경, 세계 문화 관련 고품질 콘텐츠

- **〈중학 독서평설〉**
  문학, 역사, 사회, 과학 등 중학생을 위한 교양 잡지

- **〈The Week Junior〉**
  청소년을 위한 세계 뉴스 요약, 시사 문제 이해에 도움

- **〈Newton〉, 〈시사IN 주니어〉**
  부모와 자녀가 함께 읽고 토론할 수 있는 정보 제공

부모가 배경지식을 키워주는 방법

아이는 직접 체험으로 배경지식을 쌓을 수도 있다. 부모는 어떻게 아이의 배경지식이 풍성하게 도와줄 수 있을까?

첫째, 다양한 경험을 하게 한다. 아이들은 직접 보고 듣고 경험해야 더 잘 이해한다. 자연을 관찰하면서 계절이 어떻게 변하는지 보고, 박물관이나 과학관에 가서 역사와 과학을 직접 접해보는 것도 좋다. 또, 전통 음식을 만들면서 문화와 과학을 함께 배울 수도 있다. 예를 들어, 김치를 담글 때 발효가 어떻게 일어나는지 이야기해주면, 자연스럽게 과학 개념과 전통문화를 익힐 수 있다.

둘째, 책과 디지털 정보를 함께 활용하는 습관을 만든다. 책을 읽은 뒤 AI에게 더 궁금한 걸 물어보거나, AI에서 찾은 정보를 다시 책에서 확인해보면 좋다. '공룡은 어떻게 멸종했을까?'라는 내용을 책에서 봤다면, AI에게 다른 멸종 이론도 있는지 물어보면서 더 넓게 생각해볼 수 있다. 또 믿을 만한 다큐멘터리를 보면서 책에서 본 내용과 비교해보는 것도 좋은 방법이다.

셋째, 아이가 스스로 생각할 수 있게 질문하는 습관을 만든다. 정답을 바로 알려주기보다는 "왜 그렇게 생각했어?", "이게 맞는지 다른 자료도 찾아볼까?" 같은 질문을 던지면, 아이가 더 깊이 고민하고 스스로 판단하는 힘이 길러진다. "만약 공룡이 멸종하지 않았다면, 지금 지구는 어떻게 변했을까?" 같은 질문을 하면, 아이는 스스로 상상하고 논리적으로 생각하는 연습을 하게 된다.

넷째, 아이가 흥미를 느낄 만한 주제를 골라 함께 탐구해본다. 아이가 궁금해하는 질문을 중심으로 책도 읽고, 디지털 자료도 찾아보면 배경지식을 더 풍부하게 쌓을 수 있다. '달에 사람이 살 수 있을까?'라는 질문을 품고 우주 거주를 다룬 책을 읽으며 NASA의 연구

279

자료를 찾아보면 더 깊이 이해할 수 있다. 또 '고대 이집트 사람들은 왜 피라미드를 지었을까?' 같은 질문을 품고 역사책을 읽거나 다큐멘터리를 보면 더 흥미롭게 배울 수 있다.

검색과 이해는 다르다. 아이가 정보를 비판적으로 받아들이고 맥락을 파악하려면 배경지식이 필요하다. 책을 읽고, 대화하며, 다양한 경험을 쌓는 것 외에 지름길은 없다. AI 시대에서도 경쟁력은 결국 생각하는 힘이다.

6

한자는 문해력을 키우는
강력한 도구다

큰아이가 초등학교 4학년 때였다. 아이와 함께 사회 교과서를 읽고 있었는데, 그날 배운 주제는 상업과 산업이었다. 교과서를 읽으며 자연스럽게 이해할 거라고 생각했지만, 예상치 못한 질문이 돌아왔다.

"엄마, 상업이랑 산업은 뭐가 달라?"

어른들에게는 익숙한 개념이지만, 아이에게는 처음 접하는 생소한 단어였다. 간단히 설명했다.

"상업은 물건을 사고파는 활동이고, 산업은 물건을 만들어내는 활동이야."

하지만 아이는 여전히 고개를 갸우뚱하며 다시 물었다.

"그럼, 물건을 만들어서 파는 건 뭐야? 상업이야, 산업이야?"

뜻만 설명해서는 부족하다는 생각이 들었다. 그래서 한자어 풀이를 활용했다.

"상업의 '상(商)'은 장사할 상이야. 그러니까 물건을 사고파는 활동을 뜻해. 상인이라는 단어 들어봤지? 장사하는 사람을 상인이라고 하잖아. 반면에 산업의 '산(産)'은 낳을 산이야. 무언가를 새로 만들어내는 걸 의미하지. 그래서 산업은 물건을 생산하는 활동을 뜻하는 거야."

아이가 또 물었다.

"그럼 자동차를 공장에서 만들어서 바로 팔면 그건 상업이야, 산업이야?"

"자동차를 만드는 활동 자체는 산업이야. 물건을 새로 만들어내는 과정이니까. 그런데 그 자동차를 소비자에게 직접 판매하는 건 상업에 속하지. 상업과 산업은 이렇게 연결되어 있어. 무엇을 중심으로 하느냐에 따라 구분되는 거야."

좀 더 쉽게 설명하기 위해 간단한 그림을 그려 보여주었다.

"자동차 공장은 자동차를 만드는 데 집중하니까 산업이고, 자동차 매장은 소비자에게 판매하는 곳이니까 상업에 속해. 이해됐어?"

아이의 얼굴이 밝아지며 말했다.

"아, 상업의 '상'이 장사할 상이고, 산업의 '산'이 낳을 산이라서 그렇구나! 상업은 사고파는 활동이고, 산업은 새로 만들어내는 활동이라는 거지!"

한자의 뜻과 단어의 맥락을 함께 설명하면 아이는 쉽게 의미를 이해할 수 있다. 단어의 정의만 외우는 것으로는 부족하다. 한자어 풀이를 활용하면 개념을 정확히 이해하는 데 큰 도움이 된다. 특히, 상업과 산업처럼 연관된 개념일수록 한자어 풀이와 구체적인 설명이 효과적이었다. 아이들에게 단어의 어원과 맥락을 함께 알려주면, 무턱대고 외우지 않고 개념을 자신만의 지식으로 흡수할 수 있다. 이 방법은 사회뿐 아니라 다른 과목에서도 이해력을 높이는 강력한 도구가 된다.

어른들에게는 익숙한 단어도 아이들에게는 낯설 수 있다. 예를 들어, 농촌, 어촌, 산지촌, 귀촌, 이촌 같은 단어도 '촌(村)'이 마을을 뜻한다는 걸 모르면 전체 의미를 이해하기 어렵다. 그래서 나는 아이가 궁금해하는 어휘를 한자의 뜻을 풀어 설명하는 습관을 들였다.

이런 이야기를 하면 많은 부모가 한자의 중요성을 인정하면서도 "우리 아이가 왜 한자를 배워야 하는지, 어떻게 시작해야 하는지 모르겠다" 하며 고민한다. 현대사회에서 한자는 눈에 띄는 기회가 많지 않다. 신문에서 한자를 접할 일도 줄었고, 손으로 한자를 쓸 일도 드물어졌기 때문이다.

그러나 한자 학습은 여전히 중요하다. 아이들의 문해력을 높이고, 교과 과정을 효과적으로 따라가기 위해서도 한자는 필수적이다. 우리가 사용하는 어휘의 약 70% 이상이 한자어로 이루어져 있기 때문이다.

특히 학년이 올라갈수록 교과서 속 한자어의 비중이 높아진다. 고등학교 교과서에서는 어휘의 70~80% 이상이 한자어다. 수능 국어 영역에서도 한자어가 대다수를 차지하며, 학생들의 한자어 이해도가 성적에 직접 영향을 미친다. 한자의 기본 개념이 부족하면 교과 학습의 이해도가 떨어질 수밖에 없다.

한자 학습이 중요하다고 해서 천자문을 외워야 할까? 그렇지는 않다. 천자문처럼 개별 한자를 익히는 것은 기초를 다지는 데 도움될 수 있지만, 현대 어휘와는 거리가 있어 문해력을 키우는 데 적합하지 않다.

한자 학습에는 모양, 획순, 뜻, 소리 등 여러 요소가 있다. 그러나 어휘력과 문해력을 키우려면 한자 자체보다 한자어에 초점을 맞추는 것이 중요하다. 예를 들어, 유아나 초등 저학년 아이들에게 '사람 인(人)'이 포함된 단어를 소개할 수 있다. 한국인, 미국인, 일본인, 중국인, 외국인, 내국인 같은 단어를 보면, '인'이 사람을 의미한다는 걸 자연스럽게 알게 된다.

'꽃 화(花)'가 들어간 단어도 살펴보자. 무궁화, 채송화, 국화, 금잔화 등 여러 꽃 이름에 '화'가 포함되어 있다. 이런 패턴을 익히면 능소화 같은 새로운 단어를 보았을 때도 "아, 꽃 이름이겠구나!" 하고 유추할 수 있다.

비슷한 방법으로 '나라 국(國)'이 포함된 단어를 보면 한국, 중국, 미국, 영국, 태국 등에서 '국'이 나라를 뜻한다는 걸 이해할 수 있다. 이를 통해 공통된 한자어를 활용해 새로운 단어의 뜻을 추측하는 능력이 생긴다.

'물 수(水)'가 들어간 단어도 마찬가지다. 수영, 수족관, 수력발전, 수중카메라, 수산물 등의 단어에서 '수'가 물과 관련된다는 걸 쉽게 파악할 수 있다. 아이들이 이러한 패턴을 익히면 새로운 단어를 접했을 때도 의미를 쉽게 이해할 수 있다.

국어 문해력을 높이려면 개별 한자보다 한자어를 익히는 것이 더 효과적이다. 따라서 한자를 배울 때 반드시 손으로 써야 한다는 부담을 가질 필요는 없다. 아이들에게 한자의 모양이나 획순을 외우게 하기보다는 한자어 속에 담긴 의미를 이해하도록 돕는 것이 중요하다. 이렇게 하면 어휘력이 자연스럽게 확장되고, 새로운 단어를 만났을 때도 스스로 의미를 유추하는 능력이 길러진다.

연령별 한자 학습 방법

연령대별로 한자 학습 방법을 살펴보자. 우선, 미취학 아동과 초등 저학년에게는 한자가 있다는 것 자체를 알고 흥미를 느끼게 하는 것만으로도 충분하다. 이때 한자 카드를 활용한 놀이 학습을 추천한다. 특히, 기본 상형자는 사물의 모양을 본떠 만들어졌기 때문에 아이들이 쉽게 익힐 수 있다. 예를 들어, '나무 목(木)'을 보여주며 이 글자가 나무의 모습을 본뜬 것이라고 설명하면 한자에 대한 관심이 자연스럽게 생긴다.

한번은 아이에게 '뫼 산(山)' 자를 가르쳐주며 "이건 산봉우리 세

개를 그린 거야"라고 설명했더니, 아이가 스케치북에 산을 그리며 신나게 따라 했다. 이렇게 놀이처럼 접근하면 한자는 더 이상 딱딱한 공부가 아니라 흥미로운 탐구 대상이 된다.

이 시기에는 숫자(일, 이, 삼, 사, 오, 육, 칠, 팔, 구, 십), 요일(월, 화, 수, 목, 금, 토, 일), 가족(부, 모, 형제, 자매), 자연(산, 천, 강, 해), 전후, 좌우, 상중하, 천지, 대중소 등 초급 수준의 한자가 적합하다. 일상에서 자주 접하는 한자로 구성하면 더 효과적이다. 또한 아이의 이름이나 가족 이름을 한자로 써보게 하며 한자가 생활 속에 자연스럽게 녹아 있다는 사실을 알려주는 것도 좋은 방법이다.

한자가 친숙하게 느껴지도록 만화책과 영상을 활용하는 것도 도움이 된다. 《마법천자문》, EBS 《천하무적 한자 900》 같은 콘텐츠를 추천한다. 우리 집에서도 《마법천사문》에 빠져 있던 시기가 있었다. 두 아들은 서로에게 "받아라~ 주먹 권(拳)!", "불꽃 염(炎)!"을 외치며 한자 놀이를 즐겼다. 종이에 한자를 적어 상대방의 한자를 이길 수 있는 한자를 찾는 모습이 흐뭇했다. 시끄러운 것쯤은 감수할 만했다. 한자 한 글자가 자연스럽게 스며들게 하는 과정도 결국 부모의 노력이 필요한 법이다.

초등 저학년까지는 부담 없이 놀이를 중심으로 접근해도 좋다. 그러나 초등학교 3학년부터는 한자 쓰기도 병행하는 것이 바람직하다. 눈으로만 익히는 것은 한계가 있다. 아무리 많이 써도 일정 시간이 지나면 잊어버리기 쉽지만, 직접 써보면서 익힌 감각은 쉽게 사라지지 않는다. 국어 문해력을 높이는 데 한자어 이해가 중요한 만큼, 한자 학습은 초등학교 내내 지속해야 하는 4~6년짜리 프로젝트로 생각하는 것이 좋다.

초등 고학년이 되면 교과서와 연계된 한자 문제집을 활용하는 것이 효과적이다. 중요한 것은 많은 시간을 투자하는 것이 아니라 꾸준히 노출하는 것이다. 독서를 많이 한 아이들은 한자 문제집의 어휘를 쉽게 이해할 수 있지만, 어휘력이 낮은 아이들에게는 부담이 될 수도 있다. 따라서 여러 권을 풀기보다 조어력이 뛰어난 주요 한자를 중심으로 구성된 얇은 문제집 한 권을 반복해서 익히는 것이 훨씬 효과적이다.

우리 아이도 한자 공부를 딱히 좋아하지는 않는다. 하지만 책을 읽으며 점점 한자를 알게 되면서 모르는 단어를 유추하고, 익숙한 단어를 새롭게 인식하는 모습을 보였다. 얼마 전에는 '환경오염(環境汚染)'이라는 단어를 보며 '환(環)은 둘러싸다', '경(境)은 경계', '오(汚)는 더러움', '염(染)은 물들다'라는 뜻을 알고 나니 의미가 확실히 이해된다고 뿌듯해했다.

그렇다면 한자를 외워서 쓸 필요는 없을까? 현재 우리나라에서는 한자를 꼭 외워서 쓸 필요는 없다. 다만, 학습 과정에서 부수가 가진 뜻을 익히고, 한자를 보았을 때 음과 뜻을 유추할 수 있는 수준이면 충분하다. 이 정도까지 도달하는 것도 쉬운 일은 아니다. 중요한 것은 아이가 무리 없이 따라갈 수 있도록 천천히 수준을 높이는 일이다. 난도가 지나치게 높아지면 금세 흥미를 잃기 쉽다. 쉬운 단계에서 시작해 점차 도전할 수 있도록 돕는 것이 효과적인 학습법이다.

6-1
한자급수시험, 꼭 봐야 할까?

한자급수시험을 볼지는 전적으로 부모의 선택이다. 이 시험은 한자의 읽기, 쓰기, 뜻풀이 능력을 평가한다. 높은 점수를 받으면 한자 지식이 탄탄할 가능성이 크다. 또한 시험을 준비하는 과정에서 어휘력이 넓어지고, 한자어의 구성 원리(예: 부수와 자형의 관계)를 이해하게 되면 새로운 단어를 추론하는 능력도 길러진다. 이는 국어 독해력뿐만 아니라 외국어 학습에도 긍정적인 영향을 미친다.

하지만 한자급수시험은 암기 중심의 학습으로 흐르기 쉽다. 단기간에 많은 한자를 외우다 보면, 단어의 실제 쓰임이나 문맥 속 의미를 깊이 이해하지 못할 수도 있다. 이를 보완하려면 시험공부와 함께 한자어가 포함된 문장이나 글을 읽으며 실질적인 활용 능력을 키우는 것이 중요하다. 문맥 속에서 한자어가 어떻게 쓰이는지 알아야 진정한 의미에서 문해력을 높이는 한자 학습이 된다. 따라서 한자 학습을 지속하기 위한 수단으로 급수시험을 보는 것은 괜찮다. 하지만 급수를 따기 위해 벼락치기 공부를 해야 한다면, 굳이 스트레스까지 감수하며 시험을 볼 필요는 없다.

그리고 부모가 이 모든 학습을 직접 챙겨야 한다는 부담도 내려놓았으면 한다. 한자 학습은 초등학교부터 중·고등학교까지 이어진다. 점차 난도가 높아지면서 교과 어휘뿐만 아니라 과학, 사회 비문학 지문, 고사성어, 고전소설, 고전시가에까지 영향을 미친다.

예를 들어, '임 향한 일편단심(一片丹心)이야 가실 줄이 있으랴'라는 시구에서 '심(心)'이 어떤 마음을 의미하는지 떠올릴 수 있다면, 한자어의 본질을 이해하는 과정이 이미 시작된 것이다. 또 '조삼모사(朝三暮四)'를 보고 '셋 삼과 넷 사가 들어간 것 같다'는 느낌을 가질 수 있으면 충분하다. 단어를 보고 뜻을 유추할 수 있는 능력이 핵심이다. 중요한 것은 꾸준한 노출과 학습이다.

문제집을 활용한 학습이 부담스럽다면, 일일 학습지를 활용하는 것도 좋은 방법이다. 하루 10분 정도의 학습이라도 꾸준히 이어가면 그 힘은 결코 작지 않다. 시작한 학습지가 있다면 중간에 포기하지 않는 것이 중요하다. 한자 학습량이 충분히 쌓이기 전에 멈추면, 그동안 배운 것마저 흐려지기 십상이다.

한자 학습은 우리말 문해력의 기초를 다지는 중요한 과정이다. 중도에 포기하면 처음부터 하지 않은 것과 다를 바 없다. 핵심은 글자의 뜻을 알고, 활용할 수 있어야 한다. 꾸준한 반복이 정답이다. 적은 양이라도 조금씩 할 수 있도록 도와주자.

7

영어 단어를 많이 알아도
독해가 안 되는 이유

번역된 지문을 하나 보자.

플라시보 효과는 환자가 실제 치료 효과가 없는 가짜 약을 복용했음에도 불구하고 증상이 개선되는 흥미로운 현상이다. 이 효과는 의료 연구에서 널리 연구되어왔으며, 정신이 신체 건강에 영향을 미치는 방식을 보여준다. 한 유명한 연구에서는 만성 통증 환자들에게 설탕이 들어간 가짜 약을 제공하면서 강력한 진통제라고 설명했다. 놀랍게도, 많은 환자가 통증이 크게 줄었다고 보고했다. 신경과학자들은 이 현상을, 치료에 대한 믿음이 뇌에서 엔도르핀 같은 화학 물질을 분비하게 만들어 자연스럽게 통증을 줄인다고 설명한다. 현재 플라시보 효과는 신약 임상 시험에서 중요한 요소로 간주되며, 연구자들은 신약의 효과가 환자의 기대감에 의한 것이 아닌지 철저히 검토해야 한다.

이 글의 중심 내용은 무엇인가?

① 플라시보 효과는 뇌가 신체 건강에 영향을 미칠 수 있음을 보여준다.

② 설탕 약은 종종 실제 약을 대체하는 진통제로 사용된다.

③ 엔도르핀은 모든 의료 치료에서 통증 완화의 주요 원인이다.

④ 임상 시험 결과, 플라시보 효과는 질병 치료에 신뢰할 수 없는 것으로 입증되었다.

⑤ 플라시보 효과는 통증 관리에서 전통적인 방법을 완전히 대체했다.

The placebo effect is a fascinating phenomenon in which a patient experiences real improvements in their condition despite receiving a treatment with no therapeutic value. This effect has been widely studied in medical research, and it reveals the power of the mind in influencing physical health. In a famous study, patients with chronic pain were given sugar pills but were told they were receiving a powerful painkiller. Remarkably, many of them reported significant pain relief. Neuroscientists explain this by stating that belief in the treatment can trigger the brain to release chemicals such as endorphins, which naturally reduce pain. The placebo effect is now considered a crucial factor in clinical trials, as researchers must ensure that the effectiveness of a new drug is not merely due to patients' expectations.

What is the main idea of the passage?

① The placebo effect demonstrates the brain's ability to influence physical health.

② Sugar pills are often used as an alternative to real medicine for pain relief.

③ Endorphins are the primary reason why people feel pain relief in all medical treatments.

④ Clinical trials have proven that the placebo effect is unreliable in treating diseases.

⑤ The placebo effect has completely replaced traditional methods in pain management.

정답은 ①이다. 이 문제는 핵심 주제를 파악하고 오답 속 함정을 구별하는 능력을 요구한다. ③, ④는 명확한 오답이며, ②, ⑤는 설탕약이 자주 사용된다는 점에 집중한 매력적인 오답이라 헷갈릴 수 있다.

이처럼 정확한 독해 능력이 없다면, 단어를 많이 알아도 정답을 고르기 어렵다. 많은 사람이 영어 단어를 많이 알면 독해력이 향상된다고 생각한다. 하지만 현실은 다르다. 단어량이 많아도 독해력이 부족한 경우가 허다하다. 왜 그럴까?

단어를 많이 외웠어도 문맥 속에서 단어를 해석하는 능력, 문장 구조를 분석하는 능력, 글 전체의 흐름을 파악하는 능력이 부족하면 독해력이 제대로 올라가지 않는다. 영어 독해력의 핵심은 단순한 단어 암기가 아니라, 텍스트를 읽고 의미를 추론하며 연결하는 능력이다.

국어 문해력이 바탕이 되어야 영어 독해력이 오른다

영어 독해력이 뛰어난 학생들에게는 공통점이 있다. 바로 국어 문해력이 탄탄하다는 점이다. 한글 지문을 보고도 문제를 틀리는 학생이 많다. 한국어로 되어 있어도 내용 파악이 어려운 경우, 영어로 읽는다고 이해될 가능성은 더욱 작다.

국어 문해력은 문장 구조를 이해하고, 중심 내용을 파악하며, 문맥 속에서 단어의 의미를 유추하는 능력이다. 이 능력이 부족하면 영어 텍스트를 읽을 때, 단어를 다 알아도 문장을 제대로 해석할 수 없다.

국어 문해력을 키우는 가장 좋은 방법은 다독과 다회독이다. 다양한 텍스트를 많이 읽고, 중요한 글은 반복해서 읽으며 이해도를 높여야 한다. 초등 시절이 독서량을 늘리기에 가장 적기다. 중·고등학교에 가면 학업 부담이 커지면서 책을 읽을 시간이 줄어들기 때문에 초등학교 때부터 다양한 글을 접하는 것이 중요하다.

충분한 독서 경험은 국어뿐만 아니라 영어 독해에도 큰 영향을 미친다. 수능 영어 지문은 대학 교양 수준의 글을 다룬다. 실제로 수능 지문은 《정의란 무엇인가》,《코스모스》,《사피엔스》,《과학 혁명의 구조》 같은 책에서 인용된 바 있다. 이러한 책들은 기본적인 정보 전달이 아니라, 개념을 설명하고 논리를 전개하는 방식으로 구성되어 있다.

따라서 독해력뿐만 아니라 배경지식이 있어야 더 쉽게 이해할 수 있다. 고등학교에서 영어로 읽어야 하는 글을 중학교 때 한국어로라도 읽어두면, 지문의 개념과 논리 구조에 익숙해질 수 있다. 중3 시기에는 해당 수준의 한국어 서적이라도 읽어두는 것이 필요하다. 배경지식이 쌓이면 독해 속도가 빨라지고 글의 흐름을 쉽게 이해할 수 있다.

그렇다면 영어 독해에도 이 원리가 적용될까? 당연하다. 영어 역시 언어이며, 언어는 결국 어휘와 문장 구조를 통해 의미를 전달하는 도구다. 단순히 단어를 많이 외운다고 해서 독해력이 향상되지 않는다. 영어 문장은 한 문장 안에 다양한 의미를 포함할 수 있으며, 문맥에 따라 단어의 뜻이 변화하기 때문에 기계적으로 암기하는 것만으로는 한계가 있다.

그렇다고 해서 단어 학습을 소홀히 해도 된다는 의미는 아니다. 독해력을 높이려면 단어를 문맥 속에서 익히고, 다양한 문장 구조를 접하며, 배경지식을 함께 쌓아야 한다. 결국, 탄탄한 국어 문해력과 깊이 있는 독서 경험이 영어 독해력을 높이는 가장 확실한 길이다.

단어 암기는 반드시 예문과 함께 해야 한다

초등 필수 단어는 약 800개, 중등 1,300개, 고등 3,000개 수준이며, 수능을 대비하려면 8,000~10,000개의 단어를 알아야 한다. 영어 독해에서 단어량이 중요한 것은 사실이다. 단어를 모르면 해석할 수 없다. 하지만 단어만 많이 알고 조합하지 못하면 독해력도, 의사소통 능력도 갖출 수 없다. 단어를 단순 나열하는 식의 학습은 결국 죽은 영어를 만든다.

이 때문에 단어 학습은 반드시 문맥 속에서 익히는 과정이 포함되어야 한다. 단어를 외우더라도 그 단어가 실제 문장에서 어떻게 쓰이는지 이해해야 한다. 예를 들어, 'run'이라는 단어를 보자. 'I run every morning'에서는 '달리다'라는 뜻이지만, 'She runs a small business'에서는 '운영하다'라는 뜻이 된다. 또 'The machine is running smoothly'에서처럼 '작동하다'라는 뜻으로도 쓰인다. 단어를 단순히 뜻과 함께 암기하면 실제 독해에서 문맥에 맞게 해석하지 못하는 문제가 생긴다. 따라서 단어는 반드시 예문과 함께 익혀야 한다.

어휘력은 독해력의 핵심 요소다. 하지만 단어 암기와 독해력은 단순한 비례관계가 아니다. 독해력이 뛰어난 사람은 단어를 정확히 아는 것뿐만 아니라, 문맥 속에서 의미를 추론하는 능력, 문장 구조를 파악하는 능력, 논리적 흐름을 읽어내는 능력을 갖추고 있다. 단어 암기만으로는 이러한 능력을 기를 수 없다. 결국, 단어 학습과 문해력 훈련이 함께 이루어질 때 비로소 영어 독해 실력이 완성된다.

예문과 함께 학습하면 단어가 문장 속에서 어떻게 쓰이는지 자연스럽게 이해할 수 있다. 단어만 외우면 금방 잊히지만, 예문을 통해 문장 속에서 익히면 기억이 오래간다. 예를 들어, 'resist'라는 단어를 암기한다고 해보자. 뜻만 외우면 '저항하다'라는 의미로만 기억되지만, 'She couldn't resist the temptation to eat chocolate(그녀는 초콜릿을 먹고 싶은 유혹을 참지 못했다)'라는 예문과 함께 학습하면 '유혹을 참다'라는 의미까지 자연스레 익히게 된다. 이렇게 문장 속에서 학습하면 독해뿐만 아니라 말하기와 쓰기에도 도움 된다.

또한 단어를 예문과 함께 외우면 문장 구조도 익혀진다. 영어 독해에서 어려움을 겪는 경우, 단어를 몰라서라기보다는 문장 구조를 이해하지 못하는 경우가 많다. 예를 들어, 'The scientist conducted an experiment on water purification(과학자는 수질 정화에 관한 실험을 수행했다)'이라는 문장을 학습할 때, 'conduct'라는 단어를 단순히 '수행하다'로 외우는 것이 아니라, 'conduct an experiment(실험을 수행하다)'처럼 하나의 표현으로 익히면 독해 속도가 훨씬 빨라진다.

그렇다면 단어를 예문과 함께 효과적으로 암기하는 방법은 무엇일까?

첫째, 단어장을 만들 때 반드시 예문을 포함한다. 긴 예문보다는 핵심 의미를 쉽게 이해할 수 있는 문장이 좋다.

둘째, 예문을 반복해서 소리 내어 읽는다. 이렇게 하면 기억에 오래 남을 뿐만 아니라 듣기와 말하기 실력도 함께 향상된다.

셋째, 같은 주제나 카테고리의 단어를 묶어서 학습한다. 예를 들어, '환경'과 관련된 단어를 학습할 때 'pollution(오염)', 'contaminate(오염시키다)', 'purification(정화)'처럼 연관된 단어들을 함께 익히면 더 오래 기억할 수 있다.

자신의 수준에 맞는 영어 원서를 읽으며 단어를 익힌다. 모르는 단어가 나오면 먼저 문맥 속에서 의미를 추측한 후, 사전에서 정확한 뜻을 확인하고 해당 단어가 포함된 문장을 따로 정리해 반복해서 읽어보자. 이렇게 하면 단어를 자연스럽게 익히면서 독해 실력도 함께 높아진다.

글을 읽고 중심 문장을 찾거나 내용을 요약하는 연습도 큰 도움이 된다. 영어뿐만 아니라 국어도 마찬가지다. 글의 핵심을 파악하는 습관을 들이면 독해력이 빠르게 향상된다. 초등학생도 이런 연습을 꾸준히 하면 문장을 읽고 이해하는 힘이 길러진다.

요즘 지역 도서관에는 다양한 영어 원서를 구비해둔다. 인터넷 서점에서도 리딩 레벨에 맞춘 책을 찾기 쉽다. 아이의 영어 실력에 맞춰, 너무 어렵지 않으면서도 흥미를 유발하는 책부터 시작하자. 무리하게 어려운 책을 읽히면 흥미를 잃는다. 적절한 수준의 책을 꾸준히 읽으면 영어 실력도 자연스럽게 향상된다.

2등급에서 1등급으로 가는 영어 독해 학습법

초·중등 시절 어떤 방식으로 실력을 쌓아왔든, 수능 평가 기준은 모든 학생에게 동일하다. 수능 영어는 절대평가다. 총 45문항으로 구성되며, 이 중 듣기 평가가 17문항, 독해가 28문항이다. 독해 문항의 평균 글자 수는 약 900자에서 1,200자 수준이다. 수능 영어 시험 시간은 총 70분이며, 듣기 평가는 17분 동안 진행된다. 듣기 평가 이후 남은 53분 동안 28개의 독해 문항을 풀어야 한다. 평균적으로 독해 한 문항당 약 1분 53초의 시간이 주어지며, 분당 약 450~600자의 글을 읽어야 한다. 같은 등급 내에서는 한두 문제 차이로 점수가 구분되지 않지만, 등급이 갈리는 상황에서는 효과적인 독해 학습법이 꼭 필요하다.

먼저, 문제를 준비한다. 시험이라 생각하고 푼다. 그런 다음, 지문을 분석하는 과정이 중요하다. 첫 번째 문장을 읽고 100% 이해했는지 점검한다. 완전히 이해했다면 다음 문장으로 넘어간다. 하지만 90%만 이해된다면, 부족한 10%가 무엇 때문인지 반드시 분석해야 한다.

원인은 크게 두 가지다. 어휘 부족 또는 문장 구조 이해 부족이다. 우선, 모르는 어휘가 있는지 확인하고 뜻을 정확히 파악한다. 그런데 어휘의 의미를 모두 알고도 문장이 해석되지 않는 경우가 있다. 이는 문장 구조를 이해하지 못했기 때문이다.

실제 수능 지문에는 문법책에서 다루지 않는 복잡한 문장 구조가 등장한다. 영어는 만연체 문장이 많고, 한 문장이 대여섯 줄이 넘는 경우도 흔하다. 일부러 어렵게 내는 것이 아니라, 영어 자체의 구조가 그렇다. 이런 문장은 대학 전공책이나 논문에서도 자주 등장한다. 따라서 문장 구조를 분석하는 연습이 필요하다.

이러한 연습을 지속하면, 다른 지문에서 같은 구조를 다시 만나게 되는 경험을 하게 된다. 이런 과정이 반복되면 자연스럽게 어휘력이 늘어나고, 문장 구조를 파악하는 힘이 길러진다. 이를 위해 하루 5~10개의 문장을 꾸준히 분석하는 것이 좋다. 평균적으로 이 정도 분량을 학습하는 데 한두 시간이 소요된다.

또한 2등급(88~89점대) 학생들은 크게 두 부류로 나뉜다. 첫 번째는 특정 유형에서 반복적으로 실수를 하는 경우다. 이 경우, 특히 빈칸 추론, 문장 순서 배열, 삽입 유형 문제를 반복해서 풀어보는 것이 효과적이다. 영어 문제집《수능영어 절대유형 3142》는 수능 영어 31번부터 42번까지의 문항에서 출제되는 '킬러 문항' 유형을 다룬다. 빈칸 4문항, 순서 배열 2문항, 삽입 2문항, 요약 1문항, 작문 2문항으로 구성된 모의고사 문제집이다. 이런 문제집을 20회 반복해서 풀면 문제 유형이 익숙해지고, 특정 유형에서 발생하는 실수를 줄일 수 있다.

두 번째 부류는 틀리는 유형이 일정하지 않은 경우다. 이런 학생들은 감으로 문제를 푸는 경향이 강하다. 따라서 문제를 풀 때마다 각 선지가 왜 정답인지 논리적 근거를 찾는 연습이 필요하다.

같은 2등급이라도 80~81점대인 학생들은 대개 단어량이 부족한 경우가 많다. 이런 경우, 어휘 보강이 필수적이다. 어휘가 충분하지 않으면, 지문 독해를 할 때, '자의적 해석'을 하고 '읽었다는 착각'에 빠진다. 단어를 암기할 때는 반드시 예문과 함께 학습하여, 실제 문장 속에서 단어의 의미를 자연스럽게 익히는 것이 효과적이다.

수능 영어에서 높은 점수를 받으려면 문제 유형을 정확히 파악하고, 문장 구조를 이해하는 연습을 꾸준히 해야 한다. 또한 단어를 외울 때도 뜻만 암기하는 것이 아니라 문장 속에서 자연스럽게 익히는 것이 더 효과적이다. 이런 연습을 통해 영어를 좀 더 정확하게 이해하고 활용하는 능력을 키울 수 있다. 영어 독해 공부는 시험 점수를 넘어서 더 깊은 사고력과 언어 지능을 길러주는 과정이다.

Chapter 6

문해력의 완성,
글쓰기로 연결하라

문해력이 곧
창의적 글쓰기의 출발점

우리 아이들의 문해력에 관한 책을 쓰면서 글쓰기를 함께 다뤄야 할지 고민이 많았다. 문해력과 글쓰기는 결코 분리될 수 없다. 글쓰기는 자기표현의 한 방식이다. 타인의 글을 읽고 이해한 뒤, 이를 내면에서 소화해 나만의 생각으로 표현하는 과정이다. 하지만 이런 과정을 거치지 않고 억지로 글을 쓰게 하면, 아이들은 글쓰기를 두려워하고 거부감부터 갖게 된다. 마치 먹은 것도 없이 토해내라고 강요받는 느낌이랄까.

그러나 현실은 글쓰기를 피할 수 없게 만들고 있다. 현대사회는 많은 지식을 가진 사람보다 그 지식을 창의적이고 논리적으로 표현할 줄 아는 사람을 원한다. 2022 교육과정 개정안에서도 서논술형 평가를 강조하고 있다. 기계적인 암기와 선택형 문제 풀이로는 부족하다. 이제는 사고력과 창의력을 바탕으로 자신만의 논리적 견해를 글로 표현해야 하는 시대다.

서논술형 평가와 그 의미

교육의 흐름은 점점 글쓰기 중심으로 바뀌고 있다. 프랑스의 바깔로레아(Baccalauréat)처럼 사고력을 평가하는 시험 모델을 지향하는 논의도 활발하다. 물론 한국에서 수능에 서논술형 평가를 전면 도입하는 것은 현실적 제약이 많다. 하지만 중·고등학교 내신에서는 서논술형 평가 비중이 점점 커지고 있다. 학생들의 글쓰기 능력이 학업 성적과 직결되기 때문이다.

현재 중·고등학교에서 서논술형 평가를 시행하는 과목은 계속 늘고 있다. 2023년 조사에 따르면, 서울 소재 30개 고등학교 중 80%가 국어, 사회, 과학 과목에서 서논술형 평가를 포함한 수행평가를 실시하고 있다. 이는 단순한 내신 평가를 넘어, 대학 논술시험 대비의 기초 과정이기도 하다.

글쓰기는 표현 이상의 의미를 가진다. 글을 쓰는 과정에서 사고가 구조화되고, 문제를 분석하며, 창의적인 아이디어가 발전한다. 글쓰기를 통해 아이들은 논리를 세우고, 이를 명확하게 표현하는 법을 배운다. 이 능력은 학업뿐만 아니라 직장에서도 필수적이다. 보고서를 작성하고, 발표 자료를 정리하며, 논리를 정리하는 모든 과정에서 글쓰기는 핵심 역량이 된다.

특히 초등 시기에 글쓰기를 시작하면 이런 능력을 자연스럽게 기를 수 있다. 미국의 한 연구에 따르면, 초등학교 시절부터 꾸준히 글쓰기를 연습한 아이들은 그렇지 않은 아이들보다 사고력과 문제해결력이 평균 20% 높았다. 초등 시기의 글쓰기 경험은 단순한 학습이 아니라, 창의력과 비판적 사고를 키우는 중요한 발판이 된다.

글쓰기 교육의 단계적 접근

글쓰기를 처음 시작하는 아이들에게는 어떻게 접근해야 할까? 초등 시기에는 자기 생각을 자유롭게 표현하는 연습이 중요하다. 이 시기에 완벽한 글을 요구하기보다는 글쓰기를 즐겁게 경험하도록 해야 한다. 분량에 대한 부담도 줄여야 한다. 단 한 줄이라도 괜찮다.

반면, 중·고등학교에서는 글쓰기 기술이 필요하다. 서논술형 평가가 확대되면서 아이들은 논리를 전개하고, 문제를 분석하며, 다양한 관점을 설득력 있게 표현해야 한다. 평가를 받는 글이기 때문이다. 공정한 채점을 위해 선생님들은 핵심 개념어와 글 전개의 조건을 중요한 기준으로 삼는다.

부모와 교사도 이런 변화를 이해하고, 시기에 맞는 글쓰기 교육을 고민해야 한다. 초등 시기에는 창의적 사고를 키우는 데 집중하고, 점차 논리적 사고와 구체적 표현으로 발전시켜야 한다. 그렇다면 초등 시기의 글쓰기는 어떤 의미를 가질까? 또 창의력과 사고력을 키우는 데 어떻게 도움 될까?

초등 국어 교육에서 가장 중요한 것 중 하나가 글쓰기다. 하지만 많은 아이가 글쓰기를 부담스러운 과제로 느낀다. 어른도 "글을 쓴다"는 말만 들어도 어렵게 느껴지니, 아이들이 두려워하는 건 당연하다. 많은 부모가 고민한다.

'우리 아이는 글쓰기를 너무 싫어하는데, 어떻게 하면 좋아하게 만들 수 있을까?'

'어떻게 하면 글을 더 잘 쓸 수 있게 할까?'

이 질문의 답을 찾으려면 먼저 아이들이 글쓰기를 어려워하는 이유를 알아야 한다. 가장 큰 원인은 완벽해야 한다는 부담감이다. 글을 쓰면서 문법, 철자, 표현력 등을 신경 쓰다 보면 생각이 자유롭게 흘러가지 못한다. 부담이 커지면 글을 시작조차 하기 어려워진다.

초등 시기의 글쓰기는 결과보다 과정이 중요하다. 글을 잘 쓰는 것보다 글을 쓰는 경험 자체가 즐거운 일이 되어야 한다. 문법이 틀려도, 철자가 맞지 않아도 괜찮다. 중요한 건 아이가 자기 생각을 자유롭게 표현하는 것이다.

아이의 글에서 틀린 부분을 지적하기보다는 그 글에 담긴 마음과 생각을 읽어주자. 부모가 글을 평가하는 대신, 아이의 표현을 존중하고 공감할 때 글쓰기는 자연스러운 활동이 된다.

둘째 아이가 초등학교 2학년 때, 교과서에 짧은 글을 썼다. 철자가 몇 개 틀렸다. 엄마로서 나 역시 틀린 맞춤법이 신경 쓰여 그냥 넘기지 못하고 물었다.

"선생님이 이 글을 보고 뭐라고 하셨니?"

아이는 아무렇지 않게 대답했다.

"그냥 내 생각이 어땠느냐고 물어보셨어."

저학년 아이들에게 한 줄을 써 내려가는 일은 쉽지 않다. 완벽하지 않은 한글 실력을 내보일 용기와 노력이 필요하다. 글을 쓰면서 생각을 정리하고, 이를 글자로 옮기는 과정도 어렵다. 그런데도 아이는 열심히 자기 생각을 표현했다.

이런 과정을 통해 아이들은 글쓰기를 배우고, 점점 익숙해진다. 중요한 건 아이의 글을 바라보는 부모의 태도다. 틀린 부분을 지적하는 대신, 그 글이 담고 있는 의미를 존중하는 것이다.

맞춤법을 지적하지 말아야 한다는 건 이론적으로 알고 있었지만, 막상 내 아이에게 적용하는 건 쉽지 않았다. "네 생각은 그렇구나. 열심히 했네" 하며 어색한 칭찬으로 마무리했다.

글쓰기는 완벽한 문장을 요구하는 숙제가 아니다. 아이의 마음과 생각이 담긴 흔적이다. 이 흔적을 존중하고 격려할 때, 아이는 글쓰기를 두려워하지 않고 즐겁게 받아들인다. 부모가 먼저 글쓰기에 대한 부담을 내려놓자. 그래야 아이도 편안한 마음으로 글을 쓸 수 있다. 글은 잘 쓰는 것보다 꾸준히 쓰는 것이 더 중요하다.

초등학생에게 글쓰기를 가르칠 때는 아이의 발달 단계와 흥미를 고려해야 한다. 학년별로 필요한 글쓰기 경험이 다르기 때문이다. 초등 1학년과 5학년이 써야 할 글은 다르지만, 공통적으로 중요한 점은 억지로 시키기보다 생활 속에서 자연스럽게 녹아들도록 하는 것이다.

예를 들어, 박물관이나 미술관을 다녀온 뒤 짧게 감상을 적게 하는 것도 좋은 방법이다. "오늘 본 그림 중 어떤 게 가장 기억에 남았어?" 하고 묻고, 한두 문장이라도 적게 하면 된다. 이때 중요한 것은 정답을 요구하지 않고 아이의 감상을 있는 그대로 받아들이는 것이다.

책을 읽은 후에도 간단한 글쓰기를 할 수 있다. "어떤 장면이 가장 기억에 남았니?", "주인공이 왜 그렇게 행동했을까?" 같은 질문을 던지면 자연스럽게 자기 생각을 글로 표현할 기회를 얻게 된다. 긴 글이 아니어도 괜찮다. 한두 문장으로 시작해도 충분하다. 중요한 건 아이가 '나는 글을 쓸 수 있어!' 하는 자신감을 갖는 것이다.

글쓰기와 어휘력의 연결

글쓰기를 통해 어휘력을 확장하는 것도 효과적이다. 예를 들어, '속상하다'라는 말을 다른 표현으로 바꿔보는 놀이를 해보자. '슬프다', '마음이 아프다', '섭섭하다' 등 비슷한 표현을 찾아보는 것이다. 이렇게 하면 글을 쓸 때 더 다양한 단어를 활용할 수 있다. 글은 결국 단어로 이루어져 있으니까.

교과서 속 단어를 활용하는 것도 좋은 방법이다. 예를 들어, 과학 교과서에 나오는 '세포'라는 단어를 살펴보자. '세'는 '가늘다'라는 뜻을 담고 있다. 여기에서 파생된 단어가 '세밀하다', '세심하다', '섬

세하다' 같은 말들이다. 아이와 함께 이 단어들의 뜻을 풀어보고, '세밀한 관찰', '세심한 배려', '섬세한 손길' 같은 문장을 만들어보자. 단어가 문장에서 어떻게 쓰이는지 이해하게 된다.

이런 활동은 교과서 내용을 더 풍부하게 확장하는 데도 도움 된다. 예를 들어, '세포는 작다'라는 문장에서 출발해 '세포는 생명체의 기본 단위로, 매우 세밀하게 관찰해야 보인다' 같은 문장으로 발전시킬 수 있다. 단어를 활용해 문장을 확장하는 과정에서 자연스럽게 글쓰기 실력을 키울 수 있다.

중언부언하는 글쓰기도 괜찮다

우리는 흔히 '글은 논리적이어야 한다', '문장이 매끄러워야 한나'는 신화에 빠져 있다. 하지만 초등학생에게 처음부터 논리와 완성도를 요구하면 글쓰기를 더 부담스러워한다. 문법이 틀리고, 철자 실수가 많고, 같은 말을 반복해도 괜찮다. 중요한 건 아이가 자기 생각을 표현하는 것이다.

사실 나도 아이들에게 글쓰기나 수학을 가르치면서 답답할 때가 많다. '왜 이렇게 썼을까?' 하는 생각이 들고, 한두 번 욱하기도 했다. 하지만 아이는 나와 다르다. 내 속도를 강요하기보다 스스로 성장하도록 기다려주는 것이 중요하다는 걸 깨달았다. 중언부언한 글 속에서도 때로는 예상치 못한 기발한 표현을 발견할 때가 있다. '아, 이런 생각도 할 수 있구나' 하고 놀라기도 한다.

글쓰기는 대화의 연장선

글쓰기를 가르칠 때 대화를 활용하면 좋다. "어떤 점이 가장 재미있었니?", "주인공이 왜 그런 선택을 했을까?" 같은 질문을 던져보자. 아이가 말로 답한 내용을 글로 적게 하면 자연스럽게 글쓰기로 이어질 수 있다. 예를 들어, "오늘 본 영화 속에서 가장 기억에 남는 것은 뭐였어?"라고 묻고, 한두 문장이라도 적게 하면 충분하다. 논리적이지 않아도, 문장이 매끄럽지 않아도 괜찮다. 중요한 것은 아이가 생각을 글로 옮기는 경험이다. 그래도 쓰기 어려워할 때는 말하는 것을 녹음한 뒤 그대로 받아 적게 해본다. 글쓰기의 시작을 도울 수 있다.

글쓰기 교육에서 가장 경계해야 할 것은 조급함이다. 나도 5학년 아이가 주말마다 글쓰기 숙제를 할 때, 조바심에 "이 말은 빼면 안 될까? 다시 써볼래?" 했던 적이 많다. 하지만 시간이 지나면서 그런 조급함이 오히려 아이에게 부담이 되었다는 걸 깨달았다. 아이들은 느린 듯해도 결국 자신만의 속도로 성장한다. 철자 실수도, 틀린 문법도, 엉뚱한 생각도 시간이 지나면서 자연스럽게 다듬어진다.

아이들의 글에서 완벽을 찾으려고 하지 말자. 하지만 칭찬하고 격려하면 자신이 쓴 글을 자랑스러워하고, 더 많이 쓰고 싶어 한다. 아이가 글쓰기를 두려워하지 않도록 도와주자. 완벽한 글보다 중요한 것은 글을 쓰는 즐거움을 느끼는 것이다.

초등학교 시기의 글쓰기는 아이가 자신의 속도로 글을 써보고, 생각을 표현하며, 실수도 해보는 과정이 중요하다. 아이가 뭘 썼다면 일단은 칭찬으로 시작하자. 칭찬은 고래도 춤추게 한다.

②

글쓰기는 일상에서 시작된다: 가족과 함께 기록하기

글쓰기를 부담 없이 시작하고, 긍정적인 경험으로 만들려면 일상 속에서 자연스럽게 글을 써보는 것이 가장 좋은 방법이다. 글쓰기를 특별한 과제가 아니라, 가족과 함께 추억을 기록하는 과정으로 접근하면 된다. 다음은 실용적이고 감성적인 세 가지 방법이다.

가족일기: 부모와 아이가 함께 쓰는 하루

가족일기는 가족의 마음과 생각을 나누는 특별한 공간이다. 누구나, 언제든, 무엇이든 쓸 수 있다. 그림을 그려도 되고, 짧은 글을 남겨도 된다. 우리 가족은 튼튼한 플라스틱 커버가 있는 연습장을 준비해 표지에 가족사진을 붙이고 '가족일기장'이라는 제목을 적었다. 이렇게 가족만의 일기장이 완성되었다.

처음에는 부모가 먼저 글을 쓰며 분위기를 만들어간다. 아이들에게 하고 싶은 말을 전하거나, 그날의 감정을 기록해도 좋다. 여행지에서 느낀 감상이나 일상의 소소한 사건도 훌륭한 주제가 된다.

한번은 경주 여행을 다녀온 후, 엄마와 아빠는 신라의 유적과 가을 하늘에 대한 감상을 적었다. 그런데 아이들의 일기는 사뭇 달랐다. 첫째는 숙소에서 친구들과 좀비 게임을 한 이야기를, 막내는 뷔페에서 혼자 빵과 잼, 오렌지 주스를 가져다 먹은 일을 기록했다. 같은 여행에서도 가족마다 기억하는 장면이 다르다는 점이 흥미롭고 재미있었다.

가족일기는 실용적으로도 활용할 수 있다. 초등학생들은 체험학습 보고서를 제출해야 하는데, 아이들은 막상 글을 쓰려 하면 "뭐라고 써야 할지 모르겠어" 하며 멈춰버린다. 보통은 성격 급한 엄마가 대신 써주는 일이 많다. 하지만 가족일기를 쓰면서부터는 상황이 달라졌다. 여행지에서 느낀 점을 미리 기록해두었기 때문에 체험학습 보고서를 쓸 때 자연스럽게 참고할 수 있었다. 결과적으로 글쓰기에 대한 부담이 줄어들었다.

가족일기는 아이들이 자신의 감정을 솔직하게 표현하는 도구가 되기도 한다. 한번은 아빠가 아이들 방의 장난감을 정리하면서, 잘 가지고 놀지 않는 것들을 한가득 버렸다. 아이들은 오랫동안 손대지 않은 장난감이라도 쉽게 버려지는 걸 싫어했다. 그날 저녁, 우리 둘째는 느낌표 열두 개를 단 '아빠 미워!!!!!!!!!!!!'를 가족일기장 한 페이지에 가득 채웠다. 아이의 마음이 고스란히 전해졌다.

이렇게 글로 감정을 표현하는 경험은 아이에게도, 부모에게도 의미가 있다. 말로 하기 어려운 감정을 글로 풀어내고, 서로의 마음을 이해하는 과정이 된다.

처음에는 글자를 모르는 아이가 그림만 그리다가, 어느 날 짧은 한 문장을 쓰기 시작하고, 점차 서너 줄로 늘어나는 모습을 보면 기쁨을 느끼게 된다. 어른들이 보기에는 짧은 글이라도 아이들에게는 그 한 줄을 쓰기 위해 고민한 시간이 담겨 있다. 그래서 아이들은 자신이 쓴 글이 담긴 가족일기장을 소중히 여긴다.

가족일기는 시간이 흐를수록 의미가 깊어진다. 남겨진 글들은 단순한 기록을 넘어, 가족의 역사이자 소중한 추억이 된다. 부모가 꾸준히 가족일기를 쓰는 모습을 보이면, 아이들도 자연스럽게 글을 가까이하게 된다. 글쓰기가 일상의 일부로 자리 잡으면, 아이들은 글을 쓰는 것을 어려운 일이 아니라, 자연스러운 표현의 도구로 받아들이게 된다.

가족일기는 매일 쓰지 않아도 된다. 특별한 날, 여행을 다녀온 날, 기억에 남는 일이 있었던 날에 기록하면 충분하다. 형식에 구애받을 필요도 없다. 그림을 그려도 좋고, 한 줄만 적어도 된다. 중요한 것은 거창하게 준비하는 것이 아니라, 그냥 시작하는 것이다.

한 권을 채우는 데 한 달이 걸릴 수도 있고, 1년 혹은 3년이 걸릴

수도 있다. 마치 사진첩처럼 가족의 이야기를 채워나가며 글로 소통
하는 기쁨을 느끼게 하는 것, 그것이 바로 가족일기장의 가치이다.

쪽지로 주고받는 가족 독서 토론

글쓰기를 자연스럽게 생활화하려면 독서와 연결하는 방법을 시
도해보자. 나는 6세 아이들 대여섯 명과 책 읽기 수업을 진행한 적이
있다. 각자 추천하고 싶은 책 한 권과 점착식 메모지를 준비했다. 아
이들은 메모지에 책과 관련된 이야기를 적어 책에 붙였고, 정해진 순
서대로 책을 돌려 읽었다. 한글을 모르는 아이들은 엄마들이 옆에서
도움을 주었다. 아이들은 기발하면서도 재미있는 메시지를 남겼다.
'난 돼지가 아니야. 근데 우리 아빠는 돼지인 것 같아(앤서니 브라운
의《돼지책》을 읽은 아이였다)!', '이 책 재미있어! ○○야, 읽어봐!', '네가
○○라면 어떻게 하고 싶어?' 같은 말을 적기도 했다. 또 어떤 아이는
'나는 ○○ 공주처럼 되고 싶어' 하는 작은 소망을 표현했다. 책 속
메모지를 통해 아이들은 비밀스러운 대화를 나누는 기분을 느꼈고,
책으로 소통하는 특별한 방법을 찾아냈다.
이 방법은 가족 간에도 충분히 활용할 수 있다. 서로 읽은 책에 대
해 짧은 쪽지를 주고받으며 생각을 나눠보자. 쪽지에는 간단한 질문
이나 감상을 적으면 된다. 예를 들어, '이 책에서 가장 재미있었던 장
면은 어디였어?' 같은 질문을 남겨보자. 아이가 쓴 쪽지는 가족일기
장에 붙이거나, 답장 쪽지를 통해 더 깊은 대화로 이어갈 수도 있다.

흥미로운 점은 아이도 부모에게 질문을 던질 수 있다는 것이다. 내가 본 아이들은 부모에게 문제를 내려고 더 열심히 책을 읽었다. 엄마가 틀릴 만한 문제를 만들려고 고민하는 모습이 참 귀여웠다. 시간이 지나면서 아이들은 단순한 문제를 넘어, 열린 질문을 던지기 시작했다. 예를 들어, '이 책에서 주인공이 다른 선택을 했다면 어떻게 됐을까?' 같은 질문을 통해 더 깊이 있는 사고와 글쓰기를 자연스럽게 연습할 수 있었다.

쪽지 독서 토론은 아이들이 책을 읽고 소통하며 자기 생각을 글로 표현하는 즐거움을 깨닫게 해주는 훌륭한 방법이다. 가족 간의 소소한 대화가 글쓰기의 첫걸음이 될 수 있음을 경험해보자.

식탁 위 단어 일력을 활용한 한 문장 만들기

아이들이 글쓰기를 자연스럽게 시작하려면 일상에서 단어를 활용하는 것이 효과적이다. 나는 처음에 아이들과 함께 읽은 책에서 단어를 뽑아 이야기를 만들어보는 방식으로 시작했다. 하지만 한 단어를 위해 책을 뒤지고, 아이들의 동의를 얻어 문장을 만들어보려니 시간이 오래 걸렸다. 워킹맘으로 살림, 육아, 일을 병행하는 입장에서 지속하기 어려운 방식이었다.

그래서 시작한 것이 단어 일력이다. 요즘은 초등학생부터 성인까지 꼭 알아야 할 어휘를 소개하는 일력이 다양하게 나와 있다. 나는 식탁 위에 세 종류의 일력을 두고 활용하고 있다.《이은경쌤의 초등 어휘 일력 365》(문학 어휘, 속담·사자성어)와 《최태성의 365 한국사 일력》이다. 하루에 하나씩 새로운 단어와 예문을 제시해주기 때문에 아이들과 단어를 활용한 이야기를 나누는 데 유용하다.

오늘 어휘 일력에는 '타산지석(他山之石)'이 소개되었다. 뜻은 '다른 사람의 잘못이나 실패도 나의 교훈으로 삼을 수 있다'이다. 아이들과 함께 이 단어를 활용해 문장을 만들어보았다. 아이들이 표현한 문장은 이랬다.

'준영이는 형의 실수를 타산지석 삼아 더 주의 깊게 행동하기로 했어요.'

'나는 친구의 잘못을 타산지석 삼아 같은 실수를 반복하지 않으려 했어.'

이처럼 문장을 만들며 단어의 뜻을 자연스럽게 이해하게 된다. 생각이 잘 떠오르지 않으면 일력에 있는 예문을 참고해도 좋다.

한국사 일력에는 오늘 '1962년 문화재보호법 공포'라는 내용이 실려 있었다. 여기서 '공포(公布)'라는 단어가 눈에 띄었다. 아이들에게 "공포가 무슨 뜻일까?"라고 묻자 대부분 "무섭고 두려운 감정이요"라고 답했다. 하지만 여기서 '공포'는 '일반 대중에게 널리 알리다'라는 뜻이다.

이 단어를 활용해 문장을 만들어볼 수도 있다.

'새 법이 제정되면, 정부는 이를 공포하여 국민들에게 알린다.'

이렇게 단어의 또 다른 뜻을 배우고, 문장을 만들어보는 활동은 어휘력과 사고력을 동시에 길러준다. 이런 활동은 식탁에서 밥을 먹으며 부담 없이 진행할 수 있다. 식사 후 차 한 잔을 마시며 나누는 대화처럼 가볍게 하면 된다. 아이들과 단어를 활용해 대화를 나누다 보면 자연스레 문장을 말로 만들어보게 되고, 이는 곧 글쓰기의 첫 걸음이 된다.

일력은 매해 반복해서 사용할 수 있다는 점도 장점이다. 한 번 본 다고 모든 단어를 다 익히기는 어렵다. 아이가 어릴수록 반복적으로 보고 연습하면 효과가 크다. 부모와 아이가 번갈아가며 단어를 활용한 문장을 만들어보면, 단어에 대한 이해도 깊어지고 짧은 글쓰기 경험도 즐겁게 쌓을 수 있다.

단어 일력은 새로운 단어를 배우는 훌륭한 도구이자 가족과의 소통을 돕고 아이의 사고력을 키우는 특별한 연결고리이다. 매일 한 장씩 넘기며 단어를 익히다 보면, 그것이 아이의 글쓰기 기초를 다지는 출발점이 될 것이다.

생각을 확장하는
독서 감상문 쓰기

많은 초등학생이 독서 감상문 쓰기를 어려워한다. 책 읽기는 좋아하지만, 내용을 글로 표현하는 것이 부담스럽다. 무엇을 어떻게 써야 할지 몰라 막막해한다. 특히 방학 과제로 독서 감상문을 쓸 때, 아이들이 어려움을 느끼는 이유는 세 가지로 나뉜다. 첫째, 어디서부터 시작해야 할지 모른다. 둘째, 쓸 내용이 떠오르지 않는다. 셋째, 자신이 쓴 글에 대한 자신감이 부족하다.

왜 독서 감상문을 써야 할까?

독서 감상문은 책을 읽고 난 후 느낀 점을 적는 글이다. 읽은 내용을 머릿속에만 남겨두지 않고 글로 표현하는 것이 중요하다. 글로 쓰는 행위에는 단순한 기록 이상의 의미가 있다.

첫째, 책에 대한 이해가 깊어진다. 감상문을 쓰면 책의 내용과 중요한 메시지를 되새길 수 있다. 어떤 부분에서 감동받았는지, 주인공의 선택이 왜 중요한지를 고민하며 글을 쓰면 책을 더 깊이 이해할 수 있다. 핵심을 정확히 파악하고 내용을 오래 기억하는 데도 도움 된다.

둘째, 자기 생각을 명확히 표현할 수 있다. 아이들은 책을 읽고 나서 감정과 생각을 정리할 기회가 많지 않다. 감상문을 쓰면서 자신의 생각을 글로 정리하는 과정에서 표현력이 길러진다. 처음에는 어렵지만 꾸준히 쓰다 보면 점점 자연스럽게 의견을 표현할 수 있다.

셋째, 비판적 사고가 자란다. 단순히 줄거리를 나열하는 것이 아니라 '왜 이런 일이 일어났을까?', '주인공의 행동을 어떻게 이해할 수 있을까?' 같은 질문을 던지게 된다. 이를 통해 깊이 있는 사고를 하게 되고, 세상을 더 넓은 시각으로 바라보는 힘이 길러진다.

넷째, 자기 자신을 돌아보는 기회가 된다. 감상문을 쓰며 느낀 감동과 교훈을 정리하면, 자신이 어떤 가치관을 가지고 있는지 알게 된다. 무엇에 감동받고, 어떤 부분에서 공감했는지 이해하는 과정에서 자기 성찰 능력이 향상된다.

독서 감상문은 책을 통해 생각을 정리하고 성장하는 과정이다. 책을 읽고 내용을 안다 해서 아이들이 쉽게 감상문을 쓸 수 있는 것은 아니다. 이에 부모가 도와줄 몇 가지 팁을 소개한다.

첫째, 처음부터 많은 분량을 기대하지 않는다. 감상문을 지도할 때 흔히 하는 실수는 처음부터 긴 글을 요구하는 것이다. "짧게 써도 괜찮다"고 말해주자. 길이를 채우기 위해 줄거리를 늘리기보다는 인상 깊었던 장면이나 사건을 중심으로 생각을 정리하도록 지도하는 것이 좋다. 글쓰기의 목표는 길이가 아니라, 아이가 생각을 글로 표현하는 과정에 있다. 예를 들어, "가장 기억에 남는 장면이 뭐야?"라고 물어보고, 아이가 떠올린 장면에 대해 경험이나 생각을 짧게 적어보도록 하면 부담이 줄어든다.

둘째, 독서와 쓰기를 동시에 진행한다. 책을 다 읽은 후 감상문을 쓰라고 하면 막막해하기 쉽다. 읽기와 쓰기를 동시에 진행하면 도움이 된다. 책을 읽는 중간에 기억에 남는 문장을 메모하거나, 주요 사건에 대한 간단한 생각을 적어보게 하자. 인상 깊은 문장을 골라 표시하거나, 중요한 부분에 짧은 메모를 남기는 것도 좋은 방법이다. 혹은 아이에게 "책을 읽고 가장 인상 깊었던 한 문장을 엄마한테 말해줘"라고 해보자. 이 한마디를 찾기 위해 좀 더 면밀히 읽게 된다.

셋째, 부모와의 대화로 사고를 확장한다. 아이가 글쓰기를 어려워할 때 부모의 질문이 큰 도움이 된다. "가장 기억에 남는 장면이 뭐야?"보다는 "이 이야기에서 가장 중요한 사건이 뭐라고 생각해?", "주인공이 너였다면 어떻게 행동했을까?"처럼 질문을 구체화하면 아이가 더 깊이 사고할 수 있다. 또한 주인공의 성격이나 선택에 대한 의견을 물어보면 생각의 폭이 넓어진다. "주인공이 이런 결정을 한 이유는 뭐라고 생각해?" 같은 질문은 감상문을 더 풍성하게 만든다.

넷째, 다양한 형식을 활용한다. 백지에 글을 쓰는 것이 부담스러운 아이들은 독서 활동지를 활용하면 좋다. 만화 형식, 마인드맵, 편지 형식의 독서록을 제공하면 글쓰기가 훨씬 쉬워진다. 요즘은 다양한 형식의 독서 기록장을 쉽게 구할 수도 있다. 집에서 활동지를 준비하기 어렵다면, 인상 깊은 문장을 발췌하고 그에 대한 생각을 적게 해보자. 형식을 자유롭게 하면 아이들이 편안하게 감상문을 완성할 수 있다.

다섯째, 긍정적인 피드백을 준다. 아이가 감상문을 썼다면 맞춤법이나 문법을 바로 지적하기보다는 글을 쓴 과정 자체를 칭찬하는 것이 중요하다. "네 생각을 잘 표현했구나!", "이 부분 정말 창의적이야!" 하는 말이 자신감을 키워준다. 맞춤법을 고쳐주고 싶다면, 아이가 직접 수정할 기회를 주자. "이 부분에 작은 실수가 있는데, 네가 한 번 고쳐볼래?"라고 하면 아이가 글에 대한 책임감을 가질 수 있다.

여섯째, 가족과 함께 감상문을 나눈다. 가족이 같은 책을 읽고 각자 감상문을 써서 나눠보면 좋다. 부모와 아이가 서로의 글을 읽고 이야기 나누는 과정에서 글쓰기의 부담이 줄어들고, 가족 간 소통도 활발해진다. 가족 독서 일기에 감상문을 기록하는 것도 좋은 방법이다.

독서 감상문은 아이들의 사고를 키우는 중요한 도구다. 줄거리 요약이 아니라, 책을 읽으며 무엇을 느꼈는지 자유롭게 표현하는 기회가 되어야 한다. 부모와 선생님이 글쓰기에 대한 부담을 줄이고, 아이가 즐겁게 감상문을 쓸 수 있도록 도와주자.

4

공부일기, 서술형 평가를 대비하는 비밀 무기

공부일기라는 개념이 생소할 수 있다. 일반적인 일기와는 다르며, 학습 습관의 일환이라고 볼 수 있다. 이 글쓰기 방법이 필요한 이유는 우리 아이들의 교육 환경이 급변하고 있기 때문이다.

2022 개정 교육과정과 함께 2028학년도부터 미래형 수능에서 서술형·논술형 평가가 본격적으로 도입될 예정이다. 단순한 객관식 평가만으로는 아이들의 실력을 정확히 측정하기 어려워진다. 아이들은 직접 답안을 작성하고, 논리적으로 사고를 표현해야 한다.

이러한 변화 속에서 창의력과 사고력을 키우는 것이 중요하다. 단순한 암기나 문제 풀이만으로는 더 이상 효과적인 학습이 어렵다.

이를 대비하는 방법 중 하나가 바로 공부일기다.

공부일기는 하루 동안 공부한 내용을 떠올려 정리하는 기록이다. 일반적인 일기가 일상의 사건을 기록하는 것이라면, 공부일기는 학습 내용을 머릿속에서 꺼내어 체계적으로 정리하는 과정이다. 이를 통해 아이들은 수동적 학습에서 벗어나 능동적으로 학습 내용을 이해하고 정리하는 훈련을 하게 된다.

공부일기를 작성하는 방법은 간단하다. 아이가 매일 밤, 하루 동안 공부한 내용을 백지 위에 기록하도록 지도하면 된다. 먼저, 오늘 공부한 과목과 주제를 떠올린다. 예를 들어, '3학년 사회, 교통수단의 변화'처럼 구체적으로 정리한다. 이후, 공부한 내용을 핵심적으로 기록하는 것이 중요하다. 키워드, 마인드맵, 개조식 또는 줄글 등 다양한 방식으로 정리할 수 있다.

예를 들어, '교통수단'이라는 주제 아래 '자동차, 자전거, 비행기' 등을 나열하고, 각각의 특징을 정리하는 식이다. '자동차는 빠르지만, 환경오염이 심하다', '자전거는 친환경적이다'처럼 간단하게 정리하면 효과적이다.

공부하다가 기억이 나지 않는 부분이 있을 수도 있다. 이럴 때는 교과서를 다시 확인하거나 부족한 부분을 보완하면 된다. 중요한 점은 공부일기가 평가용이 아니라는 것이다. 따라서 아이가 자유롭게 작성하도록 격려해야 한다. 줄글, 마인드맵, 도식 등 자신이 편한 방식으로 정리하도록 돕자. 이를 통해 아이는 자연스럽게 학습 내용을 체계적으로 정리하고, 이해도를 높이는 훈련을 하게 된다.

아이들은 하루 몇 시간씩 공부하지만, "오늘 뭘 배웠니?"라고 물으면 대답하지 못하는 경우가 많다. 공부일기를 쓰는 과정은 머릿속 깊이 저장된 정보를 꺼내는 훈련이다. 반복적으로 떠올리고 정리하는 과정에서 사고망이 촘촘해진다.

공부일기를 꾸준히 쓰면 아이들에게 여러 가지 긍정적인 변화가 나타난다. 첫째, 능동적 학습 태도가 형성된다. 공부일기를 쓰려면 학습 내용을 떠올리고 정리해야 한다. 이는 자기주도적 학습을 기르는 데 도움 된다. 둘째, 서술형 평가 대비가 가능하다. 서술형과 논술형 평가에서는 이해한 내용을 글로 표현하는 능력이 중요하다. 공부일기는 글쓰기 훈련과 사고력 강화를 동시에 할 수 있는 효과적인 방법이다. 셋째, 기억력 강화에 유용하다. 학습 내용을 다시 써보는 과정에서 정보가 장기 기억으로 저장된다. 단순한 암기보다 효과적인 방법이다. 넷째, 구조화된 사고력이 길러진다. 학습 내용을 체계적으로 정리하며 논리적 사고력이 향상된다.

공부일기가 익숙하지 않은 아이들을 위해 부모가 먼저 시범을 보이면 좋다. 부모가 하루 동안 읽은 책이나 신문 내용을 공부일기 형식으로 정리하는 모습을 보여주자. 아이와 함께 작성하며 흥미를 유도할 수 있다. 부모와 아이가 같은 주제를 기록하고 서로 비교하는 활동도 유익하다. 이를 통해 학습을 공유하며 깊이 있는 대화를 나눌 수 있다. 다음은 공부일기 작성 예시다.

예시 1

오늘 사회 시간에 교통수단에 대해 배웠다. 교통수단에는 자동차, 기차, 비행기, 자전거 등이 있고 각각 장단점이 있다.

이처럼 간단하게 정리할 수 있다. 마인드맵을 활용하면 가운데에 [교통수단]을 적고, 자동차(빠름, 오염) / 자전거(친환경, 느림)처럼 시각적으로 정리할 수도 있다.

독서한 내용을 정리하는 것도 좋은 방법이다. 예를 들어,《벌거벗은 임금님》을 읽었다면 공부일기의 첫머리에 책 제목을 적고, 내용을 요약한 뒤 감상과 질문을 추가할 수 있다.

예시 2

오늘《벌거벗은 임금님》을 읽었다. 임금님은 허영심 때문에 사기꾼 재단사에게 속았고, 결국 아이가 진실을 말했다. 왜 어른들은 진실을 말하지 못했을까?

독서 내용을 정리하는 공부일기는 핵심을 파악하는 연습이 된다. 아이들에게 "책을 읽고 한 줄로 정리해봐"라고 하면 처음에는 어려워하지만, 한마디라도 말해보면 점점 생각이 정리된다. "이 책을 한 줄로 요약하면 뭐라고 할 수 있을까?"라고 물어보고, 아이의 답변을 인정해주자. "오! 그런 생각을 했다고? 신박하다!" 같은 긍정적인 반응이 도움 된다.

아이와 함께 책을 읽고 공부일기를 작성한 뒤, 서로의 기록을 공유하는 활동도 추천한다. 처음에는 아이가 내용을 떠올리지 못하거나, 과목 이름만 적을 수도 있다. 그러나 걱정할 필요 없다. 공부일기의 핵심은 완벽한 기록이 아니라, 반복적인 학습을 통해 사고력과 기억력, 표현력을 키우는 것이다.

공부일기는 아이의 학습 태도와 사고력을 변화시키는 강력한 학습 도구다. 서술형·논술형 평가가 중시되는 시대에, 공부일기는 아이가 자신의 생각을 정리하고 표현하는 능력을 키우는 데 큰 역할을 할 것이다.

5

논리적 글쓰기,
PREP 기법으로 쉽게 익히기

2022 개정 교육과정이 발표되면서 논리적 사고와 의사소통 능력이 중요한 역량으로 강조되고 있다. 이는 미래 사회에서 필수적인 능력이며, 글쓰기와 말하기를 통해 길러질 수 있다. 글로 자신의 생각을 논리적으로 표현하는 것이 논술이고, 이를 말로 전달하며 의견을 나누는 과정이 토의와 토론이다.

하지만 논술과 토론은 어렵고 딱딱하다는 인식이 있어서 부모와 아이 모두 부담을 느끼는 경우가 많다. 특히, 부모들은 논술과 토론을 '백 분 토론' 같은 수준으로 생각하는 경향이 있다. 이러한 높은 기준에 맞추려다 보니 학원을 보내야 할지 고민하기도 한다. 물론,

학원을 활용하는 것도 방법이지만, 가정에서 자연스럽게 연습하는 것만으로도 충분히 기초를 다질 수 있다.

논술은 자신의 생각을 글로 표현하는 과정이다. 주장과 이유를 연결하여 의견을 정리하고 문장으로 표현하는 것이다. 초등학교에서는 주로 국어 과목에서 논술을 배우지만, 논술 주제는 다양한 교과로 확장될 수 있다. 예를 들어, 역사를 주제로 하면 '역사 논술', 독서를 기반으로 하면 '독서 논술', 시사 이슈를 다루면 '시사 논술', 영어로 진행하면 '영어 디베이트'가 된다. 논술은 특정 과목이나 주제를 넘어 다양한 학습 활동과 연결될 수 있다.

또한 논술은 글쓰기 기술뿐만 아니라 논리적 사고를 훈련하고, 자기 생각을 체계적으로 표현하는 과정이다. 이를 통해 아이들은 타인의 의견을 비교하며 논리를 발전시키고 사고력을 확장할 수 있다.

초등 학년별 논술 지도법

논술과 토론을 지도할 때는 아이들의 발달 단계에 맞춰 접근해야 한다. 학년에 따라 적절한 활동을 제공하면 자연스럽게 논술과 토론을 시작할 수 있다.

1~2학년: 감정 표현과 간단한 의견 쓰기

이 시기의 아이들은 글쓰기와 말하기의 기초를 다지는 단계다. 경험이나 감정을 간단한 문장으로 표현하는 연습부터 시작하면 된다. 예를 들어, "오늘 가장 좋았던 일은 무엇인가?" 하는 질문을 던지고, 아이가 "나는 오늘 학교에서 그림을 그려서 좋았다. 왜냐하면 강아지를 그렸기 때문이다"와 같이 답하도록 유도한다. 처음에는 한 줄로 시작하지만, '왜냐하면'을 추가하여 문장을 확장하는 경험이 중요하다. 이를 통해 아이들은 점차 길고 복잡한 문장을 만드는 기초를 마련할 수 있다.

3~4학년: 이유를 들어 주장하기

3~4학년은 자신의 주장을 이유와 함께 설명하는 단계다. 논리적으로 '왜 그런지'를 스스로 생각하고 말하거나 쓰는 연습이 필요하다. 아이들은 기본적인 논리 구조를 익히며, 주장과 이유를 연결하는 연습을 한다.

예를 들어, '학교에서 놀이 시간이 더 필요하다고 생각해요'라는 주제를 제시한 후, 아이가 이유와 예시를 추가하도록 지도할 수 있다. "학교에서 놀이 시간이 더 필요하다고 생각해요. 왜냐하면 친구들과 더 오래 놀 수 있기 때문이에요. 예를 들어, 놀이 시간이 10분 늘어나면 숨바꼭질을 끝까지 할 수 있어요"처럼 주장과 이유를 연결하여 글을 발전시키는 연습을 하면 논리적 사고력이 향상된다.

5~6학년: 구조적 글쓰기와 비판적 사고

5~6학년이 되면 학교에서도 본격적으로 토의와 토론을 배우게 된다. 여러 의견 중에서 합리적인 결론을 도출하는 연습을 하거나, 규

칙을 따라 토론을 진행하기도 한다. 또한 자신의 주장을 뒷받침할 근거를 수집하고, 논리적인 구조를 활용하여 의견을 체계적으로 표현하는 과정이 중요해진다.

초등 고학년의 토론을 보면 때로는 어른들의 '백 분 토론'을 연상시킬 만큼 열띤 논쟁이 벌어지기도 한다. 이 시기에는 아이들이 논리적으로 사고하고 표현할 수 있도록 다양한 글쓰기와 토론 기법을 활용하면 효과적이다.

PREP: Point, Reason, Example, Point again

PREP 기법은 논리적 글쓰기와 말하기를 위한 효과적인 방법이다. 이는 Point(주장), Reason(이유), Example(예시), Point again(결론)의 네 가지 단계로 이루어져 있는데, 이를 활용하면 아이들이 자연스럽게 논리적 사고와 의사소통 능력을 키울 수 있다.

PREP 기법의 첫 번째 단계는 P(Point)로, 'OO 해야 한다' 또는 'OO 하지 말아야 한다'와 같이 명확한 주장을 제시하는 것이다. 두괄식 말하기의 기본이며, 의견을 효과적으로 전달하는 방법이다. 특히 토론이나 발표에서 제한된 시간 안에 설득해야 할 경우, 주장을 앞쪽에 배치하는 것이 효과적이다.

두 번째 단계는 R(Reason)로, '왜냐하면 OO이기 때문이다'의 형태로 주장을 뒷받침하는 이유를 제시한다. 고학년의 경우, 첫 번째 이유, 두 번째 이유와 같이 넘버링을 활용할 수도 있다.

세 번째 단계는 E(Example)로, 이유를 보강하기 위해 관련 사례나 근거를 제시하는 것이다. '예를 들면, 무엇에 따르면, 이 기사에 따르면' 등의 표현을 활용하면 논리성이 더욱 강화된다. 넘버링을 사용하면 글이 더욱 구조적으로 풍성해진다.

마지막 단계는 P(Point again)로, '그러므로 나는 이렇게 생각한다' 또는 '따라서 이렇게 해야 한다' 등의 문장으로 결론을 강조한다. 주장을 다시 한번 강조하며 글을 마무리한다.

PREP을 활용한 예제를 들어보자.

학교 급식에는 더 많은 채소가 포함되어야 한다. (Point) 채소는 몸에 필수적인 영양소를 제공하며, 건강한 식습관 형성에도 도움이 된다. (Reason) 예를 들어, 브로콜리와 당근에는 비타민과 섬유질이 풍부하여 성장기 아이들에게 유익하다. (Example) 따라서 급식에 채소를 더 포함하면 아이들의 건강 증진에 긍정적인 영향을 미칠 것이다. (Point again)

이처럼 PREP 기법을 활용하면 아이들은 논리적으로 주장과 근거를 연결하며 사고력을 키울 수 있다.

학년별 적용 방법

초등 저학년에게는 PREP 기법을 강요하지 않고 한 줄 쓰기부터 시작하는 것이 중요하다. 우선 '나의 주장 쓰기' 단계에서 아이가 자신의 의견을 한 줄로 표현하도록 한다. 다음으로 '이유 쓰기' 단계에서는 주장 한 줄에 이유 한 줄을 덧붙이게 한다. 그 후 '예시 쓰기' 단계에서 주장과 이유를 보완하는 사례를 추가한다. 마지막 '결론 쓰기' 단계에서는 전체 구조를 정리하여 완성된 글을 만들도록 지도한다.

일상에서도 활용할 수 있다. 아이가 원하는 것을 살 때, 엄마를 설득하는 과정에서 자연스럽게 훈련된다.

엄마랑 아이가 붕어빵 가게 앞에서 멈춰 섰다. 아이는 붕어빵 냄새를 맡으며 엄마를 올려다본다.

"엄마, 붕어빵 사주세요!"

엄마는 장난스럽게 되묻는다.

"네가 붕어빵을 꼭 사야 하는 이유를 말해봐."

아이는 이렇게 말할 수 있다.

"엄마, 붕어빵을 꼭 사야 해요! (Point) 왜냐하면 지금 너무 배가 고프거든요. (Reason) 지난번에도 엄마가 사준다고 했는데 깜빡했잖아요. 그때 얼마나 서운했는지 몰라요! (Example) 그러니까 이번에는 꼭 사줘야 해요! (Point again)"

논술 공부를 하자고 하면 아이들은 도망가고, 엄마도 부담스럽다. 하지만 대화 방식 하나만 바꿔도 분위기가 달라진다. 아이와의 실랑이라고 생각하면 피곤할 수도 있다. 하지만 부모와의 대화를 통해 논술과 토론의 기본기를 익힌다고 보면 해볼 만하지 않은가?

초등 고학년 아이들과는 자주 부딪히는 주제를 활용하는 것도 좋다. 예를 들어, 스마트폰이 없는 아이가 스마트폰을 사달라고 하거나, 컴퓨터 사용 시간이 부족하다고 툴툴거릴 때, 단편적인 요구로 끝내지 않고 자신의 주장을 뒷받침할 근거를 들어 글로 정리해보라고 할 수 있다. 아마 부모를 설득하기 위해 온갖 근거를 끌어와 글을 쓸 것이다. 이렇게 하면 부모와 불필요한 감정싸움을 줄일 수 있고, 아이도 자신의 생각을 논리적으로 정리하는 연습을 하게 된다. 글을 쓰면서 스스로 설득력이 있는 주장을 하고 있는지 되짚어보는 과정은 논리적 사고를 기르는 데 중요한 역할을 한다.

PREP 기법은 간단하지만 강력한 구조를 제공한다. 이를 활용하면 아이들은 논리적으로 사고하고 체계적으로 의견을 정리하는 능력을 키울 수 있다. 글쓰기뿐만 아니라 말하기에서도 논리적이고 설득력 있게 표현하는 힘이 길러진다.

논리적인 글쓰기와 말하기를 더욱 효과적으로 발전시키기 위해서는 몇 가지 원칙을 함께 적용하는 것이 중요하다. 문장은 간결하게 작성하고, 긴 문장은 두세 개로 나누어 전달력을 높인다. 어휘력이 풍부하면 글의 수준이 한층 높아지므로, 학습 개념어를 적절히 활용하면 간결하면서도 수준 있는 글이 완성된다. 글의 양을 늘리고 싶다면 Reason(이유) 또는 Example(사례)을 추가하는 방법을 활용할 수 있다. 그러나 주장이나 포인트를 지나치게 반복하면 글이 늘어지는 느낌을 줄 수 있으므로, 흐름을 매끄럽게 조정해야 한다. PREP 기법과 간결한 문장 작성 원칙을 함께 적용하면 아이들은 더욱 명확하고 설득력 있는 글을 쓸 수 있다.

마지막으로, 논술과 토론을 누구와 함께 공부할 것인지도 고민해야 한다. 또래 집단과 그룹을 만들어 토론 수업을 하는 것이 효과적일지, 가족들과 연습하는 것이 나을지 부모가 아이의 성향에 맞춰 결정할 필요가 있다.

아이들의 토론 수준과 어른들의 토론 수준은 다르다. 그렇다면 아이가 가장 효과적으로 배울 수 있는 환경은 어디일까? 자신보다 조금 더 뛰어난 사람과 대화하고 피드백을 받을 때, 모방 효과를 통해 사고력이 확장된다. 가장 좋은 환경은 가족이다.

책을 읽거나 뉴스를 본 뒤, 자신의 의견을 정리해 이야기해보자. 이런 대화는 하루 이틀로 끝내는 것이 아니라 자연스럽게 습관이 되어야 한다. 밥상머리에서 나누는 대화는 평범한 일상 공유를 넘어선다. 아이들은 자신의 생각을 논리적으로 표현하고, 타인의 의견을 들으며 새로운 시각을 배울 수 있다.

가족 안에서 시작된 논술과 토론 경험은 점차 또래나 다른 그룹에서도 자신 있게 의견을 펼칠 힘이 된다. 꾸준함과 자연스러움이 중요하다. 어색한 순간이 지나면, 아이들은 어느새 자기 생각을 논리적으로 정리하고 표현하는 법을 익히게 된다.

6

초등 논술, 대입 논술과
어떻게 연결될까?

PREP 기법을 활용한 논리적인 글쓰기와 조리 있게 말하는 방법을 설명했다. 이를 위해 논술이나 디베이트 학원을 찾는 경우도 많다. 하지만 그전에 초등 논술과 대입 논술의 연관성 그리고 그 교육 방향을 고민하는 것이 중요하다. 초등 논술이 대입 논술에 어느 정도 도움 될까? 결론부터 말하면, 초등 논술 자체가 대입 논술을 직접 대비하는 프로그램은 아니다. 하지만 사고력과 표현력, 교과 지식을 탄탄하게 다지는 데 도움을 줄 수 있다.

먼저, 대입 논술이 무엇인지 살펴보자. 대입 논술은 '자기 생각을 자유롭게 쓰는 시험'이 아니라 '교과목 중심'의 문제 풀이 및 서술 능

력을 평가하는 시험에 가깝다. 국어, 영어, 수학, 사회, 과학처럼 교
과 지식을 서술형으로 풀어내야 한다.

2023년 연세대학교 논술 문제

[문제 1-1] <제시문 가>와 <제시문 나> 각각의 관점에서 아래 지문을 평가하시오. (600자 안팎, 25점)

성과급 제도는 직원을 실적에 따라 경제적으로 보상한다. 회사에서 모든 직원이 능력, 업적, 성과에 상관없이 같은 임금을 받는다면 직원들은 열심히 일하려고 하지 않을 것이다. 더 많은 교육을 받았고 경력도 많고 열심히 일하여 그 조직에 많은 보탬이 된다고 스스로 생각하는 직원이 그에 상응하는 보상을 기대하는 것은 자연스러운 일이다.

[문제 1-2] <제시문 나>와 <제시문 다> 각각의 관점에서 <제시문 라>의 실험 결과를 설명하시오.
(600자 안팎, 25점)

[문제 2-1] 개인이 가지고 있었던 일에 대한 내재적 동기에 따라 사람들을 세 집단으로 나누었다. 아래 왼쪽 그림은 집단별로 금전적 보상과 성과의 관계를 보여주는 추세선이고, 오른쪽 그림은 금전적 보상과 '보상 후'의 내재적 동기의 관계를 보여주는 추세선이다. 두 개의 그래프를 다양한 측면에서 분석하고, 이를 기초로 <제시문 가>의 주장을 평가하시오. (600자 안팎, 25점)

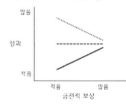
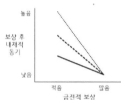

[문제2] <그림 1>과 같이 모든 항이 양수인 수열 $\{a_n\}$에 대하여 쌍곡선 $\dfrac{x^2}{(a_{n+1})^2} - y^2 = 1$ $(x \geq a_{n+1})$과 함수 $y = \ln(1+x)$의 그래프는 한 점에서 만난다. 이 점의 x좌표를 b_n이라 할 때, 아래 제시문을 참고하여 다음 물음에 답하시오.

제시문 1. $x > 0$인 실수 x에 대하여 $\ln(1+x) < x$가 성립한다.
제시문 2. 자연수 n에 대하여 $\left(1 + \dfrac{1}{n}\right)^n \leq \left(1 + \dfrac{1}{n+1}\right)^{n+1}$이 성립한다.

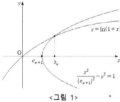

<그림 1>

[문제2-1] 수열 $\{a_n\}$이 $1 + \dfrac{1}{(a_n)^2} \leq \dfrac{1}{(a_{n+1})^2}$을 만족시킬 때, $a_{n+1} < b_n < a_n$이 성립함을 보이시오. [10점]

[문제2-2] $a_n = \dfrac{1}{\sqrt{n}}\left(1 + \dfrac{1}{n}\right)^{-\frac{n}{2}}$일 때, $\lim_{n \to \infty} \sqrt{n}\,\ln(1+b_n)$의 값을 구하시오. [7점]

서울 주요 대학의 입학처에서는 논술, 구술 면접의 기출문제뿐만 아니라 출제 의도까지 상세히 제공한다. 대입 논술 문제는 정치, 시사, 뉴스보다는 주요 과목의 이해도를 평가하는 시험이다.

또한 문제 안에는 그래프나 도표를 분석해야 하며, 간단한 수리 개념이나 영어 지문을 이해해야 하는 경우도 많다. 자연계, 이공계의 논술은 글쓰기가 아니라 수학문제다. 논리적 표현 능력도 중요하지만, 교과 지식의 정확성이 먼저 요구된다.

그렇다면 초등 논술이 어떻게 기여할 수 있을까? 초등 논술은 독서, 토론, 글쓰기를 통합적으로 다룬다. 이를 통해 학생들은 사고의 폭을 넓히고, 자신의 생각을 조리 있게 말하거나 글로 정리하는 법을 익힌다. 하지만 말하기·글쓰기 기술만 익힌다고 대입 논술을 잘 볼 수 있는 것은 아니다. 교과 지식이 뒷받침되지 않으면 논술 문제에서 요구하는 정확한 답을 쓰기 어렵기 때문이다.

결국 대입에서 중요한 것은 국어, 영어, 수학, 사회, 과학의 기본 개념을 확실히 이해하고, 이를 논리적으로 정리할 수 있는지 여부다. 따라서 초등부터 교과 과정을 충실히 익히되, 토론이나 글쓰기를 병행하면서 이해를 깊게 만드는 것이 좋다. 예를 들어, 현재 배우는 개념을 정리한 후, '왜 이런 결론이 나왔을까?', '다른 관점에서는 어떻게 해석할 수 있을까?' 같은 질문을 던지며 글로 풀어보는 방식이다. 이렇게 하면 교과 지식을 배우는 것과 논리적·창의적 표현 능력을 함께 기를 수 있다.

또 하나 중요한 점은 초등 논술을 대입만을 위한 수단으로 삼으면 교육이 지나치게 편협해질 수 있다는 것이다. 미래 사회는 소위 명문대에 진학한다고 성공을 보장하지 않는다. 초등 논술은 다양한 주제에 관심을 갖고, 스스로 사고를 확장하는 수단이 되어야 한다. 대입을 완전히 무시할 수는 없지만, 교과 과정을 탄탄히 익히면서 통합적 사고력을 키우는 것이 장기적으로 더 유익하다.

입시 관점에서 보면, '특출난 무언가'를 하기 전에 주요 과목에서 결손이 생기지 않도록 하는 것이 우선이다. 그리고 학년별 기본 개념을 확실히 다져야 한다. 기본기가 충실하면 다가올 입시 경쟁에서도 자신만의 역량을 발휘할 수 있다. 반면, 지식 기반 없이 '말만 잘하고 글만 멋지게 쓰는 기술'에 집중하면, 정작 대입 논술처럼 정답이 요구되는 시험에서 어려움을 겪을 수 있다.

요컨대 초등 논술은 대입 논술의 전 단계에서 교과 지식을 탄탄히 쌓고, 이를 자신의 언어로 표현하는 경험을 쌓는 데 도움을 줄 수 있다. 다만, 대입 논술만을 목표로 초등 논술을 시작하기보다는 융합적 사고와 창의적 표현을 기르는 기회로 바라보는 것이 더 바람직하다. 그러면서도 현행 교육과정을 충실히 따라가면서 자연스럽게 사고력과 표현력을 키울 프로그램을 선택하는 것이 이상적이다.

이런 관점에서 보면, 초등 논술은 단순한 글쓰기 기술을 배우는 것이 아니라, 교과 이해와 사고 확장을 함께 돕는 교육이다. 학생마다 상황과 수준이 다르므로 자신에게 맞는 프로그램과 공부법을 선택해 기초 지식을 탄탄히 하고, 이를 자신의 관점으로 풀어내는 연습을 차근차근히 해 나아가면 좋겠다.

| 참고 문헌 |

문해력 및 독서 관련 연구

- 김정현. (2023). 영유아의 청각 발달과 언어 습득에 미치는 영향. 소아청각학회지, 45(3), 123–134.
- 최나야, 정수지, 최지수, 박상아, 김효은. (2022). 균형적, 통합적 유아 문해교육 프로그램이 유아의 기초문해력에 미치는 효과. 인지발달중재학회지, 13(1), 21–49.
- Kim, J. H. (2023). The auditory development of infants and its effects on language acquisition. Journal of Pediatric Audiology, 45(3), 123–134.
- No, G. E. (2021). 그림책 읽기 활동이 3~5세 유아 발달에 미치는 효과에 대한 메타분석. 한국유아교육학회, 41(4), 55–78.
- Han, J. Y. (2008). 그림책 읽기 방식에 따른 영아의 반응에 관한 질적 연구. 한국영유아교육학회, 28(2), 123–142.
- 박혜원, 곽금주, 박광배. (2009). 가정 내 책 읽기 경험이 영아의 인지 능력 발달에 미치는 영향. 한국과학기술정보연구원 논문, 27(9), 415–428.

교과서 연계 및 학습 독해력 관련 연구

- 이경한, & 육현경. (2008). 초등학교와 중학교 세계지리의 어휘 비교 분석. 한국지리환경교육학회지, 16(3), 253–265.
- Kim, I.–O. (2023). A quantitative and qualitative analysis on the continuity of the
- reading sections in elementary and middle school English textbooks. Journal of Curriculum and Evaluation, 26(3), 169–189.
- Ryu, J., & Jeon, M. (Year). An analysis of linguistic features in science textbooks across grade levels: Focus on text cohesion. [Journal Name], Volume(Issue), Page Numbers.
- 김화수, 이숙, 서지희, 정다은, 천정민, 최경윤. (2015). 초등학교 1–3학년 국어 교과서 어휘 분

340

석. 언어치료연구, 24⑷, 33~44.

- 황윤미, 정현숙. (2022). 초등학교 학생들의 과학 텍스트 이해와 독해 전략 분석. 한국과학문해 교육학회지, 38⑴, 87~102.

- 신동주(2007). 유아의 영어경험이 초등학교 1학년 영어학습에 미치는 영향. 유아교육학논집, 11⑵, 349~374.

- 이경남, 박혜림, 이경화. (2018). 한글해득을 위한 기초 어휘 선정 연구. 청람어문교육, 65, 213~235.

- 박미미, 이은정. (2022). 초등학교 1~2학년 수학 교과서 어휘의 등급 및 유형별 분석. 초등수학 연구, 25⑷, 361~375.

- Lee, D. H. (2019). The impact of reading comprehension on mathematical problem-solving ability in elementary school students. Mathematics Education Journal, 34⑵, 112~130.

디지털 환경과 문해력 연구

- 김지현. (2020). 디지털 시대의 문해력 변화와 교육적 함의. 교육공학연구, 42⑶, 45~67.

- 남수미, 하은혜. (2018). 유아의 최초 스마트폰 사용연령과 이용정도가 문제행동의 변화에 미치는 영향:4, 5, 6세 3년 종단연구. 놀이치료연구, 22⑵, 55~68.

- 조민수, 최세린, 김경미, 이윤영, 김성구. (2017). 미디어 노출이 언어발달에 미치는 영향. 대한소 아신경학회지, 25⑴, 34~38.

  Lee, S. J. & Kim, H. R. (2021). The effect of digital reading habits on literacy skills
- in children and adolescents. Journal of Educational Psychology, 29⑷, 298~315.

  Park, Y. (2023). The role of parental involvement in mitigating the negative effects of screen exposure on children's literacy development. Child Development Review, 41⑵, 201~220.

- Wolf, M. (2018). Reader, Come Home: The Reading Brain in a Digital World. HarperCollins.

- Greenfield, P. M. (2009). Technology and informal education: What is taught, what is learned. Science, 323⑸⑼⑴⑼, 69~71.

뇌과학 및 언어 발달 연구

- Kuhl, P. K. (2010). Brain mechanisms in early language acquisition. Neuron, 67(5), 713–727.
- Goswami, U. (2008). The development of reading across languages. Annals of the New York Academy of Sciences, 1145(1), 1–12.

사회적 격차와 문해력 연구

- Hart, B., & Risley, T. R. (1995). Meaningful differences in the everyday experience of young American children. Brookes Publishing.
- Hoff, E. (2006). How social contexts support and shape language development. Developmental Review, 26(1), 55–88.

국제 문해력 평가 연구(PISA, PIRLS, NAEP 등)

- OECD. (2018). PISA 2018 Results: What students know and can do. OECD Publishing.
- Mullis, I. V. S., Martin, M. O., Foy, P., & Drucker, K. T. (2020). PIRLS 2021 assessment framework. TIMSS & PIRLS International Study Center.

부모의 언어 환경과 교육적 효과 연구

- Weisleder, A., & Fernald, A. (2013). Talking to children matters: Early language experience strengthens processing and builds vocabulary. Psychological Science, 24(11), 2143–2152.
- Rowe, M. L. (2012). A longitudinal investigation of the role of quantity and quality of child-directed speech in vocabulary development. Child Development, 83(5),

1762–1774.

- 정수지. (2021). 부모와의 어휘 상호작용이 유아의 수용어휘 크기에 미치는 영향: 단어인식과 우연적 단어학습의 이중매개효과. 서울대학교 박사논문.
- 정수지, 최나야. (2020). 부모-유아 어휘 상호작용 척도의 개발 및 타당화. Family and Environment Research, 58(3), 429–445.

아이의 문해력
부모의 어휘력

초판 1쇄 인쇄 2025년 5월 22일
초판 1쇄 발행 2025년 6월 2일

지 은 이 | 조혜주
펴 낸 이 | 박찬욱
펴 낸 곳 | 오렌지연필
주   소 | 경기도 고양시 덕양구 삼원로 73 한일윈스타 1422호
전   화 | 031-994-7249
팩   스 | 0504-241-7259
이 메 일 | orangepencilbook@naver.com
편   집 | 미토스
표지디자인 | ㈜
본문디자인 | 디자인 [연;우]

ISBN 979-11-89922-66-5 (03320)